我们一起解决问题

合规管理体系

标准解读及建设指南

李素鹏 叶一珺 李昕原 ◎ 编著

CONSTRUCTION GUIDE
AND STANDARDS INTERPRETATION OF COMPLIANCE
MANAGEMENT SYSTEM

人民邮电出版社

北　京

图书在版编目（CIP）数据

合规管理体系标准解读及建设指南 / 李素鹏, 叶一珺, 李昕原编著. -- 北京：人民邮电出版社, 2021.8（2022.7重印）
ISBN 978-7-115-56826-7

Ⅰ. ①合… Ⅱ. ①李… ②叶… ③李… Ⅲ. ①企业管理 Ⅳ. ①F272

中国版本图书馆CIP数据核字（2021）第130247号

内容提要

随着法律法规的日益健全和企业制度的日益完善，合规管理越来越受到各级管理者的重视。本书编写的目的一是为尚未建立合规管理体系的组织提供建立和运行合规管理体系的指导，二是为已经建立合规管理体系的组织提供评价和改进其合规管理体系的参考。

本书由具有多年合规实践经验的行业专家倾力打造，结合当前国内外的监管局势、要求及企业经营发展的新趋势，通过对 ISO 37301（原 ISO 19600）标准的全面解读，在介绍外部合规监管与企业合规管理现状的基础上，详细介绍了合规管理体系的建设路径和方法、合规管理体系的运行机制，以及合规管理体系与其他管理体系的整合路径。除此之外，书中还提供了大量的图表、流程，以及常见的企业内部的合规文件，包括合规管理制度、反腐倡廉承诺书等，希望能够帮助读者快速学以致用。

本书是一部通俗易懂的"理论＋实践"的合规管理体系建设指南，适合各类组织用于策划、建立、运行、评价、改进自己的合规管理体系。

◆ 编　著　李素鹏　叶一珺　李昕原
　　责任编辑　贾淑艳
　　责任印制　胡　南
◆ 人民邮电出版社出版发行　　　北京市丰台区成寿寺路 11 号
　　邮编 100164　　电子邮件 315@ptpress.com.cn
　　网址 https://www.ptpress.com.cn
　　北京虎彩文化传播有限公司印刷
◆ 开本：787×1092　1/16
　　印张：21.25　　　　　　　　　2021 年 8 月第 1 版
　　字数：350 千字　　　　　　　2022 年 7 月北京第 8 次印刷

定　价：98.00 元

读者服务热线：（010）81055656　印装质量热线：（010）81055316
反盗版热线：（010）81055315

广告经营许可证：京东市监广登字 20170147 号

自序 1

"合规管理"对我国银行业来说不是一个新事物，我国银监会早在 2006 年就发布了《商业银行合规风险管理指引》，该指引对加强我国商业银行的合规风险管理、维护商业银行的安全稳健运行起到了重要的指导作用。

随着我国企业"走出去"，"合规"的概念渐渐进入人们的视野，"依法治企""合规经营"等理念也日渐深入人心。如何准确地理解行业监管、东道国法规、全球经贸规则，如何把合规作为企业软实力的重要组成部分，如何加快提升企业的合规意识和合规能力，开始成为企业决策层和高管层最关切的问题之一。

2018 年 11 月 2 日，国务院国有资产监督管理委员会（以下简称"国资委"）发布了《中央企业合规管理指引（试行）》（国资发法规〔2018〕106 号）；2018 年 12 月 26 日，国家发展改革委、外交部、商务部、人民银行、国资委、外汇局、全国工商联七部委联合发布了《企业境外经营合规管理指引》（发改外资〔2018〕1916 号），用于指导中国企业在境内境外开展合规经营。自此，中国企业拉开了全面合规的大幕。

大幕拉开了，建设就要跟上去。本书就是基于作者这两年的最新合规实践而编写的。

从确定要写这本书，我们就开始寻找它的定位，直到写作开始后的两个月，我们还在斟酌定位问题。经过六轮修改，最终于 2021 年春节前才确定了本书的定位和架构。我们希望这本书能够成为合规管理方面的实务工具书。

一本关于合规管理术语的工具书。书中详细介绍了与合规管理密切相关的 38 个基础概念，并给予详细解读，方便组织（或企业）统一合规语言（详见本书第 3 章）。

一本关于合规管理体系类别的工具书。书中不仅详细介绍了国际标准化组织推荐的 ISO 37301（原 ISO 19600）合规管理体系，还介绍了世界银行集团、APEC、巴赛尔银行监管委员会以及国资委等组织或机构发布的合规管理指引及规范。

一本关于合规管理体系要素的工具书。本书第 4 章至第 10 章围绕 ISO 推荐的合规管理体系，详细介绍了该体系的基本构成要素及使用说明；在第 11 章，也介绍了其他组织发布的合规管理体系的要素及要求。

一本关于合规管理体系建设的工具书。本书把合规管理体系建设分为 10 个基本步骤，用于指导组织（或企业）以清晰的路径去建立自己的合规管理体系，使组织在建设合规管理体系的道路上少走弯路（详见本书第 12 章）。

一本关于合规管理实务操作的工具书。书中针对合规管理体系建设的不同阶段、不同步骤，提供了大量的表单、操作说明及注意事项，还在第 14 章中列举了一些常用的合规手册、合规承诺书和合规协议示例，用于增强合规从业人员对合规工作的感性认识，方便合规从业人员学以致用。

一本关于合规管理体系与其他管理体系整合的工具书。本书第 13 章提供了基于 ISO 管理标准的多体系整合方法，为组织建立统一的"大合规体系"或 U-GRC 体系指明了方向。

本书虽提供了不少图表和案例，但不求过细的描述，而是侧重于给出解决合规问题的思路和路径。作为一本工具书，本书适合合规从业人员在建立合规管理体系之前阅读和参考，也适合其在合规管理实践中遇到具体问题时打开来温故、知新。

李素鹏　叶一珺　李昕原

2021 年 4 月 15 日于北京

自序 2

2006 年，国资委发布了《中央企业全面风险管理指引》，两个证券交易所分别发布了《上海证券交易所上市公司内部控制指引》和《深圳证券交易所上市公司内部控制指引》，于是，业界把 2006 年称为"中国企业风险管理的元年"。

risk-doctor[①] 把 2018 年看作"中国企业合规管理的元年"。因为在这一年，中国的国家标准 GB/T 35770—2017《合规管理体系 指南》开始生效，国资委发布了《中央企业合规管理指引（试行）》，国家发改委联合其他六部委共同发布了《企业境外经营合规管理指引》。

2021 年上半年，在合规管理领域又有两个大消息：一个是 2021 年 3 月"企业合规师"开始进入中华人民共和国《国家职业大典》，职业编号为"2-06-06-06"，这意味着合规工作不再是律师和注册会计师们的专利；另一个是国际标准化组织（ISO）在 ISO 19600 标准的基础上更新发布了 ISO 37301《合规管理体系 要求及使用指南》。本书算是对这两个重大利好消息的献礼。

"合规"的字面意思是"符合规定和规矩"，但具体要合哪些"规"，如何做到合规，往往是"仁者见仁，智者见智"。没有规矩不成方圆，"规"最基本的特性就是"标准性"和"客观性"，因此，做同样的事不应该有"双重标准"或"多重标准"，否则，"规"就不是"规"了，"合规"也就成了"翻手为云、覆手为雨"的把戏。对企业来说，规定和规矩既包括外部的国际条约、法律要求、行业准则、组织标准、良好的企业治理标准、最佳实践、道德标准和社区的期望，又包括内部的各项规章制度、销售合同，以及企业对外部的自愿承诺等。所以，可以认为：合规是指企业及其员工的经营管理行为符合法律法

---

① 李素鹏笔名。

规、监管规定、行业准则和企业章程、规章制度，以及国际条约、规则等的要求。简言之，就是行为符合要求。

不管企业是进行主动合规，还是被动合规，与之相应的工作都属于合规管理工作。risk-doctor 倡导主动合规，鼓励企业以有效防控合规风险为目标，以企业和员工经营管理行为为对象，积极开展包括合规培训、合规制度制定、合规风险识别、合规审查、合规风险应对、合规绩效考核评价、合规责任追究等有组织、有计划的管理活动。risk-doctor 把这一连串的活动概括为"合规管理四部曲"：定规、执规、评规、治规。其中，"定规"是指在识别合规义务和合规风险的基础上，制定相关的规章制度；"执规"是指遵守和执行前序制定的规章制度；"评规"是指对合规行为的监督以及对合规管理效果的评价；"治规"是指对违规行为的追责、对合规行为的激励，以及对合规管理的持续改进。

随着社会的进步，合规的内涵在不断扩大。现在，从反腐败、反洗钱、反垄断、反不正当竞争，到数据保护、隐私保护、知识产权保护、环境保护、社会责任等，都属于合规管理的范畴。面对铺天盖地的法规和监管要求，企业应该如何正常地开展业务？单靠一两项合规制度显然已不能解决企业整体的合规问题了；企业需要把之前"烟囱式"的专项合规或条线合规进行系统化的整合，形成统一的、全面的合规管理体系，然后以合规风险为导向，以合规绩效为目标，通过培育全员的良好合规文化，不断完善合规的组织职能体系和运行机制，以实现持续有效的合规。

搭建合规管理体系是企业开展合规管理工作的"抓手"和基本保障。合规管理体系可以帮助企业全面思考与合规管理密切相关的组织环境、合规资源和制度支持、合规领导、合规策划、合规运行机制、合规绩效评价、违规处置，以及合规管理持续改进等要素及其之间的关系，从而保证企业合规管理的全面性、系统性、科学性和适用性。

诚信与合规不仅是组织成功和可持续发展的基础，也是机遇。致力于长远发展的组织需要考虑利益相关方的需求和期望，需要维护诚信和合规文化。合规是组织履行责任及合规义务的结果，并通过将其融入组织文化和员工的态度与行为之中，实现合规的有效性。组织通过在整个组织范围内建立有效的合规管理体系，能够展现出组织对遵守相关法律法规的承诺，也能够获得客户和合作伙伴的认同，获得监管机构的认可。

本书是对 ISO 37301（原 ISO 19600）的解读，是为合规从业人员（企业合规师）快速理解和应用 ISO 37301 标准而作。ISO 37301 是 ISO 19600 标准的替代版，其内容源于近些年多个国家和行业的合规管理最佳实践，适用于各类组织。因此，除企业外，其他非营利组织（NPO）和非政府组织（NGO）也可参考本书来策划、建立、运行、评价、改进自己的合规管理体系。

本书由叶一珺律师、李昕原先生和我共同编写。

叶一珺律师是一位非常优秀的年轻律师，毕业于纽约大学法学院，同时持有中国法律职业资格和美国纽约州律师执业资格，现供职于北京年利达（Linklaters）律师事务所，主攻能源与基础设施领域的跨境投融资方向，并在多家央企和银行的境外上市、融资、并购等项目中担任法律顾问。叶律师在繁忙的工作之余，为本书收集整理了很多法规和案例，并给予了深入浅出的专业解读。

李昕原先生毕业于以色列理工学院（Technion），Technion 在西方俗称"小麻省"，著名科学家爱因斯坦曾任该校的名誉校长。李昕原先生主修土木工程专业，对 ESG（环境、社会、治理）指标体系、工程施工、污水处理、环境保护等专题有比较深入的研究。李昕原先生在为本书第 6 章至第 9 章提供翻译的同时，还为本书在质量管理、环境管理、安全生产、反商业贿赂等传统领域提供了合规案例及专业解读。

长江后浪推前浪，希望叶一珺律师、李昕原先生精进不止，不断实践，不断总结，将来为读者奉献更多更好的合规案例和合规管理作品。

中国企业的合规管理任重道远，希望在合规经营和合规管理咨询服务领域人才辈出，希望有更多优秀的青年为中国企业的合规经营、为中华民族的伟大复兴贡献自己的智慧和力量！

时间在前进，"规"也会随着时间和环境的变化而变化，合规管理需要与时俱进、因地制宜。由于本书编写时间有限，书中难免有不妥之处，欢迎读者朋友交流指正。联系方式如下。

微信公众号：risk-doctor

微信：RM-IC-audit

E-mail：cro2008@126.com

衷心感谢您购阅此书，希望收到您的反馈。

李素鹏

2021 年 3 月 25 日，于北京

前　言

　　本书在对 ISO 37301 标准进行详细解读的基础上，给出了企业合规管理体系建设的路径、方案和方法，对合规管理体系的运行机制也做了详细说明。

　　ISO 37301《合规管理体系 要求与使用指南》于 2021 年 4 月发布。它是 ISO 19600 的修订替代版，修订后加入了 ISO 37000 标准族。ISO 37000 标准族由 ISO/TC 309 工作组负责开发和维护，主攻"组织治理"（governance of organizations）方向。截至 2021 年第一季度末，ISO 37000 标准族包括以下标准：

　　ISO 37000，Guidance for the governance of organizations

　　ISO 37001，Anti-bribery management systems-Requirements with guidance for use

　　ISO 37002，Whistleblowing management systems-Guidelines

　　ISO 37007，Corporate Governance-guidelines for efficiency measurement

　　ISO 37301，Compliance management systems-Requirements with guidance for use

　　其中，ISO 37001 和 ISO 37301 属于 A 类标准，ISO 37001 于 2016 年发布首版，ISO 37301 于 2021 年 4 月发布首版。

　　ISO 37301 的正文部分一共有 10 章，其目录如表 1 所示。为了方便使用该标准，在附录中，ISO 还给出了该文件的使用指南，详见"附录 A 本文件使用指南"。附录 A 的内容比较详细，与正文的各个章节逐一对应。

表 1　ISO 37301 标准的目录

ISO 37301 目录	中文翻译
foreword	前言
introduction	介绍
1 scope	1. 范围

（续表）

ISO 37301 目录	中文翻译
2 normative references	2. 引用标准
3 terms and definitions	3. 术语和定义
4 context of the organization	4. 组织环境
4.1 understanding the organization and its context	4.1 理解组织及其环境
4.2 understanding the needs and expectations of interested parties	4.2 理解相关方的需求和期望
4.3 determining the scope of the compliance management system	4.3 确定合规管理体系的范围
4.4 compliance management system	4.4 合规管理体系
4.5 compliance obligations	4.5 合规义务
4.6 compliance risk assessment	4.6 合规风险评估
5 leadership	5. 领导作用
5.1 leadership and commitment	5.1 领导和承诺
5.1.1 governing body and top management	5.1.1 治理机构和最高管理者
5.1.2 compliance culture	5.1.2 合规文化
5.1.3 compliance governance	5.1.3 合规治理
5.2 compliance policy	5.2 合规方针
5.3 roles, responsibilities and authorities	5.3 角色、职责和权限
5.3.1 governing body and top management	5.3.1 治理机构和最高管理者
5.3.2 compliance function	5.3.2 合规团队
5.3.3 management	5.3.3 管理层
5.3.4 personnel	5.3.4 工作人员
6 planning	6. 策划
6.1 actions to address risks and opportunities	6.1 应对风险和机遇的措施
6.2 compliance objectives and planning to achieve them	6.2 合规目标和实现目标的策划
6.3 planning of changes	6.3 变更的策划
7 support	7. 支持
7.1 resources	7.1 资源
7.2 competence	7.2 能力
7.2.1 general	7.2.1 概述
7.2.2 employment process	7.2.2 雇用流程
7.2.3 training	7.2.3 培训
7.3 awareness	7.3 意识
7.4 communication	7.4 沟通
7.5 documented information	7.5 文件化信息
7.5.1 general	7.5.1 概述

（续表）

ISO 37301 目录	中文翻译
7.5.2 creating and updating documented information	7.5.2 创建和更新文件化信息
7.5.3 control of documented information	7.5.3 文件化信息的控制
8 operation	8. 运行
8.1 operational planning and control	8.1 运行的策划和控制
8.2 establishing controls and procedures	8.2 建立控制和程序
8.3 raising concerns	8.3 提出关切
8.4 investigation processes	8.4 调查过程
9 performance evaluation	9. 绩效评价
9.1 monitoring, measurement, analysis and evaluation	9.1 监视、测量、分析和评价
9.1.1 general	9.1.1 概述
9.1.2 sources of feedback on compliance performance	9.1.2 合规绩效反馈来源
9.1.3 development of indicators	9.1.3 指标制定
9.1.4 compliance reporting	9.1.4 合规报告
9.1.5 record-keeping	9.1.5 记录保存
9.2 internal audit	9.2 内部审核
9.2.1 general	9.2.1 概述
9.2.2 internal audit programme	9.2.2 内部审核程序
9.3 management review	9.3 管理评审
9.3.1 general	9.3.1 概述
9.3.2 management review inputs	9.3.2 管理评审输入
9.3.3 management review results	9.3.3 管理评审结果
10 improvement	10. 改进
10.1 continual improvement	10.1 持续改进
10.2 nonconformity and corrective action	10.2 不合格和纠正措施
annex A (informative) guidance for the use of this document	附录 A 本文件使用指南
bibliography	参考文献

　　虽然 ISO 37301 是 ISO 19600 的替代版，但它不是对 ISO 19600 的否定，而是继承、完善和发扬。它们都用于指导组织的合规管理体系建设、运行、评价和持续改进。二者最大的不同就是：ISO 37301 是 ISO 的 A 类标准，可用于认证；而 ISO 19600 则属于 B 类标准，其标准名称为"合规管理体系　指南"。根据《ISO 指南 72 管理体系标准的确认和制定》的规定，管理体系标准分为 A、B、C、三类，其中 A 类是管理体系要求标准，标准名称中一般带有"requirement"，B 类是管理体系指导标准，标准名称中一般带有

"guideline"。A 类标准可以用来向市场证明组织的某个管理体系是否符合 ISO 的要求，证明方式一般是通过内部审核和外部审核予以评定，评定通过后，取得认证证书。

虽然 ISO 37301 是 ISO 19600 的升级版和替代版，但在内容方面改动不大。我们可以通过对二者目录的比较，略见一斑，如表 2 所示。

表 2 ISO 37301 与 ISO 19600 目录对比

ISO 19600	ISO 37301	二者的差异
前言	前言	—
引言	引言	—
1. 范围	1. 范围	—
2. 规范性引用文件	2. 引用标准	—
3. 术语和定义	3. 术语和定义	术语的数量及个别术语的定义有所调整
4. 组织环境	4. 组织环境	
4.1 理解组织及其环境	4.1 理解组织及其环境	ISO 37301 把 ISO 19600 的 8.3 条款中对外包和第三方相关的合规风险管理调整到 4.6 条款
4.2 理解相关方的需求和期望	4.2 理解相关方的需求和期望	
4.3 确定合规管理体系的范围	4.3 确定合规管理体系的范围	
4.4 合规管理体系和良好治理原则	4.4 合规管理体系	
4.5 合规义务	4.5 合规义务	
4.5.1 合规义务的识别	—	
4.5.2 合规义务的维护	—	
4.6 合规风险的识别、分析和评价	4.6 合规风险评估	
5. 领导作用	5. 领导作用	
5.1 领导作用和承诺	5.1 领导作用和承诺	ISO 37301 更加重视合规文化；新增了对治理机构的要求；对合规团队在合规管理体系运行方面的要求进行了调整；扩大了合规人员的范围，从员工到包括外包在内的所有工作人员
—	5.1.1 治理机构和最高管理者	
—	5.1.2 合规文化	
—	5.1.3 合规治理	
5.2 合规方针	5.2 合规方针	
5.3 组织的角色、职责和权限	5.3 角色、职责和权限	
5.3.1 总则	—	
5.3.2 组织内合规职责的分配	—	
5.3.3 治理机构和最高管理者的角色和职责	5.3.1 治理机构和最高管理者	
5.3.4 合规团队	5.3.2 合规团队	
5.3.5 管理层职责	5.3.3 管理层	
5.3.6 员工职责	5.3.4 工作人员	

（续表）

ISO 19600	ISO 37301	二者的差异
6.策划	6.策划	—
6.1 合规风险的应对措施	6.1 应对风险和机遇的措施	ISO 37301 新增了"6.3 变更的策划"条款
6.2 合规目标和实施策划	6.2 合规目标和实现目标的策划	
—	6.3 变更的策划	
7.支持	7.支持	
7.1 资源	7.1 资源	（1）ISO 37301 新增 7.2.2 条款"雇用流程"，增加了对雇用流程的管理要求
7.2 能力和培训	7.2 能力	
7.2.1 能力	7.2.1 概述	
—	7.2.2 雇用流程	（2）ISO 37301 对培训的要求延伸至第三方
7.2.2 培训	7.2.3 培训	
7.3 意识	7.3 意识	（3）ISO 37301 把 ISO 19600 行为（7.3.2）中的合规文化单列，并调整至 5.1.2 条款
7.3.1 总则	—	
7.3.2 行为	（见 5.1.2）	（4）ISO 37301 在沟通（7.4）中增加了提出合规疑虑的方法和程序，以及合规方针与其职责相关的合规义务的关系
7.4 沟通	7.4 沟通	
7.5 文件化信息	7.5 文件化信息	
7.5.1 概述	7.5.1 概述	
7.5.2 创建和更新	7.5.2 创建和更新	
7.5.3 文件化信息的控制	7.5.3 文件化信息的控制	
8.运行	8.运行	—
8.1 运行的策划和控制	8.1 运行的策划和控制	（1）ISO 37301 把 ISO 19600 的8.3 条款中对外包和第三方相关的合规风险管理调整到 4.6 条款，并要求保留文件化信息
8.2 建立控制和程序	8.2 建立控制和程序	
8.3 外包过程	8.3 提出关切	
—	8.4 调查过程	（2）ISO 37301 新增了合规调查和合规疑虑的报告条款
9.绩效评价	9.绩效评价	
9.1 监视、测量、分析和评价	9.1 监视、测量、分析和评价	（1）ISO 37301 把 ISO 19600 的"审核"改为"内部审核"，并扩大了审核结果上报的范围
9.1.1 概述	9.1.1 概述	
9.1.2 监视	—	
9.1.3 合规绩效反馈的来源	9.1.2 合规绩效反馈来源	（2）ISO 37301 增加了治理机构的活动，增加了管理评审的内容
9.1.4 信息收集方法	—	
9.1.5 信息分析和分类	—	
9.1.6 制定合规指标	9.1.3 指标制定	

（续表）

ISO 19600	ISO 37301	二者的差异
9.1.7 合规报告	9.1.4 合规报告	（1）ISO 37301 把 ISO 19600 的"审核"改为"内部审核"，并扩大了审核结果上报的范围 （2）ISO 37301 增加了治理机构的活动，增加了管理评审的内容
9.1.8 合规报告的内容	—	
9.1.9 记录	9.1.5 记录保存	
9.2 审核	9.2 内部审核	
—	9.2.1 概述	
—	9.2.2 内部审核程序	
9.3 管理评审	9.3 管理评审	
—	9.3.1 概述	
—	9.3.2 管理评审输入	
—	9.3.3 管理评审结果	
10. 改进	10. 改进	
10.1 不合格、不合规和纠正措施	10.1 持续改进	ISO 37301 增加了持续改进的考虑因素
10.2 持续改进	10.2 不合格和纠正措施	
—	附录 A 本文件使用指南	ISO 37301 新增了附录 A
参考文献	参考文献	—

　　由表 2 可见，ISO 37301 与 ISO 19600 保持了较高的一致性，完全符合 ISO 标准修订的"继承性与进一步完善相结合"的原则。鉴于部分企业已参照 ISO 19600 搭建了自己的合规管理体系，为了保持一致性和继承性，本书仍按 ISO 19600 的内容来解读，对修订后变化的部分则给予备注说明，以方便读者快速发现二者的不同之处。

　　本书一共 14 章，前 10 章通过对 ISO 19600 标准各部分内容的逐一解读，为读者揭开合规管理体系要素的神秘面纱。图 1 展示了 ISO 19600 推荐的合规管理体系各要素与 ISO 19600 标准各章节的对应关系，比如，图中的"组织环境"模块就对应 ISO 19600 标准的第 4 章，其他模块以此类推。图 1 中各模块的主要内容如图 2 所示。

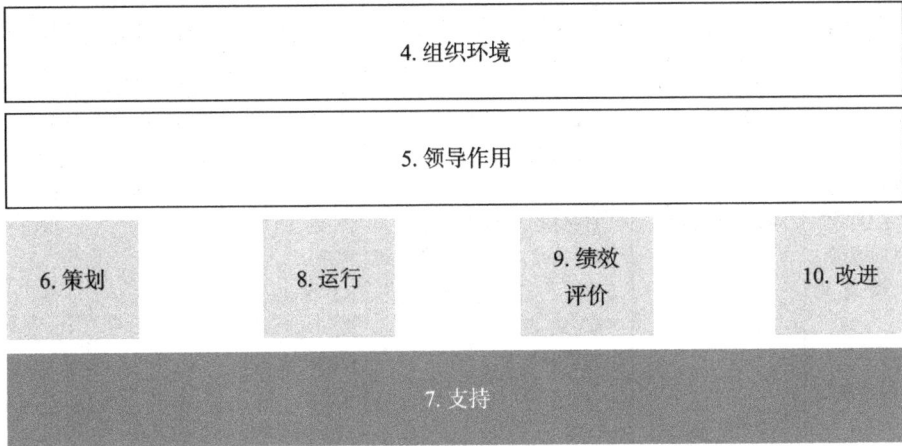

图1　合规管理体系各要素与ISO 19600标准各章节的对应关系

4.组织环境	5.领导作用	6.策划	7.支持	8.运行	9.绩效评价	10.改进
4.1 理解组织及其环境 4.2 理解相关方的需求和期望 4.3 确定合规管理体系的范围 4.4 合规管理体系和良好治理原则 4.5 合规义务 4.6 合规风险的识别、分析和评价	5.1 领导的作用和承诺 5.2 合规方针 5.3 组织的角色、职责和权限	6.1 合规风险的应对措施 6.2 合规目标和实施策划	7.1 资源 7.2 能力和培训 7.3 意识 7.4 沟通 7.5 文件化信息	8.1 运行的策划和控制 8.2 建立控制和程序 8.3 外包过程	9.1 监视、测量、分析和评价 9.2 审核 9.3 管理评审	10.1 不合格、不合规和纠正措施 10.2 持续改进

图2　ISO 19600合规管理体系整体架构和主要内容

ISO 37301 的结构与图 1 完全一致，只是在各要素的规定方面略有差异，主要是 6.3、8.3 和 8.4 节，详见图 3 中附 "*" 的地方。

4. 组织环境	5. 领导	6. 策划	7. 支持	8. 运行	9. 绩效评价	10. 改进
4.1 理解组织及其环境 4.2 理解相关方的需求和期望 4.3 确定合规管理体系的范围 4.4 合规管理体系 4.5 合规义务 4.6 合规风险评估	5.1 领导作用和承诺 5.2 合规方针 5.3 组织的角色、职责和权限	6.1 应对风险和机遇的措施 6.2 合规目标和实现目标的策划 6.3 变更的策划*	7.1 资源 7.2 能力 7.3 意识 7.4 沟通 7.5 文件化信息	8.1 运行的策划和控制 8.2 建立控制和程序 8.3 提出关切* 8.4 调查过程*	9.1 监视、测量、分析和评价 9.2 内部审核 9.3 管理评审	10.1 持续改进 10.2 不合格和纠正措施

图 3 ISO 37301 合规管理体系整体架构和主要内容

本书在前 10 章的编排上与 ISO 19600 和 ISO 37301 的目录保持一致，并按统一格式进行编写，方便读者查阅标准的原文。

从第 11 章开始，后 3 章围绕合规管理实践展开。其中，第 11 章综合介绍了外部合规监管与企业合规管理的现状，第 12 章详细介绍了合规管理体系的建设路径和方法，以及合规管理体系的运行机制，第 13 章主要介绍了合规管理体系与其他管理体系的整合路径。本书在第 14 章中列举了一些常见的企业内部用的合规文件，包括合规管理制度、反腐倡廉承诺书等，方便读者借鉴和参考。

通过对上述内容的编写，希望为读者朋友奉上一部通俗易懂的"理论＋实践"的合规管理体系建设指南，希望能够帮助读者快速学以致用。

虽然企业只是"组织"的一种形式，但本书不特别区分"组织"和"企业"这两个名词；在书中使用"企业"的地方大都可以替换成"组织"。好了，余不多言，开始合规管理体系建设之旅吧！

目　录

第1章　标准引言 ·· 1

1.1　为什么要加强合规管理 ································· 2

1.2　ISO 19600 标准推荐的合规管理体系流程图 ········· 3

1.3　如何应用 ISO 19600 标准 ······························ 5

1.4　ISO 37301 与 ISO 19600 的不同之处 ················ 6

1.5　ISO 37301 新增的内容 ································· 8

1.6　ISO 37301 的具体应用场景 ···························· 9

第2章　标准范围 ··· 11

2.1　ISO 19600 的适用范围 ································ 12

2.2　ISO 37301 的适用范围 ································ 13

第3章　术语和定义 ·· 15

3.1　组织 ·· 19

3.2　利益相关方 ·· 19

3.3　最高管理者 ·· 20

3.4　治理机构 ·· 21

3.5　员工 ·· 23

3.6　合规团队 ·· 23

3.7　管理体系 ·· 25

3.8　方针 ·· 26

3.9　目标 ··· 27

3.10　过程 ·· 28

3.11　风险 ·· 29

3.12　合规风险 ·· 31

3.13　要求 ·· 32

3.14　合规要求 ·· 33

3.15　合规承诺 ·· 33

3.16　合规义务 ·· 34

3.17　合规 ·· 35

3.18　不合规 ·· 36

3.19　合规文化 ·· 37

3.20　准则 ·· 38

3.21　组织的和产业的标准 ·· 38

3.22　监管机构 ·· 39

3.23　能力 ·· 39

3.24　文件化信息 ·· 40

3.25　程序 ·· 41

3.26　绩效 ·· 41

3.27　持续改进 ·· 42

3.28　外包 ·· 43

3.29　监视 ·· 45

3.30　测量 ·· 46

3.31　审核 ·· 46

3.32　合格 ·· 47

3.33　不合格 ·· 48

3.34　纠正 ·· 48

3.35　纠正措施 ·· 49

3.36　行为 ·· 49

3.37　有效性 ·· 50

3.38　第三方 ·· 50

本章小结 ··· 51

第4章 组织环境···53

4.1 理解组织及其环境···55

4.2 理解相关方的需求和期望·································55

4.3 确定合规管理体系的范围·································57

4.4 合规管理体系和良好治理原则·····························58

4.5 合规义务···59

4.6 合规风险的识别、分析和评价·····························61

本章小结··65

第5章 领导作用···67

5.1 领导作用和承诺···69

5.2 合规方针···71

5.3 组织的角色、职责和权限·································75

本章小结··87

第6章 策划···89

6.1 合规风险的应对措施·······································91

6.2 合规目标和实施策划·······································92

6.3 变更的策划···94

本章小结··95

第7章 支持···97

7.1 资源···99

7.2 能力和培训···100

7.3 意识···106

7.4 沟通···111

7.5 文件化信息···114

本章小结···120

第8章 运行···121

8.1 运行的策划和控制···123

8.2 建立控制和程序···124

8.3 外包过程···126

8.4　提出关切并实施调查 ……………………………………………127

本章小结 …………………………………………………………128

第9章　绩效评价 …………………………………………………………129

9.1　监视、测量、分析和评价 ………………………………………131

9.2　审核 ……………………………………………………………145

9.3　管理评审 ………………………………………………………146

本章小结 …………………………………………………………149

第10章　改进 ……………………………………………………………151

10.1　不合格、不合规及纠正措施 …………………………………153

10.2　持续改进 ………………………………………………………157

本章小结 …………………………………………………………159

第11章　合规管理现状 …………………………………………………161

11.1　国际合规监管现状 ……………………………………………163

11.2　国内合规监管现状 ……………………………………………192

11.3　我国企业合规管理现状 ………………………………………199

本章小结 …………………………………………………………202

第12章　合规管理体系建设和运行实务 ………………………………205

12.1　合规管理体系建设的内容和路径描述 ………………………207

12.2　合规管理体系建设过程详解 …………………………………215

12.3　合规管理体系运行概述 ………………………………………235

12.4　建立合规管理体系运行机制 …………………………………237

12.5　ISO 37301 合规管理体系认证 ………………………………256

12.6　合规管理信息系统 ……………………………………………257

本章小结 …………………………………………………………258

第13章　合规管理体系与其他管理体系的整合 ………………………261

13.1　合规管理体系的三级整合路径 ………………………………263

13.2　基于国务院国资委监管指引的"三体合一" …………………267

13.3　ISO 管理体系的高级结构 ……………………………………273

13.4　基于 ISO 管理体系高级结构的多体系整合 ……………………………275

本章小结 …………………………………………………………………………278

第 14 章　合规管理制度及文书示例 ……………………………………………281

14.1　常见的合规法案、指引及标准 …………………………………………283

14.2　中国 SP 集团公司合规管理办法 …………………………………………286

14.3　SPRING 公司《合规管理制度》…………………………………………294

14.4　《合规倡议书》……………………………………………………………307

14.5　SPRING 公司《员工反腐倡廉承诺书》…………………………………309

14.6　SPRING 公司《员工保密协议》…………………………………………311

14.7　SPRING 公司《环保责任承诺书》………………………………………313

14.8　SPRING 公司《阳光采购协议》…………………………………………314

14.9　SPRING 公司收阅《行为准则》确认书…………………………………316

第 **1** 章　标准引言

本章对应 ISO 19600 标准的 Introduction 部分，具体包括以下内容。

（1）为什么要加强合规管理。

（2）ISO 19600 标准推荐的合规管理体系流程图。

（3）如何应用 ISO 19600 标准。

（4）ISO 37301 与 ISO 19600 的不同之处。

（5）ISO 37301 新增的内容。

（6）ISO 37301 的具体应用场景。

1.1 为什么要加强合规管理

【标准原文】

Organizations that aim to be successful in the long term need to maintain a culture of integrity and compliance, and to consider the needs and expectations of stakeholders. Integrity and compliance are therefore not only the basis, but also an opportunity, for a successful and sustainable organization.

Compliance is an outcome of an organization meeting its obligations, and is made sustainable by embedding it in the culture of the organization and in the behaviour and attitude of people working for it. While maintaining its independence, it is preferable if compliance management is integrated with the organization's financial, risk, quality, environmental and health and safety management processes and its operational requirements and procedures.

An effective, organization-wide compliance management system enables an organization to demonstrate its commitment to compliance with relevant laws, including legislative requirements, industry codes and organizational standards, as well as standards of good corporate governance, best practices, ethics and community expectations.

An organization's approach to compliance is ideally shaped by the leadership applying core values and generally accepted corporate governance, ethical and community standards. Embedding compliance in the behaviour of the people working for an organization depends above all on leadership at all levels and clear values of an organization, as well as an acknowledgement and implementation of measures to promote compliant behaviour. If this is not the case at all levels of an organization, there is a risk of noncompliance.

In a number of jurisdictions, the courts have considered an organization's commitment to compliance through its compliance management system when determining the appropriate penalty to be imposed for contraventions of relevant laws. Therefore, regulatory and judicial bodies can also benefit from this International Standard as a benchmark.

Organizations are increasingly convinced that by applying binding values and appropriate compliance management, they can safeguard their integrity and avoid or minimize noncompliance with the law.

Integrity and effective compliance are therefore key elements of good, diligent management. Compliance also contributes to the socially responsible behaviour of organizations.

【对应的中文表达】

组织要想长期获得成功，就需要保持诚信和合规的文化，并考虑利益相关者的需求和期望。因此，廉洁和合规不仅是成功和可持续组织的基础，也是一个机会。

合规是一个组织履行其义务的结果，通过将其融入组织的文化以及为其工作的人的行为和态度中，使其具有可持续性。在保持其独立性的同时，最好将合规管理与组织的财务、风险、质量、环境、健康和安全管理过程及其运作要求和程序结合起来。

一个覆盖全组织范围的有效的合规管理体系可以使一个组织表明其遵守相关法律的承诺，包括立法要求、行业规范和组织标准，以及良好的公司治理标准、最佳实践、道德和社区期望等。

在理想情况下，组织的合规方法是由领导层应用核心价值观和普遍接受的公司治理、道德及社区标准来形成的。将合规融入组织工作人员的行为，首先取决于各级领导和组织明确的价值观，还有他们的认知和实施促进合规行为的方法与措施。如果一个组织的所有级别都不是这样，那么就会有不合规的风险。

在许多管辖范围内，法院在决定对违反相关法律的行为处以适当处罚时，已开始通过其合规管理体系来考虑一个组织对合规的承诺。这样，监管和司法机构也可以受益于这一国际标准。

各组织越来越相信，通过应用具有约束力的价值观和适当的合规管理，可以维护自身的诚信，并避免或尽量减少不遵守法律的行为。

因此，诚信和合规是良好的勤勉管理的关键要素。合规也有助于组织的社会责任行为。

1.2　ISO 19600 标准推荐的合规管理体系流程图

【标准原文】

This international standard does not specify requirements, but provides guidance on compliance management systems and recommended practices. The guidance in this International Standard is intended to be adaptable, and the use of this guidance can differ depending on the size and level of maturity of an organization's compliance management system and on the context, nature and complexity of the organization's activities, including its compliance policy and objectives.

The flowchart in Figure 1-1 is consistent with other management systems and is based on the continual improvement principle ("Plan-Do-Check-Act").

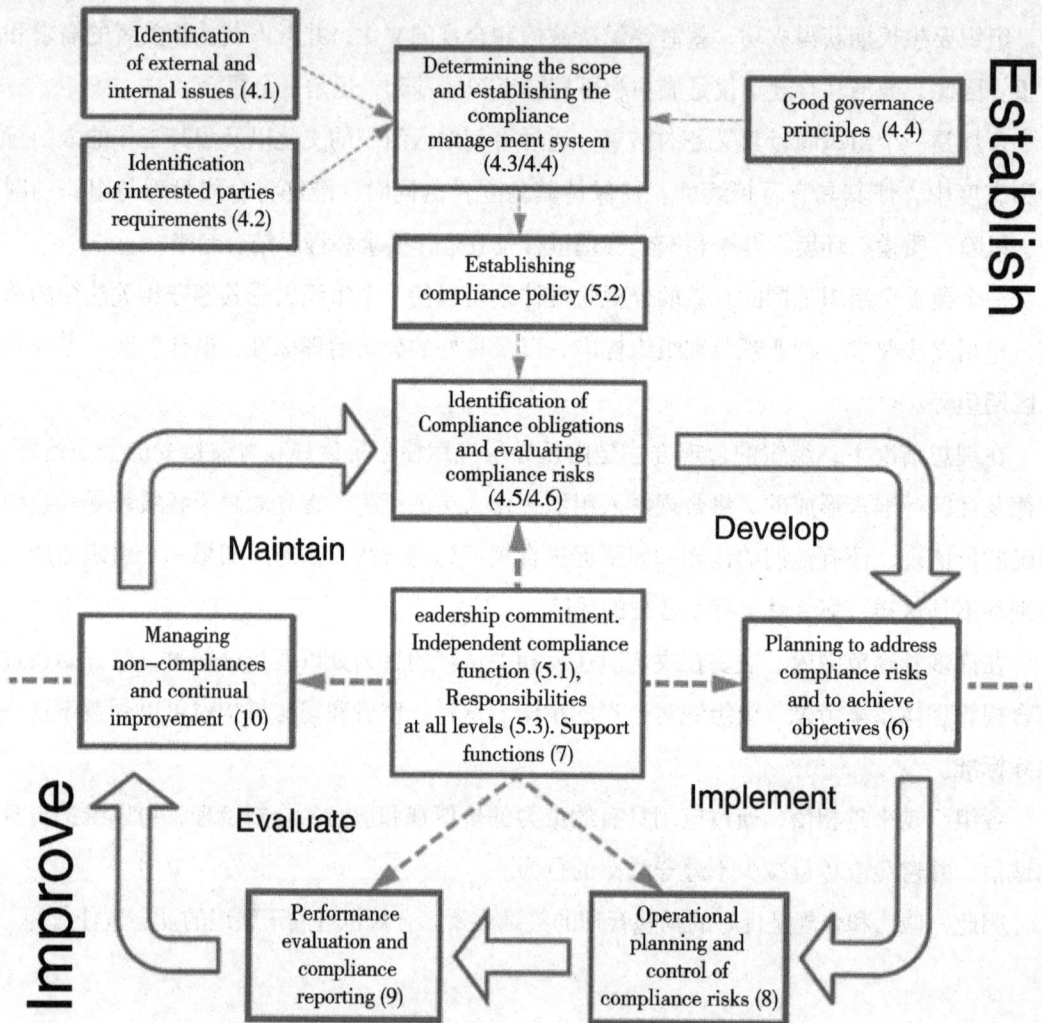

Figure 1-1   Flowchart of a compliance management system

【对应的中文表达】

本国际标准虽未规定相关要求，但提供了合规管理体系的指南和实践做法。本国际标准中的指南具有适应性，根据组织合规管理体系的规模和成熟程度，以及组织活动的背景、性质和复杂性，包括其合规方针和目标，本指南的使用可以有所不同。

图 1-1 中的流程图与 ISO 的其他管理体系（如 ISO 9001、ISO 14001 等）一致，基于持续改进原则（PDCA：计划—执行—检查—修正）。

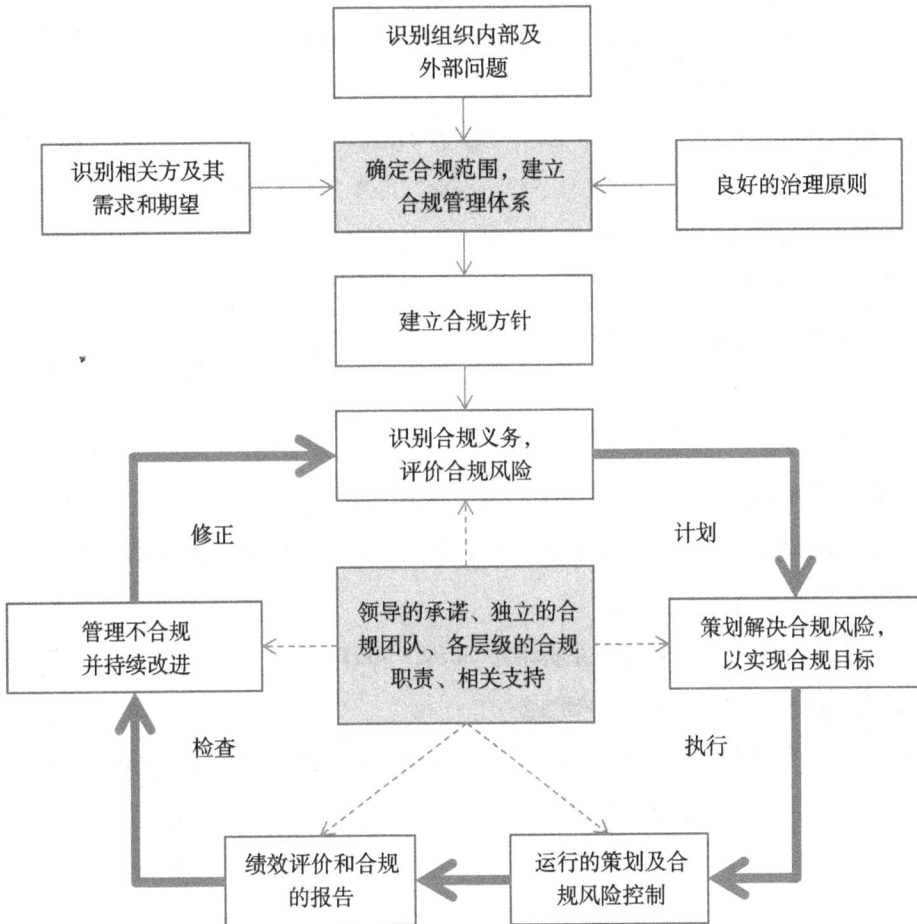

图 1-1 合规管理体系流程

1.3 如何应用 ISO 19600 标准

【标准原文】

In addition to its generic guidance on a compliance management system, this International Standard also provides a framework to assist in the implementation of specific compliance related requirements in any management system.

Organizations that have not adopted management system standards or a compliance management framework can easily adopt this International Standard as stand-alone guidance within their organization.

This International Standard is suitable to enhance the compliance-related requirements in other management systems and to assist an organization in improving the overall management of all its compliance obligations.

This International Standard can be combined with existing management system standards (e.g. ISO 9001, ISO 14001, ISO 22000) and generic guidelines (e.g. ISO 31000, ISO 26000).

【对应的中文表达】

除了合规管理体系的通用指南外，本国际标准还提供了一个框架，以协助各组织在任何管理体系中实施具体的合规相关要求。

尚未采用管理体系标准或合规管理框架的组织，可以轻松地采用本国际标准作为其组织内合规管理的独立指南。

本国际标准适用于增强其他管理体系（如 ISO 9001）中与合规相关的要求，并协助组织改进其所有合规义务的总体管理。

本国际标准可与现有的管理体系标准（如 ISO 9001、ISO 14001、ISO 22000）和通用指南（如 ISO 31000、ISO 26000）相融合。

注：对国内企业来说，本标准可与现行管理体系通用标准（如 GB/T 19001、GB/T 24001、GB/T 22000）及通用指南（如 GB/T 24353 和 GB/T 36000）结合使用。

1.4 ISO 37301 与 ISO 19600 的不同之处

ISO 37301 与 ISO 19600 最大的不同有两个：一是合规管理体系流程图有所不同，二是改变标准号以后，ISO 37301 变成了 ISO 的 A 类标准，可以用于认证。

1. ISO 37301 的合规管理体系流程图

正式发布的 ISO 37301 合规管理体系流程图改变了之前 ISO 19600 合规管理体系流程图的描述形式，具体如图 1-2 所示。ISO 37301 的合规管理体系流程图依然遵循 ISO 管理体系的 PDCA 循环，但突出了合规管理的"目标""原则"及"环境"。

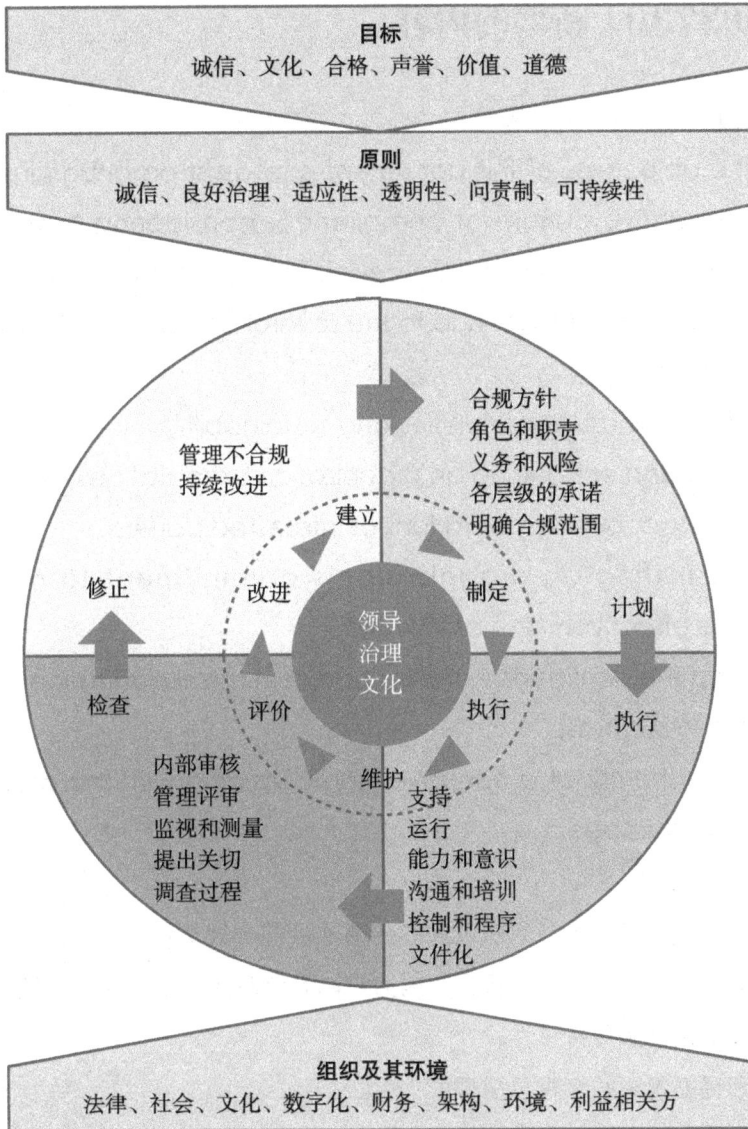

目标
诚信、文化、合格、声誉、价值、道德

原则
诚信、良好治理、适应性、透明性、问责制、可持续性

管理不合规
持续改进

合规方针
角色和职责
义务和风险
各层级的承诺
明确合规范围

修正

改进

建立

制定

计划

领导
治理
文化

检查

评价

执行

执行

内部审核
管理评审
监视和测量
提出关切
调查过程

维护

支持
运行
能力和意识
沟通和培训
控制和程序
文件化

组织及其环境
法律、社会、文化、数字化、财务、架构、环境、利益相关方

图 1-2　ISO 37301 的合规管理体系流程

2. ISO 37301 的使用说明

2021 年 4 月正式发布的 ISO 37301 是对 ISO 19600 的替代，它改变标准号之后变成了 ISO 的 A 类标准，具有一定的强制性，可用于认证。企业获得有资质的第三方认证后，可以向市场宣传该认证结果，该结果会得到市场、监管机构，乃至司法部门的全部或部分认可。

1.5 ISO 37301 新增的内容

【标准原文】

One of the objectives of this document is to assist organizations to develop and spread a positive culture of compliance, considering that an effective and sound management of compliance-related risks should be regarded as an opportunity to pursue and take, due to the several benefits that it provides to the organization such as:

— improving business opportunities and sustainability;

— protecting and enhancing an organization's reputation and credibility;

— taking into account expectations of interested parties;

— demonstrating an organization's commitment to managing its compliance risks effectively and efficiently;

— increasing the confidence of third parties in the organization's capacity to achieve sustained success;

— minimizing the risk of a contravention occurring with the attendant costs and reputational damage.

【对应的中文表达】

本文件的目标之一是协助各组织发展和传播积极的合规文化，有效地管理与合规相关的风险应被视为一个追求和利用的机会，因为它能为组织提供以下几个好处：

（1）改善商业机会和可持续性；

（2）保护和提高组织的声誉及信誉；

（3）考虑相关方的期望；

（4）表明组织致力于有效管理其合规风险；

（5）提高第三方对本组织取得持续成功的能力的信心；

（6）最大限度地降低违规行为发生的风险，同时降低相应的成本和声誉损失（或名誉损害）。

【标准原文】

This document specifies requirements as well as provides guidance on compliance management systems and recommended practices. Both the requirements and the guidance in this document are intended to be adaptable, and implementation can differ depending on the size and level of maturity of an organization's compliance management system and on the context, nature and complexity of the organization's activities and objectives.

【对应的中文表达】

本文件规定了要求，并提供了合规管理体系和推荐做法的指南。本文件中的要求和指南都是可调整的，根据组织合规管理体系的规模和成熟程度，以及组织活动和目标的背景、性质和复杂性，其具体实施可能有所不同。

1.6 ISO 37301 的具体应用场景

ISO 37301 的正式发布对各类组织的合规管理能力建设、政府监管活动、国际贸易合作等具有重要意义。

作为 A 类管理体系标准，ISO 37301 针对合规管理提供了系统化的方法和过程，它采用 PDCA 循环理念完整地覆盖了合规管理体系建设、运行、维护和改进的全流程，基于合规治理原则为组织建立并运行合规管理体系、传播积极的合规文化提供了整套解决方案，不仅有益于企业提高自身的合规管理能力，而且可以为监管机构和司法机构采信企业的合规管理实践、合规整改计划等提供参考依据。监管机构和司法机构在对企业违反相关法律法规的行为做出处罚时，可以将企业的合规管理体系运行情况作为衡量处罚力度的一个参考因素。

此外，ISO 37301 还为企业间的合作、贸易全球化等提供了通用的合规参考，各类组织可以通过声明符合 ISO 37301 或获得 ISO 37301 体系的认证，在利益相关方之间传递合规信任，进而为贸易、交流与合作提供便利。

在实践中，ISO 37301 有以下五种典型应用场景。

（1）ISO 37301 适合所有组织。这里的"适合"是指所有的组织皆可参照该标准来建立和运行自己的合规管理体系，以有效地识别、评价和防控合规风险。

（2）ISO 37301 可以作为各类组织自我声明"合规"的依据。组织参照 ISO 37301 建立并运行合规管理体系，一方面可以使组织及其员工的行为和行为结果合规，另一方面在需要时还能够据此标准追溯组织是否符合合规管理体系规定的内容，或者证实是否承担了合规义务、达到了合规要求。这对企业来说非常重要，获得 ISO 37301 认证的企业可以获得利益相关方更多的信任。

（3）ISO 37301 可以作为认证机构开展认证的依据。ISO 37301 规定了合规管理体系的要求，并提供了使用指南，认证机构在认证活动中，可以直接应用 ISO 37301 标准作为组织符合合规管理体系要求的认证依据。

（4）ISO 37301 可以作为政府机构监管的依据。政府机构可以将 ISO 37301 确立的合规管理理念应用于行政监管活动中，通过对组织合规管理体系运行情况的评价结果来匹配相应的监管手段和措施，实施精准监管；还可以作为监管机构制定合规指引、督促企业合规整改和进行第三方监管验收的依据。

（5）ISO 37301 可以作为司法机构对违规组织进行量刑及监管验收的依据。司法机构可以将 ISO 37301 的合规管理体系要求作为对涉及违规组织量刑的参考依据，以及落实依法不捕、不诉、不提出判实刑建议等司法意见的参考依据。

第 **2** 章 标准范围

本章对应 ISO 19600 标准中的第一部分——Scope。本章主要阐述了合规管理体系的内容范围和 ISO 19600 标准的适用范围。

ISO 37301 对这部分的描述略有变化，具体见本章 2.2 节。

本章一共两节，具体包括以下内容。

（1）ISO 19600 的适用范围。

（2）ISO 37301 的适用范围。

2.1 ISO 19600 的适用范围

【标准原文】

This International Standard provides guidance for establishing, developing, implementing, evaluating, maintaining and improving an effective and responsive compliance management system within an organization.

The guidelines on compliance management systems are applicable to all types of organizations. The extent of the application of these guidelines depends on the size, structure, nature and complexity of the organization. This International Standard is based on the principles of good governance, proportionality, transparency and sustainability.

【对应的中文表达】

本国际标准提供了一套在组织内建立有效的能及时响应的合规管理体系的指导，内容包括合规管理体系的设计、开发、实施、评价、维护和改进。

本国际标准适用于所有类型的组织。本标准的应用程度取决于组织的规模、结构、性质和复杂性。本国际标准以良好治理、恰当、透明和可持续为原则。

【内容解读及应用说明】

三句话构成一章，这就是 ISO 标准的魅力。为了方便大家记忆，risk-doctor 把这三句话的含义整理如下。

（1）ISO 19600 的用途。

ISO 19600 为企业建立一套有效的合规管理体系提供了指南。

（2）合规管理体系的构成。

ISO 19600 所提供的合规管理体系的内容涵盖体系的设计、开发、实施、评价、维护和改进。

（3）ISO 19600 的适用范围。

ISO 19600 适用于所有类型的组织，包括企业、行政单位、事业单位，以及其他非营利组织（NPO）、非政府组织（NGO）。

（4）本标准对各类组织的适用程度。

本标准对各类组织的应用程度取决于该组织的规模、结构、性质和复杂性。在我国，企业的性质可分为国有企业、集体所有制企业、民营企业及公私混合所有制企业等。企业的复杂性通常是指企业活动和业务的复杂程度。

（5）ISO 19600 是基于什么原则开发的？

ISO 19600 基于以下原则开发：

✓　良好治理原则；

✓　恰当适用原则；

✓　透明原则；

✓　可持续原则。

企业在建立自己的合规管理体系时，也要遵循这些原则。

2.2　ISO 37301 的适用范围

【标准原文】

This document specifies requirements and provides guidelines for establishing, developing, implementing, evaluating, maintaining and improving an effective compliance management system within an organization.

This document is applicable to all types of organizations regardless of the type, size and nature of the activity, as well as whether the organization is from the public, private or non-profit sector.

All requirements specified in this document that refer to a governing body apply to top management in cases where an organization does not have a governing body as a separate function.

【对应的中文表达】

本文件规定了在组织内建立、开发、实施、评估、维护和改进有效的合规管理体系的要求和指南。

本文件适用于所有类型的组织，不论其活动的类型、规模和性质，也不论其来自公共、私营或非营利部门。

如果一个组织没有一个治理机构作为单独的职能部门，那么本文件中规定的所有关于治理机构的要求就适用于最高管理层。

第 **3** 章　术语和定义

本章对应 ISO 19600 标准中的第 3 部分——terms and definition，除了 ISO 19600 中的 35 个合规管理术语外，本章还解释了 ISO 37301 中的几个新增术语，具体如表 3-1 和表 3-2 所示。

表 3-1　ISO 19600 的术语集

编号	术语—英文原文	术语—中文
3.1	organization	组织
3.2	interested party	利益相关方
3.3	top management	最高管理者
3.4	governing body	治理机构
3.5	employee	员工
3.6	compliance function	合规团队
3.7	management system	管理体系
3.8	policy	方针
3.9	objective	目标
3.10	process	过程
3.11	risk	风险
3.12	compliance risk	合规风险
3.13	requirement	要求
3.14	compliance requirement	合规要求
3.15	compliance commitment	合规承诺
3.16	compliance obligation	合规义务
3.17	compliance	合规
3.18	noncompliance	不合规
3.19	compliance culture	合规文化
3.20	code	准则
3.21	organizational and industry standards	组织的和行业的标准
3.22	regulatory authority	监管机构
3.23	competence	能力
3.24	documented information	文件化信息
3.25	procedure	程序
3.26	performance	绩效
3.27	continual improvement	持续改进
3.28	outsource	外包
3.29	monitoring	监视
3.30	measurement	测量
3.31	audit	审核
3.32	conformity	合格
3.33	nonconformity	不合格
3.34	correction	纠正
3.35	corrective action	纠正措施

在 ISO 37301：2021 中，ISO 给出了 31 个合规术语，详见表 3-2。

表 3-2　ISO 37301 的术语集

编号	术语—英文原文	术语—中文
3.1	organization	组织
3.2	interested party	利益相关方
3.3	top management	最高管理者
3.4	management system	管理体系
3.5	policy	方针
3.6	objective	目标
3.7	risk	风险
3.8	process	过程
3.9	competence	能力
3.10	documented information	文件化信息
3.11	performance	绩效
3.12	continual improvement	持续改进
3.13	effectiveness	有效性
3.14	requirement	要求
3.15	conformity	合格
3.16	nonconformity	不合格
3.17	corrective action	纠正措施
3.18	audit	审核
3.19	measurement	测量
3.20	monitoring	监视
3.21	governing body	治理机构
3.22	personnel	工作人员
3.23	compliance function	合规团队
3.24	compliance risk	合规风险
3.25	compliance obligation	合格义务
3.26	compliance	合规
3.27	noncompliance	不合规
3.28	compliance culture	合规文化
3.29	conduct	行为
3.30	third party	第三方
3.31	procedure	程序

在 ISO 37301 中，一共删掉了 7 个术语，变更了 1 个术语，新增了 3 个术语。其中，"employee"变成了"personnel"，扩大了合规对象的范围。新增的三个术语是"行为""有效性"和"第三方"。从这些细小的变化来看，ISO 37301 更加关注"行为""合规主体"及"合规的有效性"。这些变化具体如表 3-3 所示。

表 3-3　ISO 37301 对比 ISO 19600 术语的变化

变更的术语	删除的术语	新增的术语
工作人员	合规要求	有效性
—	合规承诺	第三方
—	准则	行为
—	组织的或行业的标准	—
—	监管机构	—
—	外包	—
—	纠正	—

本章严格按照 ISO 19600 的术语顺序对其逐一进行描述和解读，方便读者阅读和查找相关术语。

3.1　组织

【标准原文】

person or group of people that has its own functions with responsibilities, authorities and relationships to achieve its objectives (3.9).

Note 1 to entry: The concept of organization includes, but is not limited to sole-trader, company, corporation, firm, enterprise, authority, partnership, charity or institution, or part or combination thereof, whether incorporated or not, public or private.

【对应的中文表达】

组织（organization）是指为实现目标（3.9 节），由职责、权限和相互关系构成自身功能的一个人或一组人。

注：组织的概念包括但不限于个体经营者、公司、集团、商行、企事业单位、权力机构、合伙企业、慈善机构或研究机构，以及上述组织的部分或组合，无论是否为法人组织，公有的或私有的。

【内容解读与应用说明】

组织是个广义概念，包括企业（国企、民企等）、行政机关、事业单位（医院、学校等），ISO 19600 和 ISO 37301 适用于所有类型的组织。企业可以建立和完善自己的合规管理体系，然后向认证机构申请，取得 ISO 37301 的认证。

组织有大有小，一个人也可以是个组织，如个人公司、个体户等。对大中型企业而言，其分子公司、业务部门、职能部门、项目组、各种委员会、工会等也都是组织。因此，不要误以为只有法人才是组织。

3.2　利益相关方

【标准原文】

person or *organization* (3.1) that can affect, be affected by, or perceive themselves to be affected by a decision or activity.

【对应的中文表达】

利益相关方是指能影响、被影响或认为自己受到某个决定或行动影响的个人或组织（3.1 节）。

【内容解读与应用说明】

无论是相关方（stakeholder）还是利益相关方（interested party），它们都表示是有利益或有权益关系的相关方。所以，对企业而言，利益相关方指的是与该企业有利益或利害关系的一组群体，该群体中任一组织或个人的利益均与该企业的业绩有关。利益相关方可以是企业内部的，如企业内的销售部门、研发部门及其各级员工，也可以是企业外部的，如银行、社会、合作伙伴、政府部门等。

利益相关方和 ISO 37301 中的"third party（第三方）"（本章 3.38 节）术语是有差异的。第三方是指两个相互联系的主体之外的某个客体，它可以和两个主体有联系，也可以独立于两个主体之外。

法律上的第三方一般称为第三者，是指除双方当事人之外的，在法律关系和法律诉讼关系中与标的或者诉讼有关的第三主体。例如，合同关系双方的两个主体之外相对独立的且有一定公正性的第三主体。一般引入第三方的目的是确保交易的公平、公正，避免纠纷和欺诈。

3.3 最高管理者

【标准原文】

Person or group of people who directs and controls an *organization* (3.1) at the highest level.

Note 1 to entry: Top management has the power to delegate authority and provide resources within the organization.

Note 2 to entry: If the scope of the *management system* (3.7) covers only part of an organization then top management refers to those who direct and control that part of the organization.

【对应的中文表达】

最高管理者（top management）是指在最高层指挥和控制组织（3.1 节）的一个人或一组人。

注 1：最高管理者在组织中拥有授权和提供资源的权力。

注 2：若管理体系（3.7 节）的范围仅覆盖组织的一部分，则最高管理者是指那些指挥和控制组织该部分的人员。

【内容解读与应用说明】

最高管理者可以是一个人（党委书记或董事长），也可以是一组人（党组成员或董事或经营班子），它对应的是"最高管理层"或"高层管理人员"。

组织有大有小，对集团公司来说，集团董事长或领导班子是最高管理者；对集团的子公司而言，该子公司的董事长及其领导班子则是最高管理者；对事业部而言，事业部的总经理是最高管理者。例如，某集团公司有多个业务板块（金融板块、房地产板块、物流板块等），那么不同板块的总经理则是最高管理者。因此，最高管理者是相对的，在这个标准里，其划分的依据是管理体系（如质量管理体系、信息安全管理体系等）的覆盖范围。

根据备注 2 的描述，大中型集团公司在建立合规管理体系时，可以按业务板块进行；在申请合规管理体系（ISO 37301）认证时，也可以按业务板块单独进行。此时，该业务板块的负责人就是最高管理者。

对企业的合规管理而言，最高管理者的作用和影响力非常巨大。如果企业最高管理者不重视合规管理，即使下层员工每个人都认识到合规的重要性，那也不会有太大的用处。上行下效，有时因为最高管理者一句有意无意的不重视合规的话，就会让日积月累的合规工作毁于一旦。

risk-doctor 提示：

合规从来都是自上而下，而不是自下而上的。没有一个人愿意主动接受约束和监管。那些宣传"合规要从企业最底层的员工开始做工作"的论调是不妥的！合规理念需要最高管理者的认同，合规承诺需要最高管理者带头，合规行为也需要最高管理者以身作则。

3.4　治理机构

【标准原文】

Person or group of people that governs an *organization* (3.1), sets directions and holds *top management* (3.3) to account.

【对应的中文表达】

治理机构（governing body）是指对组织（3.1 节）进行治理、设定方向并对最高管理者（3.3 节）问责的一个人或一组人。

【内容解读与应用说明】

"治理机构"与"最高管理者"两个术语密切相关且容易混淆。既然治理机构要对组织设定方向,还要对最高管理者进行问责,那么"治理机构"到底是谁?是股东、股东会、监事会,还是其他机构(如国企的党委会)或人员?企业在开展合规管理体系建设时应正面回答这个问题。

按照现行的《中华人民共和国公司法》来看,上市公司的治理结构如图 3-1 所示。

对国有企业而言,其公司治理除了要考虑《中华人民共和国公司法》规定的"三会一层"外,还要考虑"老三会"。

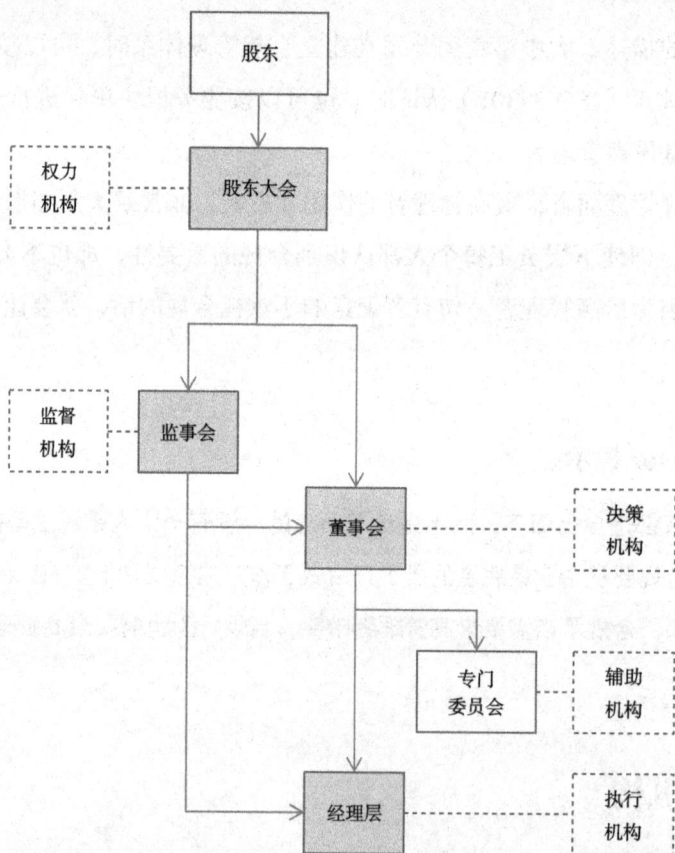

图 3-1 上市公司的治理结构

⭐ **risk-doctor 提示:**

老三会:党委会、职工代表大会、工会

新三会：股东大会、董事会、监事会

三会一层：股东大会、董事会、监事会、经理层

3.5　员工

【标准原文】

Individual in a relationship recognized as an employment relationship in national law or practice.

【对应的中文表达】

员工（employee）是指国家法律或实践认可的雇用关系中受雇的个人。

【内容解读与应用说明】

在 ISO 37301 中，该术语被替换成了"personnel"，中文翻译为"工作人员"。与"员工"相比，"工作人员"的范围扩大了，除员工外，还包括劳务派遣人员、外包人员等。

在建筑行业、银行业、电信行业、电力行业，外包、分包是极常见的情况。相关人员的合规教育不能忽视。

☆ **risk-doctor 提示:**

（1）工作人员（personnel）与员工（employee）不同，前者的范围更广，是指在国家法律或实践中被认为是工作关系的个人，或任何依赖于组织活动的合同关系中的个人。

（2）企业在建立合规体系、开展合规培训时，劳务派遣人员、外包人员等都应包括在工作人员范围内。

3.6　合规团队

【标准原文】

Person(s) with responsibility for *compliance* (3.17) management.

Note 1 to entry: Preferably one individual will be assigned overall responsibility for *compliance* (3.17) management.

【对应的中文表达】

合规团队（compliance function）是指负责合规（3.17 节）管理的一个人或多个人。

注：最好指定一个人全面负责合规（3.17 节）管理。

【内容解读与应用说明】

从字面上看，"compliance function"应直接翻译为"合规职能"，但本术语的定义以"person（s）"打头，所以才译为"合规团队"。

在实践中，企业可以设立专门的"合规部"或"合规管理部"（这种设置一般常见于金融机构），但一般企业都会把合规职能与法务或风险管理等职能相整合，设立"法律合规部"，有的甚至与内部审计职能相整合，设立"合规审计部"或"法律审计部"。形式不重要，能妥善履行和管理合规义务才是最重要的。

国务院国资委发布《中央企业合规管理指引（试行）》后，一些中央企业开始在集团层面设立首席合规官，有些企业则直接让首席法律顾问兼任，这都是一种积极的尝试和探索。首席合规官是"合规团队"的直接领导者，类似于首席财务官（CFO）与财务部的关系。

合规团队的成员可以是律师，当然也可以是"企业合规师"（新职业）。将来，除律师外，企业相关专业的业务骨干都可以成为企业合规师，来帮助企业实现持续合规。

新职业——企业合规师

2021 年 3 月 18 日，人力资源社会保障部、国家市场监督管理总局、国家统计局联合发布了企业合规师、公司金融顾问等 18 个新职业。自此，企业合规师正式进入《国家职业大典》。

职业名称：企业合规师。

职业编号：2-06-06-06。

职业定义：

从事企业合规建设、管理和监督工作，使企业及企业内部成员行为符合法律法规、监管要求、行业规定和道德规范的人员。

主要工作任务：

（1）制定企业合规管理战略规划和管理计划；

（2）识别、评估合规风险与管理企业的合规义务；

（3）制定并实施企业内部合规管理制度和流程；

（4）开展企业合规咨询、合规调查，处理合规举报；

（5）监控企业合规管理体系运行有效性，开展评价、审计、优化等工作；

（6）处理与外部监管方、合作方相关的合规事务，向服务对象提供相关政策解读服务；

（7）开展企业合规培训、合规考核、合规宣传及合规文化建设等。

3.7 管理体系

【标准原文】

set of interrelated or interacting elements of an *organization* (3.1) to establish *policies* (3.8) and *objectives* (3.9) and *processes* (3.10) to achieve those objectives.

Note 1 to entry: A management system can address a single discipline or several disciplines.

Note 2 to entry: The system elements include the organization's structure, roles and responsibilities, planning, operation, etc..

Note 3 to entry: The scope of a management system may include the whole of the organization, specific and identified functions of the organization, specific and identified sections of the organization, or one or more functions across a group of organizations.

【对应的中文表达】

管理体系（management system）是指组织（3.1 节）建立方针（3.8 节）和目标（3.9 节）以及实现这些目标（3.9 节）的过程（3.10 节）的相互关联或相互作用的一组要素。

注 1：一个管理体系涉及一个方面或多个方面。

注 2：管理体系要素包括组织的结构、角色和职责、策划、运行等。

注 3：管理体系的范围包括整个组织、该组织具体和确定的职能、该组织具体和确定的部门，或跨组织的一个或多个职能。

【内容解读与应用说明】

"管理体系"是现代企业管理中经常被提及的名词，一个组织的管理体系可以包括若干个不同的管理体系，如质量管理体系 ISO 9001、环境管理体系 ISO 14001、职业健康和安全管理体系 ISO 45001、信息安全管理体系 ISO 27001 等。

经过多年的发展，ISO 认为一个管理体系至少包括组织的结构、角色和职责、策划、运行、支撑保障、绩效评价、持续改进等要素。

在发展过程中，企业可以根据自身的性质、规模及业务实际情况，在不同阶段建立所需要的管理体系。管理体系是为管理服务的，企业的管理与企业的规模、业务、人员素质等因素密切相关。管理体系在企业中得以良好运行，不是一朝一夕能够实现的，而是经过不断迭代和持续改进才取得的结果。

3.8 方针

【标准原文】

Intentions and direction of an *organization* (3.1) as formally expressed by its *top management* (3.7).

【对应的中文表达】

方针（policy）是指由最高管理者（3.3节）正式发布的组织（3.1节）的宗旨和方向。

【内容解读与应用说明】

"policy"这个术语在ISO管理体系标准中通常被译为"方针"，比如在ISO 9000中的"质量方针"、在ISO 31000中的"风险管理方针"，它们分别代表了企业的质量管理宗旨和风险管理宗旨，与其他术语相比，其站位很高，具有统领性。在其他文献中，"policy"也经常被译为"政策"。

在中文中，"战略""方针""政策"都有其特定的含义，有时它们也被组合使用，如战略方针、方针政策等，这难免会给读者造成困扰。如果不太清楚它们之间的区别，可参考下面的提示。

☆ **risk-doctor 提示:**

（1）方针是对具体的事业和工作而言的，它引导事业前进的方向和目标，如企业的环保方针、质量方针、安全生产方针等。

（2）政策是在一定的时期内，国家或企业为实现某个或某些计划而制定的一种行动准则，其内容可包括应该实现的奋斗目标、遵循的行动原则、完成的明确任务、实行的工作方式、采取的一般步骤和具体措施等。与方针相比，政策更为具体，是对某一具体事务或计划的实施所做的规定。

（3）战略一般泛指对全局性、高层次的重大问题的筹划和指导，是一种从全局考虑和谋划，以实现全局目标的中长期策略和基本规划。战略比较抽象，包括宏观战略、中观战略、微观战略，比如国家发展战略、城市发展战略、企业发展战略，或者企业里的人力资源战略等。对企业而言，各项经营计划、行为准则等都是为战略服务的。

概括而言，战略可以看成一种理想，不一定被严格执行，也不一定能完全实现；方针则具有一定的刚性，需要严格遵循；政策是执行战略和方针的保障。

3.9　目标

【标准原文】

Result to be achieved.

Note 1 to entry: An objective can be strategic, tactical and/or operational.

Note 2 to entry: Objectives can relate to different disciplines (such as financial, health and safety, and environmental goals) and can apply at different levels (such as strategic, organization-wide, project, product and *process* (3.10)).

Note 3 to entry: An objective can be expressed in other ways, e.g. as an intended outcome, a purpose, an operational criterion, as a compliance objective or by the use of other words with similar meaning (e.g. aim, goal, or target).

Note 4 to entry: In the context of compliance management systems, compliance objectives are set by the organization, consistent with the compliance policy, to achieve specific results.

【对应的中文表达】

目标（objective）是指要实现的结果。

注 1：目标可以是战略、战术或操作层面的。

注 2：目标能与不同方面（如财务、健康与安全及环境）相关，且能应用于不同层面[如战略层、组织、项目、产品和过程（3.10 节）]。

注 3：目标能用其他方式表达，如预期成果、目的、操作准则，作为合规目标或使用具有相似含义的其他词汇（如目的、终点或标的）。

注 4：在合规管理体系中，合规目标由组织确定，并且要与合规方针保持一致，以实现特定的结果。

【内容解读与应用说明】

在中文中，"目标"既指射击、攻击或寻求的对象，也指个人或组织想要达到的境地或标准。在企业管理中，目标是对活动预期结果的主观设想，是在人的头脑中形成的一种主观意识形态，这种形态对应着活动的预期结果。目标能为活动指明方向，合理的目标可以使组织各方面的关系得以维系，并使组织向着该目标前进。

目标具有社会属性，其主体是个人或团队，受社会制度、政治制度、经济制度、文化传统、意识形态，以及个人或团队拥有的资源和能力等方面的制约。目标可分为理想的目标、满意的目标、勉强的目标和不得已的目标。

在英文中，表示"目标"的单词不少，分别是"aim""goal""target"等。其中，"target"最常见，是指射击的靶子或军事攻击目标；"aim"侧重于比较具体而明确的目标或目的，通常指短期目标；"goal"一般是指经过认真思考和坚持不懈的努力才能达到的最终目标。"objective"语义更广泛，本标准也赋予它很广泛的含义，从战略层面到运营层面、从公司层面到分支机构层面、从业务层面到财务层面、从项目层面到产品层面，都可以有自己特定的目标。合规亦然。

☆ **risk-doctor 提示:**

合规目标是组织要实现的满足合规要求和（或）合规义务的结果。

在企业合规管理体系中，合规目标由企业设定，并与企业合规方针保持一致，以实现特定的满足合规要求或合规义务的结果。

3.10 过程

【标准原文】

Set of interrelated or interacting activities which transforms inputs into outputs.

【对应的中文表达】

过程（process）是指将输入转化为输出的相互关联或相互作用的一组活动。

【内容解读与应用说明】

该术语的定义如图 3-2 所示。

中文"过程"对应的英文有"process"和"procedure"。process 一般是指大致的过程，是一种抽象描述，强调的是结果，比如磋商过程、思维过程等；procedure 则是指操作过程，强调步骤和手续，所以通常被译为"程序"，详见本书 3.25 节。

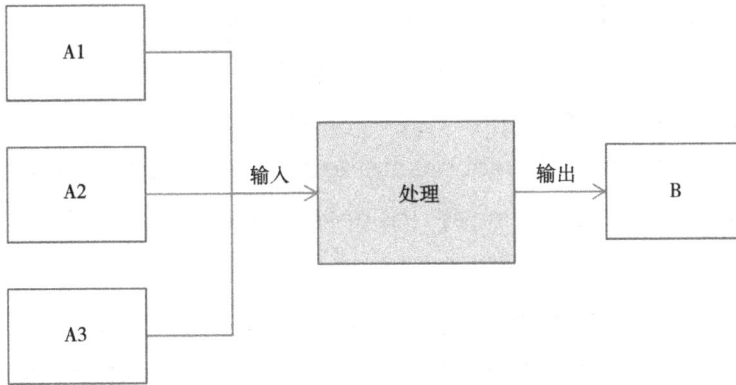

图 3-2 过程示意

为了加深理解，举个例子，你可以说"during the process"，而不能说"during the procedure"。

另外，也有人把"process"译为"流程"，比如前些年比较热门的"业务流程重组"（BPR）对应的英文就是"Business Process Reengineering"或者"Business Process Rebuilding"（业务流程再造）。这里之所以翻译成"流程"而不是"过程"，主要是因为 BPR 一般重组的是企业的主流程或一级流程。

企业在建设和运行内部控制体系时，也经常提及"制度"和"流程"。为了让控制落地，实现"制度流程化"，还要绘制流程图（flowchart）。一般来说，内部控制中所说的流程应该是 procedure，而不是 process，因为它们强调具体操作和控制，一般对应三级流程或四级流程，有的甚至是作业指导书和标准作业程序（SOP）。

SOP 是 Standard Operating Procedure 三个单词中首字母的大写，即标准作业程序或标准操作程序。SOP 是以统一的格式将某一业务活动的标准操作步骤和要求描述出来（如 Visio 的图例），用于指导和规范日常的工作。SOP 的精髓是将各业务活动细节规范化和量化，在内部控制中讲 SOP，就是希望对某一程序中的关键控制点进行细化、规范化和量化，以实现管控的目的。

3.11 风险

【标准原文】

Effect of uncertainty on *objectives* (3.9).

Note 1 to entry: An effect is a deviation from the expected — positive or negative.

Note 2 to entry: Uncertainty is the state, even partial, of deficiency of information related to, understanding or knowledge of, an event, its consequence, or likelihood.

Note 3 to entry: Risk is often characterized by reference to potential "events" (as defined in) and "consequences" (as defined in ISO Guide 73:2009, 3.6.1.3), or a combination of these.

Note 4 to entry: Risk is often expressed in terms of a combination of the consequences of an event (including changes in circumstances) and the associated "likelihood" (as defined in ISO Guide 73:2009, 3.6.1.1) of occurrence.

【对应的中文表达】

风险（risk）是指不确定性对目标（3.9 节）的影响。

注 1：影响是指偏离预期，可以是正面的或负面的。

注 2：不确定性是指对某个事件及其后果或可能性的信息缺失或了解片面的状态。

注 3：风险通常以潜在事件（ISO Guide 73：2009 的 3.5.1.3 节）和后果 ISO Guide 73：2009 的 3.6.1.3 节）或二者组合的特征来分析。

注 4：风险通常以事件的后果（包括情形的变化）和事件发生的可能性（ISO Guide 73：2009 的 3.6.1.1 节）的组合来表示。

【内容解读与应用说明】

该定义采用了 ISO Guide 73：2009 标准中对风险的定义，而没有采用 "ISO/IEC Directives，Part 1，Consolidated ISO Supplement，2014" 中对基本术语"风险"的定义：effect of uncertainty（不确定性的影响）。

risk-doctor 也一直纳闷，为什么 2014 版的 ISO/IEC Directives 完全采用了 2009 版 ISO Guide 73 中风险定义的四个附注，却没有完全采用其定义本身？离开目标谈风险，有意义吗？美国 2020—2021 年的新冠肺炎疫情、2021 年 2 月中旬美国德州的雪灾天气，会对谁造成伤害？难道是埃及人或新加坡人？难道埃及人或新加坡人要在 2 月中旬实施雪灾风险评估，并制定应对策略和措施？显然不是。

该定义在注解中给出了风险的特性和表达方式：

（1）风险具有二重性，即可能带来正面的影响，也可能带来负面的影响；

（2）风险的基本属性是不确定性；

（3）事件是风险的载体，如果无法识别风险事件，就无法评估该风险发生的可能性和可能造成的影响；

（4）风险可以用其后果的影响程度及其发生的可能性来组合表示。

risk-doctor 提示：

$R=f（U、O、E）$

U：不确定性

O：特定目标

E：影响

U、O、E 是判断风险的三个基本要素，缺一不可。

在实践中，为了简单估计风险的大小，可以从两个维度入手，即潜在事件后果的影响程度及其发生的可能性。

3.12　合规风险

【标准原文】

Effect of uncertainty on compliance *objectives* (3.9).

Note 1 to entry: Compliance risk can be characterized by the likelihood of occurrence and the consequences of *noncompliance* (3.18) with the organization's *compliance obligations* (3.16).

【对应的中文表达】

合规风险（compliance risk）是指不确定性对于合规目标（3.9 节）的影响。

注：合规风险以组织合规义务（3.16 节）的不合规（3.18 节）发生的可能性和后果表述。

【内容解读与应用说明】

该定义是 ISO 19600 对"合规风险"的定义，比较抽象。在实践中，合规风险一般会导致负面影响，所以可以简单定义合规风险如下：

合规风险是指企业及其员工因不合规行为，引发法律责任、受到相关处罚、造成经济或声誉损失以及其他负面影响的可能性（见《中央企业合规管理指引（试行）》第二条）。

在 ISO 37301 中，为了便于理解，合规风险被定义为：

"Likelihood of occurrence and the consequences of noncompliance with the organization's compliance obligations"（不遵守组织合规义务的后果和发生的可能性）。该定义强调了合

规风险的负面影响，并指出判定合规风险的两个因素：不合规的后果及其发生的可能性。

企业在开展全面风险管理过程中，应综合考虑合规风险与战略风险、运营风险、财务风险、市场风险和其他风险的关联性，确保各项风险管理政策和程序的一致性。

参考阅读：2005 年 4 月 29 日，巴塞尔银行监管委员会发布了《合规与银行内部合规部门》的文件，该文件描述合规风险是指，企业因未能遵循法律、监管规定、规则、自律性组织制定的有关准则，而可能遭受法律制裁或监管处罚、重大财务损失或声誉损失的风险。

前些年，客户对银行（信用社）的投诉比较多，近一半是投诉银行员工"骗卖"保险、基金和理财产品。有客户反映，银行（信用社）员工不把风险告诉他们，一味地承诺高收益，造成他们上当。对银行而言，这里面的合规风险就是银行（信用社）员工合规意识不强及银行内控不严导致的，以至于银行（信用社）员工在销售投资产品时，为了自己的业绩和佣金而把风险尽量淡化，或索性避而不谈。

3.13　要求

【标准原文】

Need or expectation that is stated, generally implied or obligatory.

Note 1 to entry: "Generally implied" means that it is custom or common practice for the organization and interested parties that the need or expectation under consideration is implied.

Note 2 to entry: A specified requirement is one that is stated, for example in documented information.

【对应的中文表达】

要求（requirement）是指明示的、通常隐含的或有义务履行的需求或期望。

注 1：隐含通常是指组织和相关方的惯例或一般做法，所考虑的需求或期望是不言而喻的。

注 2：规定的要求是指在诸如文件化信息中明示的要求。

【内容解读与应用说明】

"要求"是 ISO 管理体系标准中的核心术语之一。"要求"包括客观的需求或明确的要求，具有客观性，需要绝对遵循。

如果标准名称中带有"requirement"，就说明该标准能够用于认证，也就是说，贵公司要宣布自己符合 ISO 9001 质量管理体系标准，就必须经过相关专业机构的评审和审核，获得认证后，才能对外宣布。ISO 19600 的升级版 ISO 37301 就可以用于认证。

3.14　合规要求

【标准原文】

Requirement (3.13) that an *organization* (3.1) has to comply with.

【对应的中文表达】

合规要求（compliance requirement）是指组织（3.1 节）有义务遵守的要求（3.13 节）。

【内容解读与应用说明】

对企业而言，"要求"有很多，比如质量要求、环保要求、安全要求等。企业在满足合规要求时，应充分识别相应的合规义务，既不能大包大揽，也不能躲避必须承担的合规义务。

注：该术语在 ISO 37301 中已被删除，因为新标准名称已涵盖 "requirement"。

合规要求往往是客观的、明确的。如果企业没有满足该要求，则意味着"违规"。例如，贵公司是一家建筑施工企业，春天在北方城市施工，由于北方春天干燥、风大，易扬沙，故当地政府要求贵公司对施工现场进行沙尘保护，对裸露的沙土地面要进行遮盖。如果贵公司忽视这一规定要求，则意味着没有履行相应的合规义务。

另外，有些合规要求会随着社会的进步而发生改变，比如垃圾处理的要求。在实施垃圾分类之前，企业或家庭准备一种垃圾桶就够了，废纸、废笔、空瓶、食物残渣等只要不乱扔，丢进垃圾桶就可以了，就合规了。现在，随着社会的进步，人们环保意识的增强，在北京和上海这样的城市再这样做就不行了，因为垃圾开始分类了。你需要根据垃圾分类标准把不同类别的垃圾放入不同类别的垃圾桶内。如果你再把食物残渣丢进废纸垃圾桶里，那就不合规了，就会有人监督你，甚至问责或处罚你。

3.15　合规承诺

【标准原文】

Requirement (3.13) that an *organization* (3.1) chooses to comply with.

【对应的中文表达】

合规承诺（compliance commitment）是指组织（3.1 节）选择遵守的要求（3.13 节）。

【内容解读与应用说明】

合规承诺源于合规要求和合规义务。该定义中用了"选择"一词，这是因为合规承诺是在了解了合规要求、识别了合规义务之后，结合组织的实际情况做出的选择和承诺。合规承诺很重要，一般需要书面化、文件化，一旦发布，就必须严格遵循。

注：该术语在 ISO 37301 中已被删除。

合规承诺可以是外部的要求，也可以是自发的承诺。例如，某公司在销售产品时，对客户承诺实行三包、代办托运等，这些都是企业为了自身的品牌建设，为了更好地吸引客户、服务客户所做的主动承诺。它们一旦对外发布，就被视为一种"合规承诺"，企业应严格遵照执行。

在实践中，"合规承诺"有时是对员工或供应商而言的，比如企业要求员工或供应商签署"合规承诺书"等，用于反舞弊、反欺诈、反不正当竞争、反行贿受贿等。

3.16 合规义务

【标准原文】

Compliance requirement (3.14) or compliance commitment (3.15).

【对应的中文表达】

合规义务（compliance obligation）是指合规要求（3.14 节）或合规承诺（3.15 节）。

【内容解读与应用说明】

严格来说，该定义并没有回答合规义务是什么，只是列举了什么是合规义务。

在法律上，法律要求当事人应为的行为，称为义务。义务与权利是相对应的，义务的履行即为权利的实现，义务的违反即为发生责任。

在日常生活中，义务与权利相对，义务是指政治上、法律上、道义上应尽的责任。义务是情愿、志愿、应该的。与"责任"相比，义务是"应为"的行为，责任是"必为"的行为。

基于此，企业合规义务可定义为：基于国家、政治、法律、道义等方面的要求，企业应尽的合规责任。

从合规义务的定义可以看出，它既包括合规要求，又包括合规承诺，所以，在 ISO 37301 中不再把"合规要求"和"合规承诺"作为术语来对待。

3.17　合规

【标准原文】

Meeting all the organization's *compliance obligations* (3.16).

Note 1 to entry: Compliance is made sustained by embedding it in the culture of an *organization* (3.1) and in the behaviour and attitude of people working for it.

【对应的中文表达】

合规（compliance）是指履行组织的全部合规义务（3.16 节）。

注：通过将合规融入组织（3.1 节）文化及其工作人员的行为和态度中，使合规具有可持续性。

【内容解读与应用说明】

"合规"是本书的主题词。严格来说，"合规"是个动名词，即"合 + 规"。要合规，首先要有规则，其次是要知道怎么合规，最后才能去实际操作以实现合规。

结合对"要求""合规要求""合规承诺""合规义务"这几个术语的介绍，我们可以用图 3-3 来描述它们与"合规"的关系。

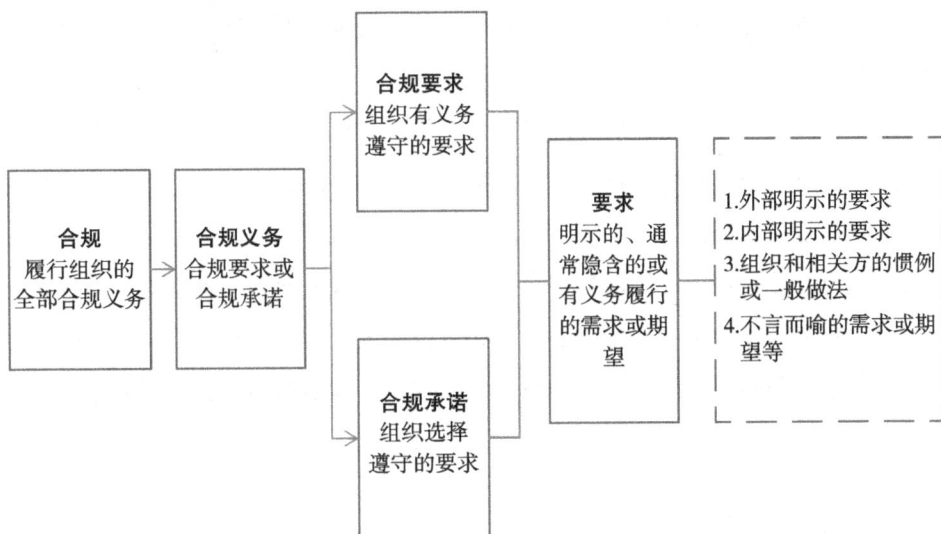

图 3-3　对合规定义的解读

在实践中，合规指企业及其员工的经营管理行为符合法律法规、监管规定、行业准则、企业章程和规章制度，以及国际条约、规则等要求。广义的合规还要符合社会道德规范、习俗等。合规具有刚性，也具有适应性和连续性，企业在实践中应该把握好这几个属性。

合规必须与工作人员的行为和态度相结合，否则只能是"书面合规"。

"没有任何事情比维护我们在合规建设中取得的声誉更重要。即使是为了取得销量，为了竞争或者来自直接主管的命令，这些都不能让我们对合规的秉持做出任何妥协。"

——GE 首席执行官杰夫·伊梅尔特（Jeff R. Immelt）

注：杰夫·伊梅尔特是通用电气集团原 CEO（首席执行官）杰克·韦尔奇（Jack Welch）的继任者。

3.18　不合规

【标准原文】

Non-fulfilment of a *compliance obligation* (3.16).

Note 1 to entry: Noncompliance can be a single or a multiple event and may or may not be the result of a *nonconformity* (3.33).

【对应的中文表达】

不合规（noncompliance）是指不履行某项合规义务（3.16 节）。

注：不合规可以是单一或多个事件，且可以是或不是"不合格"（3.3 节）的结果。

【内容解读与应用说明】

不合规与合规相对应。不合规可能是一个事件不合规，也可能是多个事件不合规。不合规可能因不合格所致，也可能不是。比如童工生产的产品，产品本身可能是合格的，但雇用童工生产则是不合规的。

如果有企业领导或合规人员认为游走在合规与不合规之间是一种本事，那么就会害了企业。因为，抱有这样的合规理念的企业领导或合规人员不仅没有承担起本来应该承担的职责，还让企业有个错误的认识，即寻找灰色地带并在这狭窄的区域谋取利益。这显然是不可取的。

☆ **risk-doctor 提示：**

企业经营是长跑，不是对一两笔买卖、一两次机会的捕获。在企业生存的整个历程中，当下的某个机会从长期来看可能是个负担，这时候企业要勇于放弃；某个阶段的合规义务在短期看来可能是个负担，但从长期来看可能是机遇，这时候企业要敢于承担。要想基业长青，只有做正确的事情才是最佳选择！

3.19 合规文化

【标准原文】

Values, ethics and beliefs that exist throughout an *organization* (3.1) and interact with the organization's structures and control systems to produce behavioural norms that are conducive to *compliance* (3.17) outcomes.

【对应的中文表达】

合规文化（compliance culture）是指贯穿整个组织（3.1节）的价值观、道德规范和信念，并与组织的结构和控制系统相互作用，产生有利于合规（3.17节）成果的行为准则。

【内容解读与应用说明】

文化是人类社会相对于经济、政治而言的精神活动及其产物，包括物质文化和非物质文化。按主体不同，文化又可分为民族文化、企业文化等。企业文化就是企业在日常运行中所表现出的方方面面，它由企业的价值观、信念、仪式、符号、工作方式等组成，并呈现出其特有的文化形象。

企业文化包括风险文化、合规文化、安全文化、质量文化、以客户为中心的文化等，不同的企业有着不同的企业文化。因此，不要小瞧文化，更不能小瞧合规文化，因为合规是一种底线思维。

有些读者可能要说：文化是一个很虚的概念。其实，文化是看得见、感受得到的。企业的合规文化蕴涵在其制度、标准作业程序（SOP）之中，它们一开始可能会让你感觉别扭、不舒服，但如果长期坚持，养成习惯，那么最后就能形成良好的合规文化。好的合规文化能培养员工好的合规意识。例如，员工在因公采购或消费时向对方索要有效的发票；民营企业的普通员工（非中共党员）也自觉履行"八项规定"等。

中海油在培育合规文化时，注重思想、制度、纪律和监督四道防线，强调"思想道德上不想，制度程序上不能，激励机制上不必，监督惩处上不敢"，为企业合规经营提供了全面保障。

☆ **risk-doctor 提示：**

员工的合规意识来自员工的自身修炼和企业的合规文化，好的合规文化可以培养员工好的合规意识。

合规的核心是预防。如果高管层只重视违规事件的处理而轻视合规预防，那么就不能算是好的合规文化。

3.20　准则

【标准原文】

Statement of practice developed internally or by an international, national or industry body or other *organization* (3.1).

Note 1 to entry: The code may be mandatory or voluntary.

【对应的中文表达】

准则（code）是指组织（3.1节）内部制定的或由国际、国家、行业机构或其他组织制定的实践声明。

注：准则可以是强制性或自愿性的。

【内容解读与应用说明】

准则一般是指道德准则或行为规范，可以是国家、民族、行业或其他组织制定的强制性或自愿性的惯例，也可以由企业自己规定，它一般以文件或制度的形式呈现。在企业中，"行为规范"或"行为准则"是很常见的文件，也是企业的基础文件之一。企业行为规范一般会描述企业的经营方式、管理方法、实施办法、员工在某地或某种情况下的行为举止等内容。在企业合规管理中，"行为规范"是很重要的内容。

在风险评估中，风险准则是风险评估的标准，用于评判或决定风险的影响程度和发生的可能性。

在ISO 37301中，该术语被删除，替而代之的是"conduct"，详见本书3.36节。

3.21　组织的和产业的标准

【标准原文】

Documented *codes* (3.20), good practices, charters , technical and industry standards deemed by an *organization* (3.1) to be relevant.

【对应的中文表达】

组织的和产业的标准（organizational and industry standards）是指组织（3.1节）相信的相关的文件化准则（3.20节）、良好实践（或惯例）、章程、技术的和产业的标准。

【内容解读与应用说明】

该术语在ISO 37301中已被删除。在我国，我们一般说国家标准、行业标准（industry standards）和企业标准；对产业而言，我们一般说"产业政策"。

3.22　监管机构

【标准原文】

Organization (3.1) responsible for regulating or enforcing compliance (3.17) with legislative and other requirements (3.13).

【对应的中文表达】

监管机构（regulatory authority）是指负责管制或强制执行法制合规（3.17 节）和其他要求（3.13 节）的组织。

【内容解读与应用说明】

在我国，国资委、银保监会、证监会、环保局、公安局、市场监督管理局等都是监管机构。

该术语在 ISO 37301 中已被删除。risk-doctor 也支持删除，因为把它做术语定义实在没有太大的必要。

3.23　能力

【标准原文】

Ability to apply knowledge and skills to achieve intended results.

【对应的中文表达】

能力（competence）是指应用知识和技能实现预期结果的本领。

【内容解读与应用说明】

任何一项活动都要求参与者具备一定的能力。能力是完成一项目标或任务所体现出的综合素质。能力的大小直接影响活动的效率和效果，因此，在合规管理体系中应特别强调"能力"。

能力有很多种，如领导能力、管理能力、沟通能力、组织能力等，在合规管理体系中，合规管理能力和合规执行能力至关重要，要具备这些能力，可以从学习合规术语开始。

3.24 文件化信息

【标准原文】

Information required to be controlled and maintained by an *organization* (3.1) and the medium on which it is contained.

Note 1 to entry: Documented information can be in any format and media and from any source.

Note 2 to entry: Documented information can refer to:

— The *management system* (3.7), including related *processes* (3.10);

— Information created in order for the organization to operate (documentation);

— Evidence of results achieved (records).

【对应的中文表达】

文件化信息（documented information）是指组织（3.1 节）需要控制和维护的信息及其载体。

注 1：文件化信息能以任何格式和载体的形式存在，并且不限来源。

注 2：文件化信息指：

——管理体系（3.7 节），包括相关过程（3.10 节）；

——组织运行产生的信息（文件）；

——已实现结果的证据（记录）。

【内容解读与应用说明】

该术语的核心词是"信息"而不是"文件"。之所以把它当术语来定义，是因为本标准说的"信息"不是一般的信息，而是"文件化"的信息。

"文件化"与"文件"分不开。"文件"是指文书，包括公文、书信，以及与政策、理论、规章制度等有关的文章。随着信息技术的发展，在电脑上存放的办公文档、图片、视频，以及运行的杀毒、游戏等软件或程序都可以叫文件。简言之，文件是人们在各种社会活动中产生的一种正式的记录，包括纸质的和电子的。

文件化信息是把相关信息文件化。把信息文件化是组织保护相关信息的一种正式的、主动的活动。早在 ISO 9000 质量管理体系被推出的时候，ISO 就开始重视对各种信息的管理，尤其是各种管理体系信息、文件（制度和流程）信息、记录信息（包括订单、入库单、发票、车间温度、信息系统的登录日志等）。

与"文件"密切相关的还有一个词，即"档案"。二者的主要区别在于是否具有保存价值，以及是否具备原始记录的性质。如果都具备，则可以称之为"档案"，否则只能算作"文件"。

在合规管理实践中，要特别关注文件化信息，并做好相关信息的存档工作，包括承载这些信息的载体，如 U 盘、磁带、光盘、硬盘等。

3.25　程序

【标准原文】

Specified way to carry out an activity or *process* (3.10).

【对应的中文表达】

程序（procedure）是指为进行某项活动或过程（3.10 节）所规定的途径。

【内容解读与应用说明】

该术语在本书 3.10 节中已与"过程"（process）做过对比，这里不再赘述。

3.26　绩效

【标准原文】

Measurable result.

Note 1 to entry: Performance can relate either to quantitative or qualitative findings.

Note 2 to entry: Performance can relate to the management of activities, *processes* (3.10), products (including services), systems or *organizations* (3.1).

【对应的中文表达】

绩效（performance）是指可测量的结果。

注 1：绩效可能与定量的结果相关或与定性的结果相关。

注 2：绩效可能与活动、过程（3.10 节）、产品（包括服务）、体系或组织（3.1 节）的管理相关。

【内容解读与应用说明】

绩效是一切管理的落脚点，是衡量工作效果或达成目标程度的重要判断依据。ISO 对该术语的定义非常直观，该定义使"绩效"考核具有很好的可操作性。

虽然在该定义的备注里提及绩效可能与定性的结果相关，但它依然是可测量的。例如，某公司在年底总结时发现销售部门的 20 名销售人员都完成了规定的任务，这说明大家都不错，或者大家都很努力，或者公司产品性价比很高，或者是没有可比的竞争对手。因此，在评价各销售人员的绩效时，就要制定一些可测量的指标，这样才能找出大家都完成销售任务的真实原因，也才能找出到底谁的绩效更佳。

再例如，员工因公负伤，其结果可能是残疾了，也可能完全康复了。这里的"残疾"就是定性的。在实务中，仅定性是不够的，还要细分残疾的类别和残疾的等级。在残疾类别中要区分为视力残疾、听力残疾，还是肢体残疾、智力残疾等；在残疾等级中一般分为十级，其中，一级为最严重级，详见国家相关规定。为什么要定义残疾的类别和等级呢？其核心原因就是它关乎工伤赔偿标准，所以企业要特别关注可测量的结果，不能对四级残疾的员工按六级标准来赔偿，否则就属于严重的不合规。

3.27 持续改进

【标准原文】

Recurring activity or *process* (3.10) to enhance *performance* (3.26).

【对应的中文表达】

持续改进（continual improvement）是指提高绩效（3.26 节）的循环活动或过程（3.10 节）。

【内容解读与应用说明】

该术语也是 ISO 管理体系中的基本术语之一，它基于 ISO 的 PDCA 循环。

PDCA 循环是由美国质量管理专家沃特·阿曼德·休哈特（Walter A. Shewhart）博士首先提出的，然后由爱德华兹·戴明（Edwards Deming）博士采纳、宣传，在日本、美国获得普及，所以又称为"戴明环"。全面质量管理和 ISO 9001 的思想基础及方法依据就是 PDCA 循环。

PDCA 循环的含义是将质量管理分为四个阶段，即 Plan（计划）、Do（执行）、Check（检查）和 Act（修正），然后把各项工作按照 PDCA 循环去推进：首先要制订计划，然后按计划去实施，接着要检查实施效果，最后将成功的经验和做法纳入标准，将不成功的留待下一个循环去解决，具体如图 3-4 所示。PDCA 循环是质量管理的基本方法，也是企业管理各项工作的一般规律。

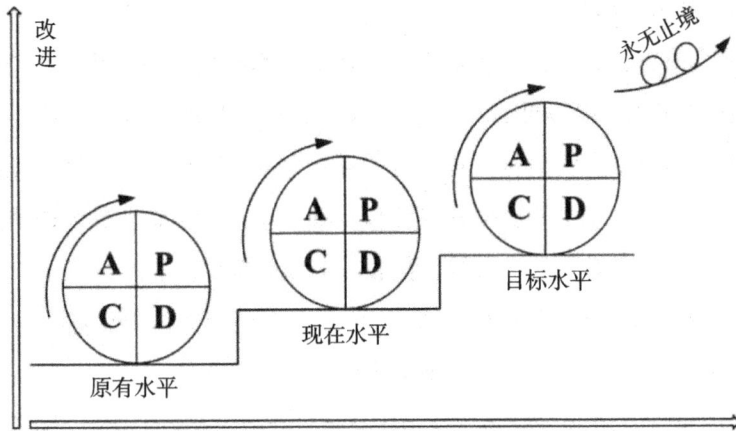

图 3-4　PDCA 循环示意图

从一个 PDCA 循环到下一个 PDCA 循环，中间的桥梁就是持续改进，没有持续改进，企业管理的成熟度、产品的质量、生产工艺、合规水平等就不可能提升。持续改进是 PDCA 循环的推进器，推动 PDCA 从低阶循环不断地向高阶循环进发，从而实现和改善管理目标。

If you can't describe what you are doing as a process, you don't know what you're doing.

如果你不能把你正在做的描述为一个过程，那么你就不知道你在做什么。

——爱德华兹·戴明

3.28　外包

【标准原文】

Make an arrangement where an external *organization* (3.1) performs part of an organization's function or *process* (3.10).

Note 1 to entry: An external organization is outside the *management system* (3.7), although the outsourced function or process is within the scope.

【对应的中文表达】

外包（outsource）是指安排外部组织（3.1 节）承担组织的部分职能或过程（3.10 节）。

注：尽管外包的职能或过程在管理体系范围内，但外部组织在管理体系（3.7 节）范围之外。

【内容解读与应用说明】

外包是企业为维持自己的核心竞争力，因自身资源不足，将自己的非核心业务委托给外部的专业公司去完成，以降低自己的营运成本、提升品质、提高顾客满意度。简单来说，外包就是将原本应由企业自身负责处理的某些事务或某些业务活动委托给服务提供商进行处理的经营行为。外包中的服务提供商包括独立第三方及企业集团内部的子公司和附属机构，如果涉及关联交易，那么在披露信息时应该明确说明。

外包是专业分工和全球化的产物，在2000年左右是很热门的话题。外包既是一种生产方式，也是一种业务模式，有人甚至把它当成一种战略选择。

本标准把"外包"当作动词来定义，关注外包活动的安排和实施。因此，这里稍微扩展一下解读，以方便读者在实践中应用。

企业实施外包，首先要考虑外包的工作内容和范围，其次是选择合适的服务提供商，最后是签订书面的合同或协议。

在考虑外包范围时，要识别哪些业务或工作能外包，哪些不能外包。例如，涉及战略管理和风险管理职能的业务一般不宜外包。

在选择服务提供商时，企业要对其进行尽职调查。进行尽职调查时可重点关注服务提供商的以下信息：

（1）管理能力和行业地位；

（2）财务的稳健性；

（3）企业声誉和企业文化；

（4）技术实力和服务质量；

（5）突发事件的应对能力；

（6）对本企业及本企业所在行业的熟悉程度；

（7）对同行业其他企业提供服务的情况等。

注：当企业的外包活动涉及多个服务提供商时，还应对这些服务提供商进行关联关系的调查。

在签订书面合同或协议时，要明确双方的权利与义务，至少应该包括以下相关条款：

（1）外包服务的范围和标准；

（2）外包服务的保密性和安全性；

（3）外包服务的业务连续性；

（4）外包服务的审计和检查；

（5）外包争端的解决措施；

（6）未履行责任的赔偿和补救说明，以及追索权的说明等。

☆　**risk-doctor 提示：**

（1）所有外包活动都必须签订书面合同或协议；对于具有专业技术性的外包业务，应签订服务标准协议。

（2）企业董事会和高级管理层应承担分包或转包的最终责任。企业可以把会计工作外包出去，但会计信息错误或失真仍是企业的责任；企业可以把产品生产外包出去，但产品的质量仍由企业负责；企业可以把计算机系统的运维外包出去，但由此产生的客户信息泄露风险仍是企业的责任。

（3）该术语在 ISO 37301 中已被删除，但这并不意味着"外包"不再重要，而是不再单独强调"外包"。关于这一点，从 ISO 19600 的"外包过程"演变成 ISO 37301 的"提出关切"和"调查过程"即可看出。

3.29　监视

【标准原文】

Determining the status of a system, a *process* (3.10) or an activity.

Note 1 to entry: To determine the status there may be a need to check, supervise or critically observe.

Note 2 to entry: Monitoring is not a once-only activity, but a process of regularly or continuously observing a situation.

【对应的中文表达】

监视（monitoring）是指确定体系、过程（3.10 节）或活动的状态。

注 1：确定状态可能需要检查、监督或密切观察。

注 2：监视并非一次性活动，而是对某种情况定期或连续进行观察的过程。

【内容解读与应用说明】

"monitoring"在很多地方被误译为"监测"或"监控"，这是不准确的。监测包含监视和测量；监控既包含监视，也包含控制。在风险管理、内部控制、内部审计中，"Monitoring"可以被译为"监督"。

3.30 测量

【标准原文】

Process (3.10) to determine a value.

【对应的中文表达】

测量（measurement）是指确定数值的过程（3.10 节）。

【内容解读与应用说明】

该术语往往与"目标"和"绩效"相关联。只有通过测量了，获得了一手数据，才能展开分析，实施绩效评价，评价达成目标的程度及持续改进的效果。

要想实施测量，前提条件就是相关指标能够被测量，并且有适用的、经济的测试方法和工具。这一点在实务中要特别注意。

You can't manage what you don't measure.

你无法管理你无法衡量的东西。

——爱德华兹·戴明

3.31 审核

【标准原文】

Systematic, independent and documented *process* (3.10) for obtaining audit evidence and evaluating it objectively to determine the extent to which the audit criteria are fulfilled.

Note 1 to entry: An audit can be an internal audit (first party) or an external audit (second party or third party), and it can be a combined audit (combining two or more disciplines).

Note 2 to entry: "Audit evidence" and "audit criteria" are defined in ISO 19011.

Note 3 to entry: Independence can be demonstrated by the freedom from responsibility for the activity being audited or freedom from bias and conflict of interest.

【对应的中文表达】

审核（audit）是指为获取"审核证据"并对其进行客观评价，以确定满足"审核准则”的程度所进行的系统的、独立的并形成文件的过程（3.10 节）。

注1：审核包括内部审核（第一方）、外部审核（第二方或第三方）及多体系审核（合并两个或多个领域）。

注2："审核证据"和"审核准则"的定义见 ISO 19011。

注3：独立性是指与正在被审核的活动无责任关系、对其无偏见和利益冲突。

【内容解读与应用说明】

在 ISO 的文件里，"audit" 通常被译为"审核"，在 IIA（the Institute of Internal Auditors）的文件里，则通常被译为"审计"。

与之相近的概念是"评审"。在 ISO 的文件里，"评审"一般对应"review"，"管理评审"对应的则是"management review"。除管理评审外，还有客户需求评审、设计评审、合同评审等，评审的主体一般是业务方自己或其业务管理者；审核的主体一般是完全独立或相对独立的第三方，如内部审计部门、外部审计机构或外部认证机构。在风险管理的三道防线模型中，第二道防线可以对第一道防线的业务进行评审，第三道防线可以对第一道防线和第二道防线实施审核。

审核属于审计范畴，要求独立性。对于第一方审核，一般由内部审计部门实施；对于第二方审核，一般由客户方实施；对于第三方审核，一般由会计师事务所、律师事务所，以及其他有相关资质的中介机构实施。

3.32　合格

【标准原文】

Fulfilment of a management system *requirement* (3.13).

【对应的中文表达】

合格（conformity）是指满足管理体系要求（3.13 节）。

【内容解读与应用说明】

合格与不合格（3.33 节）相对应。需要注意的是，合格不一定合规，比如前面讲到的童工生产产品案例，产品本身可能是合格的，但雇用童工生产该产品则是不合规的。

3.33　不合格

【标准原文】

Non-fulfilment of a management system *requirement* (3.13).

Note 1 to entry: A nonconformity is not necessarily a *noncompliance* (3.18).

【对应的中文表达】

不合格（nonconformity）是指不满足管理体系要求（3.13 节）。

注：不合格不一定是不合规（3.18 节）。

【内容解读与应用说明】

不合格与合格（3.32 节）相对应。合格不一定合规，反之，不合格也不一定不合规。例如，在餐厅吃饭，你点了一份剁椒鱼头，可端上来的剁椒鱼头里面放的不是剁椒，而是干辣椒，剁椒鱼头变成了干辣椒焖鱼头。这道菜不满足你的要求，属于不合格产品；但这份剁椒鱼头吃起来还是剁椒鱼头的味道，鱼肉也很鲜嫩，也满足食品安全的所有要求，所以这份剁椒鱼头从菜单、烹饪过程和食品安全的角度来看，它是合规的。

3.34　纠正

【标准原文】

Action to eliminate a detected *nonconformity* (3.33) or a *noncompliance*.

【对应的中文表达】

纠正（correction）是指为消除已发现的不合格（3.33 节）或不合规（3.18 节）所采取的活动。

【内容解读与应用说明】

"correction"一般可译为"改正""纠正"。在本标准中，"action"既可表示"活动"，也可表示"措施"，其与下一个术语"纠正措施"（corrective action）的意思很接近，因此，在 ISO 37301 中，"corrective action"被删除了。但二者确实不同，"纠正"侧重动词属性，是指"返修""返工"或调整，是对现有的不合格所进行的处置；而"纠正措施"侧重名词属性，是指为消除产生不合格或不合规的原因所采取的措施（比如修改作业方法、修改业务流程、修改管理制度等），以防止其再度发生。

3.35　纠正措施

【标准原文】

Action to eliminate the cause of a *nonconformity* (3.33) or a *noncompliance* (3.18) and to prevent recurrence.

【对应的中文表达】

纠正措施（corrective action）是指为消除不合格（3.33 节）或不合规（3.18 节）的原因并防止其再发生所采取的措施。

【内容解读与应用说明】

纠正措施用于纠偏行动中，其目的是消除不合格或不合规的原因并防止其再度发生。

消除不合格或不合规的原因有多种方法和手段，如果能够消除风险源，就能从根本上解决问题。但是，消除风险源是一种成本较高的活动，企业在实践过程中需谨慎处理。

在合规管理实务中，组织应明确与纠正措施相关的责任，比如谁负责纠正措施的管理、谁负责调查、谁负责提出纠正措施、谁负责实施纠正措施、谁负责监督实施、谁负责相应文件化信息（程序和制度等）的更改等。

risk-doctor 提示：

纠正措施和改进活动在方法上相似，但是作用却不相同。纠正措施是要变失控为受控，变不合格 / 不合规为合格 / 合规；而改进活动是在受控条件下或合格 / 合规情况下进行再提高。

为了消除实际的或潜在的不合格或不合规的原因而采取的纠正和预防措施，需要投入一定的人力和物力，具体的投入应与合规风险程度相适应。

3.36　行为

【标准原文】

Behaviours and practices that impact outcomes for customers, employees, suppliers, markets and communities.

【对应的中文表达】

行为（conduct）是指影响客户、员工、供应商、市场和社区结果的行为和实践。

【内容解读与应用说明】

这是 ISO 37301 新增的术语，对应 ISO 37301 的"conduct"。

每个企业都有自己的"行为守则"（code of conduct）。在 ISO 19600 中，"code"是术语；在 ISO 37301 里，"conduct"被当作术语，而"code"被从术语里删除。这再次体现了"行为"在合规中的重要性。

"conduct"与"behavior"虽然都表示"行为"，但二者是有区别的。"behavior"是普通用词，可以指某个具体行为，也可以指某种情况下的一般行为；而"conduct"一般是按照道德规范来说的，通常指违反规定的行为或高尚的行为。

3.37 有效性

【标准原文】

Extent to which planned activities are realized and planned results achieved.

【对应的中文表达】

有效性（effectiveness）是指实现策划的活动并完成策划结果的程度。

【内容解读与应用说明】

"有效性"是 ISO 37301 新增的术语，对应 ISO 37301 的"effectiveness"。

"有效性"与"绩效"是相近的术语，都能表达实际结果与策划结果之间的实现程度。但绩效仅指"可测量的结果"，而有效性则侧重"活动的效果"，它既包括达成策划结果的程度，也包括策划的活动被实现的程度。二者的共性是可测量。所以，在合规实践中，在阐述合规绩效和合规有效性时，要尽可能量化，要用事实和结果说话。

3.38 第三方

【标准原文】

Person or body that is independent of the organization.

Note 1 to entry: All business associates are third parties, but not all third parties are business associates.

【对应的中文表达】

第三方（third party）是指独立于组织的人或团体。

注：所有业务伙伴均为第三方，但并非所有第三方均为业务伙伴。

【内容解读与应用说明】

这是 ISO 37301 新增的术语，对应 ISO 37301 的"third party"。

"第三方"与"利益相关方"是有区别的，二者有所交集，但互不包含。

对组织而言，第三方一定是独立的，比如会计师事务所；第三方可以是利益相关方，比如业务合作伙伴，在实际业务中，企业与合作伙伴一起投标。利益相关方则不要求具有独立性，利益相关方可以是第三方，也可以是组织内部人员，如员工。

本章小结

本章详细介绍了与合规管理密切相关的 38 个术语。在 ISO 的管理体系标准中，比如 ISO 9001、ISO 14001、ISO 19600、ISO 27001、ISO 31000、ISO 37301、ISO 45001 等标准，都会频繁出现"组织""相关方""方针""目标""测量""绩效""持续改进"等术语，因此，ISO 专门发布了一个文件，其中明确定义了一些基本的、通用的术语，把它们作为 ISO 管理体系的基础术语。这样的术语一共有 21 个，如表 3-4 所示。

表 3-4　ISO 管理体系通用基础术语

序号	术语（英文）	术语（中文）
1	organization	组织
2	interested party	利益相关方
3	requirement	要求
4	management system	管理体系
5	top management	最高管理者
6	effectiveness	有效性
7	policy	方针
8	objective	目标
9	risk	风险
10	competence	能力
11	documented information	文件化信息
12	process	过程
13	performance	绩效
14	outsource	外包
15	monitoring	监视
16	measurement	测量

（续表）

序号	术语（英文）	术语（中文）
17	audit	审核
18	conformity	合格
19	nonconformity	不合格
20	corrective action	纠正措施
21	continual improvement	持续改进

从表 3-4 中可以看出，除了"有效性"，其他术语都包含在 ISO 19600 的术语里。在新的 ISO 37301 中，术语"有效性"被引用，"外包"被舍弃，结合表 3-2，需要重点关注的合规管理术语就只剩下 11 个，具体如表 3-5 所示。

表 3-5　ISO 37301 合规专用术语

编号	术语（英文）	术语（中文）
1	governing body	治理机构
2	personnel	工作人员
3	compliance function	合规团队
4	compliance risk	合规风险
5	compliance obligation	合格义务
6	compliance	合规
7	noncompliance	不合规
8	compliance culture	合规文化
9	conduct	行为
10	third party	第三方
11	procedure	程序

本书之所以花时间来解读这些术语，目的就是让读者在阅读后续内容之前，对一些单词或词组有一个准确的认识，而不是想当然地按照自己以往的理解去看待标准中的这些词语。同时，在开启后续阅读之后，建议读者朋友经常回头看看，细细想一下这些术语的真实含义及它们在不同语境下的具体用法。

第 4 章　组织环境

本章对应 ISO 19600 的第 4 部分——context of the organization，主要包括以下内容。

（1）理解组织及其环境。

（2）理解相关方的需求和期望。

（3）确定合规管理体系的范围。

（4）合规管理体系和良好治理原则。

（5）合规义务。

（6）合规风险的识别、分析和评价。

这一章与 ISO 37301 第 4 章的区别如表 4-1 所示。

表 4-1　ISO 37301 与 ISO 19600 第 4 章内容对比

ISO 19600	ISO 37301
4.1 理解组织及其环境	4.1 理解组织及其环境
4.2 理解相关方的需求和期望	4.2 理解相关方的需求和期望
4.3 确定合规管理体系的范围	4.3 确定合规管理体系的范围
4.4 合规管理体系和良好治理原则	4.4 合规管理体系
4.5 合规义务	4.5 合规义务
4.5.1 合规义务的识别	—
4.5.2 合规义务的维护	—
4.6 合规风险的识别、分析和评价	4.6 合规风险评估

　　从这一章开始，本书将正式介绍合规管理体系的各个要素，本章先介绍"组织环境"要素。"组织环境"要素在 ISO 19600 合规管理体系中的位置如图 4-1 所示（注：该要素在 ISO 37301 中的位置不变）。

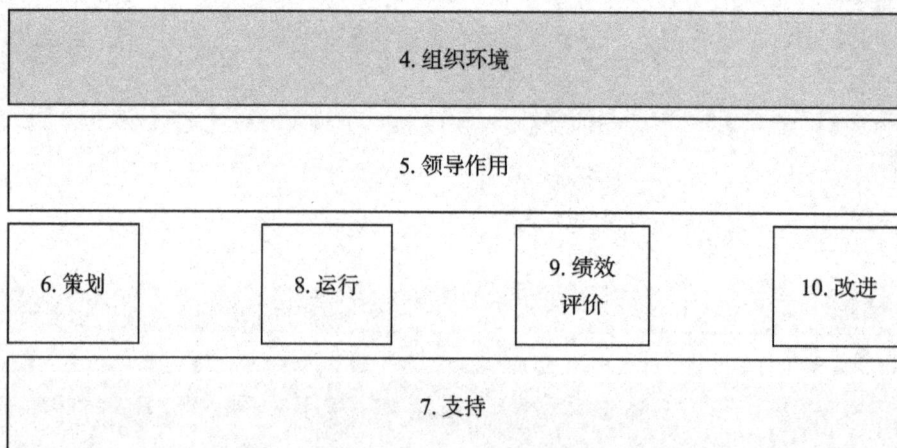

图 4-1　"组织环境"在合规管理体系中的位置

4.1 理解组织及其环境

【标准原文】

The organization should determine external and internal issues, such as those related to compliance risks, that are relevant to its purpose and that affect its ability to achieve the intended outcome(s) of its compliance management system. In doing so, the organization should consider a broad range of external and internal aspects, such as the regulatory, social and cultural contexts, the economic situation and the internal policies, procedures, processes and resources.

【对应的中文表达】

组织应确定内部和外部问题，如与合规风险相关、与组织目标相关和影响组织实现合规管理体系预期成果能力的问题。在这种情况下，组织应考虑更大范围的内部和外部因素，包括监管、社会、文化、环境、经济形势、内部方针、程序、过程和资源等因素。

【内容解读及应用说明】

这一章所描述的组织环境，是针对组织的合规管理而言的。"context"在 ISO 的管理标准中通常被译为"环境"，其原意是"上下文、语境"，在本标准中可延伸为合规义务或合规事件发生的背景、环境或来龙去脉。理解了这个单词，对标准中的这段描述就不难理解了。

企业是生存在复杂多变的市场环境中的组织，受政府、行业、社区、服务提供商、客户等多方面的约束。因此，在制定企业合规管理体系时，除了要考虑企业内部因素（内部方针、程序、过程和资源）外，还要考虑企业外部因素，尤其是监管、社会、文化、环境、经济形势等因素。企业要把合规管理体系建设放在一个更大的范围去考虑。

4.2 理解相关方的需求和期望

【标准原文】

The organization should determine:

— The interested parties that are relevant to the compliance management system;

— The requirements of these interested parties.

【对应的中文表达】

组织应确定：

——合规管理体系的相关方；

——这些相关方的需求。

【内容解读及应用说明】

越简洁的文字越复杂。这一段三言两语就把"理解相关方的需求和期望"讲完了，可是该怎么操作呢？从哪儿入手呢？

在实践中，企业必须梳理合规管理体系的相关方有哪些，不仅要一一列出，而且要对它们进行分类。企业的利益相关方包括企业内部的和外部的，内部的利益相关方包括股东和员工，外部的利益相关方包括供应商、客户、监管机构、社区等。仅列出它们的名字是不够的，还要与它们沟通交流，了解它们的需求和期望，然后逐一列示、分类。在初级阶段，企业可用表 4-2 来落实这项工作。

表 4-2　企业利益相关方的需求和期望

相关方	需求 / 要求	期望
股东		
债权人		
员工		
客户		
供应商		
分销商		
行业监管协会		
税务部门		
……		

表 4-2 只是一个统计参考表，在实践中，还需要细化各相关方的需求和期望，如表 4-3、表 4-4 所示。

表 4-3　客户的要求和期望

客户名称	需求 / 要求	期望
公众客户		
大客户 A		
大客户 B		
大客户 C		
……		

表 4-4　供应商的需求和期望

供应商名称	需求 / 要求	期望
供应商 A		
供应商 B		
供应商 C		
……		

4.3　确定合规管理体系的范围

【标准原文】

The organization should determine the boundaries and applicability of the compliance management system to establish its scope.

NOTE The scope of the compliance management system is intended to clarify the geographical and/or organizational boundaries to which the compliance management system will apply, especially if the organization is a part of a larger organization at a given location.

When determining this scope, the organization should consider:

— The external and internal issues referred to in 4.1;

— The requirements referred to in 4.2 and 4.5.1.

The scope should be readily available as documented information.

【对应的中文表达】

组织应确定合规管理体系的边界和适用性，以确定其范围。

注：合规管理体系的范围旨在阐明应用合规管理体系的地域和 / 或组织边界，尤其该组织是某大规模组织在给定地点的分支机构时。

确定该范围时，组织应考虑：

——4.1 节提及的内部问题和外部问题；

——4.2 节和 4.5.1 节提及的要求。

范围应作为文件化信息随时可用。

【内容解读及应用说明】

范围很重要。项目有范围、工程有范围，工作职责和权限也有范围。在企业合规管理体系建设之前，很多企业都实施了风险管理和内部控制方面的建设，其间，有些企业就把风险管理的范围无限扩大化，结果导致企业的采购申请、研发的立项申请、销售的合同等都拿来请风险管理职能审批，压力山大不说，不少风控人员根本不熟悉相关业务内容，如何审批，如何担责？最后只好退回本职，做风控该做的事。

合规范围的核心是合规义务的范围。企业在启动合规管理体系建设之前，应先回答哪些业务和工作需要合规？合什么规？为什么要合规？不合规有什么负面风险？然后才是如何合规？用什么机制和方法去合规？要不要建合规体系？……所以，合规的范围是合规体系建设的主要内容之一，一般在合规体系建设初期就要确定，否则会影响后续其他工作。

4.4 合规管理体系和良好治理原则

【标准原文】

The organization should establish, develop, implement, evaluate, maintain and continually improve a compliance management system, including the processes needed and their interactions, in accordance with this International Standard, taking into consideration the following governance principles:

— direct access of the compliance function to the governing body;

— independence of the compliance function;

— appropriate authority and adequate resources allocated to the compliance function.

The compliance management system should reflect the organization's values, objectives, strategy and compliance risks.

【对应的中文表达】

组织应根据本标准建立、制定、实施、评价、维护和持续改进合规管理体系，包括必需的过程和过程间的相互作用，并考虑如下治理原则：

——合规团队与治理机构建立直接联系；

——合规团队的独立性；

——分配给合规团队适当的权限和充足的资源。

合规管理体系应反映组织的价值观、目标、战略和合规风险。

【内容解读及应用说明】

本章讲的是"组织环境"，这一节特别强调合规管理体系与良好治理原则之间的关系，以说明良好治理原则对合规的重要性。关于良好治理原则，不少国家和专业机构都发布了自己的原则，例如：

（1）经济合作与发展组织发布的《OECD 公司治理原则》；

（2）澳大利亚证券交易所公司治理委员会颁布的"良好公司治理原则和最佳实务建议"；

（3）中国证监会发布的《上市公司治理准则》等。

需要注意的是，良好的公司治理模式不是唯一的。

合规管理体系包括组织的结构、角色和职责、策划、运行等要素，企业在建立合规管理体系时，应把上述原则消化后与这些要素整合，这样建立起来的合规管理体系才会既具有先进性，又具有实用性。

4.5　合规义务

4.5.1　合规义务的识别

【标准原文】

The organization should systematically identify its compliance obligations and their implications for its activities, products and services. The organization should take these obligations into account in establishing, developing, implementing, evaluating, maintaining and improving its compliance management system.

The organization should document its compliance obligations in a manner that is appropriate to its size, complexity, structure and operations.

Sources of compliance obligations should include compliance requirements and can include compliance commitments.

【对应的中文表达】

组织应系统识别其合规义务及这些合规义务对组织活动、产品和服务的影响。组织在建立、制定、实施、评价、维护和改进合规管理体系时，应考虑这些合规义务。

组织应以适合其规模、复杂性、结构和运行的方式记录其合规义务。

合规义务的来源应包括合规要求，并包含合规承诺。

【内容解读及应用说明】

关于合规要求和合规承诺的定义及区别，请见本书第 3 章的描述。组织生存于社会环境、经济环境、政治环境中，作为整体来看，其合规主要是对外合规，主要包括两大部分：主动的承诺和被动的要求。

针对"合规要求"而言，被动的要求具体包括：

（1）法律和法规；

（2）许可证、执照或其他形式的授权；

（3）监管机构发布的命令、条例或指南；

（4）法院判决或行政决定；

（5）条约、惯例和协议等。

针对"合规承诺"而言，主动的承诺具体包括：

（1）与社会团体或非政府组织签订的协议；

（2）与公共权力机构和客户签订的协议；

（3）与其他组织签署合同产生的义务；

（4）企业对自己的要求，如自愿遵循的原则、方针、程序或规程；

（5）企业对质量和环境保护的承诺；

（6）企业愿意遵循的相关组织的和产业的标准等。

risk-doctor 提示：

合规义务是企业合规的基础，企业的合规资源为其合规义务服务。因此，识别合规义务是合规管理的基础工作，需要企业花时间和精力来落实。必要的时候，企业可以聘请外部专业人员来帮助识别合规义务。

4.5.2 合规义务的维护

【标准原文】

Organizations should have processes in place to identify new and changed laws, regulations, codes and other compliance obligations to ensure on-going compliance. Organizations should have processes to evaluate the impact of the identified changes and implement any changes in the management of the compliance obligations.

【对应的中文表达】

组织应有适当的过程识别新的和变更的法律、法规、准则及其他合规义务，以确保持续合规。组织应有过程评价已识别的变更和任何变更的实施对合规义务管理的影响。

【内容解读及应用说明】

　　企业的合规义务不是一成不变的。随着企业内外部环境的变化，其合规义务也会有所改变。为了及时识别合规义务，确保持续合规，企业应建立一套机制和程序来及时了解新的和变更的法律、法规、准则等信息。

　　在实践中，企业可以通过以下途径来获取关于法律和其他合规义务变更的信息：

　　（1）企业指定专人或设立专门邮箱，并列入相关监管部门的收件人名单；

　　（2）成为专业团体或行业协会的会员；

　　（3）订阅相关信息服务；

　　（4）企业领导或合规负责人（含各专业的合规负责人）定期或不定期地与监管部门会晤；

　　（5）与法律顾问保持密切沟通；

　　（6）指定专人密切监视合规义务的来源（如监管声明和法院判决等）。

☆　**risk-doctor 提示：**

　　合规义务不是一成不变的。企业应及时了解内外部环境变化所导致的合规义务的改变，及时调整合规应对策略和方案，确保持续合规。

4.6　合规风险的识别、分析和评价

【标准原文】

The organization should identify and evaluate its compliance risks. This evaluation can be based on a formal compliance risk assessment or conducted via alternative approaches. Compliance risk assessment constitutes the basis for the implementation of the compliance management system and the planned allocation of appropriate and adequate resources and processes to manage identified compliance risks.

The organization should identify compliance risks by relating its compliance obligations to its activities, products, services and relevant aspects of its operations in order to identify situations where noncompliance can occur. The organization should identify the causes for and consequences of noncompliance.

The organization should analyse compliance risks by considering causes and sources of noncompliance and the severity of their consequences, as well as the likelihood that noncompliance and associated consequences can occur. Consequences can include, for example, personal and environmental harm, economic loss, reputational harm and administrative liability.

Risk evaluation involves comparing the level of compliance risk found during the analysis process with the level of compliance risk the organization is able and willing to accept. Based on this comparison, priorities can be set as a basis for determining the need for implementing controls and the extent of these controls (see 6.1).

The compliance risks should be reassessed periodically and whenever there are:

— New or changed activities, products or services;

— Changes to the structure or strategy of the organization;

— Significant external changes, such as financial-economic circumstances, market conditions, liabilities and client relationships;

— Changes to compliance obligations (see 4.5);

— Noncompliance(s).

【对应的中文表达】

组织应识别并评价自身的合规风险，该评价可以建立在合规风险评估或其他替换方法的基础之上。合规风险评估构成了实施合规管理体系的基础，是有计划地分配适当和充足的资源对已识别的合规风险进行管理的基础。

在识别合规风险时，组织应把合规义务与其活动、产品、服务和运行的相关方面联系起来，以识别可能发生不合规的场景。组织应识别不合规的原因及后果。

组织应针对不合规的原因、来源、后果及其后果发生的可能性进行合规风险分析。不合规的后果包括对个人和环境的伤害、经济损失、声誉损失和行政责任。

风险评价涉及组织合规风险分析过程中发现的合规风险等级与组织能够并愿意接受的合规风险水平的比较。基于这个比较，可以设定优先级，作为确定需要实施的控制及其程度的基础（见 6.1 节）。

发生以下情形时，应对合规风险进行再评估：

（1）变更或者有新的活动、产品或服务；

（2）组织的结构或战略发生改变；

（3）有重大的外部变化，包括金融经济环境、市场条件、债务和客户关系；

（4）合规义务发生改变（见 4.5 节）；

（5）不合规。

【内容解读及应用说明】

本节共有五个段落，讲述了合规风险评估的基本过程，以及在什么情况下进行合规风险再评估。第一个段落对合规风险评估进行了概述，第二个段落阐述了合规风险识别，第三个段落讲述了合规风险分析，第四个段落讲述了合规风险评价，第五个段落讲述了在什么情况下进行合规风险再评估。合规风险评估的过程如图 4-2 所示。

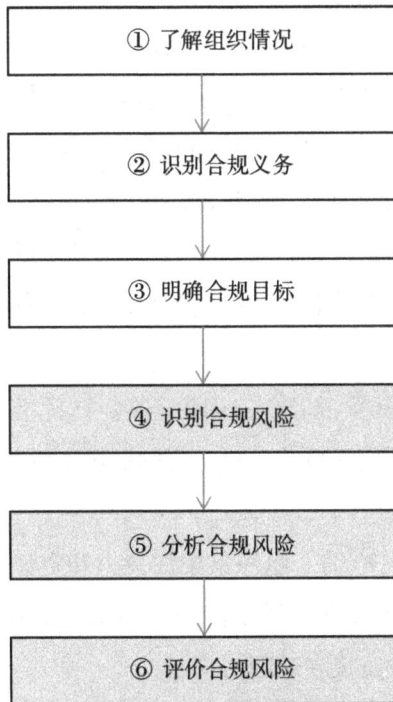

图 4-2　合规风险评估过程

本标准只简单介绍了合规风险评估的三个子过程，并没有告诉读者该如何去识别合规风险、如何分析合规风险、用什么方法分析合规风险等。这里只稍做解读，关于风险评估的详细操作，请参考以下两本书。

《ISO 风险管理标准全解》人民邮电出版社，作者：李素鹏。

《风险矩阵在企业风险管理中的应用》人民邮电出版社，作者：李素鹏。

ISO 37301 把这一部分内容统称为合规风险评估。组织在开展合规风险评估时，可以采用 risk-doctor 编制的"合规风险评估六步法"。

（1）了解组织自身情况。包括组织的业务和管理情况，以及组织的内、外部环境等。

（2）识别合规义务。基于对组织自身情况的了解，根据相关方的需求和愿望，识别组织的合规义务。

（3）明确合规目标。合规风险是不确定性对合规目标的实现的影响，只有明确了合规目标，才能确定与组织实际情况、生存发展需求相对应的合规风险。

（4）识别合规风险。基于合规义务和合规目标，从不同领域、不同维度全面识别组织可能面临的合规风险，描述这些风险的风险源、风险事件、风险原因及后果，建立合规风险清单或合规风险库。

（5）分析已识别的风险。根据风险原因和已有的控制措施，从合规风险发生的可能性和潜在后果的影响程度来综合评估各个合规风险，并对所有的合规风险进行排序。

（6）评估风险的重要性。根据各个合规风险的大小和重要性，或者组织年度合规计划的重点工作领域，对合规风险进行分级，绘制风险热力图并进行评估。最后，可以根据评估结果，提出相应的合规风险应对措施和建议，帮助组织有效地应对合规风险。

在实践中，关于合规风险的大小，可以用其后果的影响程度及其发生的可能性来组合表示，即确定潜在事件后果的影响程度（C）及其发生的可能性（L），然后用 C ＋ P 或者 C × P 来计算风险的大小。

关于风险评估的方法，可参考 ISO 31010 标准。该标准提供了 41 种风险评估方法，有的适用于风险识别，有的适用于风险分析，有的适用于风险评价；有的既适用于风险识别，又适用于风险分析。

组织实施合规风险评估，有助于组织集中注意力和资源优先处理更高级别的合规风险，最终涵盖所有的合规风险。不管评估后的合规风险是大还是小，所有已识别的合规风险（或合规义务）都应处于被监视和管理的状态。

组织在风险识别、风险分析与风险评价的基础上，可以针对风险管理目标，通过内部控制系统，围绕企业的业务规划和业务流程，制定并执行相应的规章制度、程序和措施，以应对合规风险。

☆ **risk-doctor 提示:**

（1）合规风险评估的详细程度和水平取决于组织的风险情况、环境、规模和目标，以及组织的风险评估能力，比如风险评估专业人员的素质和技术等；有时还会随不同的细分领域而异，比如对社会风险和外包风险只做一般评估，对财务风险和环境风险则做更详细的评估。

（2）不管采用多么复杂或精确的风险评估技术，风险评估的结果都只是个"估计值"。

（3）组织完成合规风险评估后，会得到评估结果：有的合规风险大，有的合规风险小。但是，要特别注意，基于风险的合规管理方法并不意味着在低合规风险情况下组织可以接受不合规。

（4）风险是不断变化的。因此，组织要想能够适应不断变化的环境，就需要定期或不定期地进行合规风险评估，而不应等到问题发生后再进行评估。不管怎样，评估总比不评估好。

（5）组织应针对合规风险评估安排适当的预算。

本章小结

组织所处的环境构成了组织赖以生存的基础。这些环境既涉及法律法规、监管要求、行业准则、良好实践、道德标准，又涉及组织自行制定或公开声明遵守的各类规则。本章从六个方面详细介绍了合规管理体系的第一个要素——"组织环境"：

（1）在启动组织合规管理体系建设时，要先明确组织的内外部环境；

（2）梳理并搞清楚相关方的需求和期望；

（3）确定合规管理体系的范围；

（4）确定合规管理体系的基本原则及良好治理的原则；

（5）基于以上内容明确组织的合规义务；

（6）结合组织的战略、业务目标、管理水平，识别组织的合规风险并加以评估。

这六个方面是组织开展合规管理体系建设的准备工作，核心是勾画出组织的现状：组织面临什么样的外部环境（如监管要求）和内部环境（如业务状况、管理水平），面临什么样的合规风险？如果不搞清楚这些状况，那么搭建的合规管理体系就将失去基础和针对性。

因此，要想建立合规管理体系，就要对组织所处的环境予以识别和分析。ISO 37301从以下方面规定了识别和分析组织环境的要求：

（1）确定影响组织合规管理体系预期结果的内部和外部因素；

（2）确定相关方并理解其需求和期望；

（3）识别与组织的业务、产品、服务或活动有关的合规义务，评估合规风险；

（4）确定反映组织价值观和战略的合规管理体系及其边界和适用范围。

第 **5** 章　领导作用

本章对应 ISO 19600 标准中的第 5 部分——leadership，主要包括以下内容：

（1）领导作用和承诺；

（2）合规方针；

（3）组织的角色、职责和权限。

本章与 ISO 37301 第 5 章的区别如表 5-1 所示。ISO 37301 对这一章最大的调整是单独强调"合规文化"及"合规治理"，并且把它们都放到第一节"领导作用和承诺"之中，这凸显了 ISO 对"合规文化"及"合规治理"的重视程度，也充分显示了这二者对组织建立合规管理体系的重要性。

表 5-1　ISO 37301 与 ISO 19600 第 5 章内容对比

ISO 19600	ISO 37301
5.1 领导作用和承诺	5.1 领导作用和承诺
—	5.1.1 治理机构和最高管理者
—	5.1.2 合规文化
—	5.1.3 合规治理
5.2 合规方针	5.2 合规方针
5.2.1 概述	—
5.2.2 制定	—
5.3 组织的角色、职责和权限	5.3 角色、职责和权限
5.3.1 总则	
5.3.2 组织内合规职责的分配	—
5.3.3 治理机构和最高管理者的角色和职责	5.3.1 治理机构和最高管理者
5.3.4 合规团队	5.3.2 合规团队
5.3.5 管理层职责	5.3.3 管理层
5.3.6 员工职责	5.3.4 工作人员

　　一个组织的合规管理应该由高管层牵头塑造。在塑造过程中，高管层应积极采用组织成员普遍接受的良好治理原则、道德和社区标准。

　　组织在开展合规工作时，首先要有明确的合规价值观，其次需要各层级管理者的有力领导和以身作则，然后还需要员工们认可合规价值观和合规义务，并主动实施相关的合规措施，所有这些都需要组织有一个良好的治理结构和合规文化做基础。如果组织的各个层级、各个层面都无法达成这些要求，就会存在违规风险。

　　"领导作用"在 ISO 19600 合规管理体系中的位置如图 5-1 所示（注：该要素在 ISO 37301 中的位置不变）。

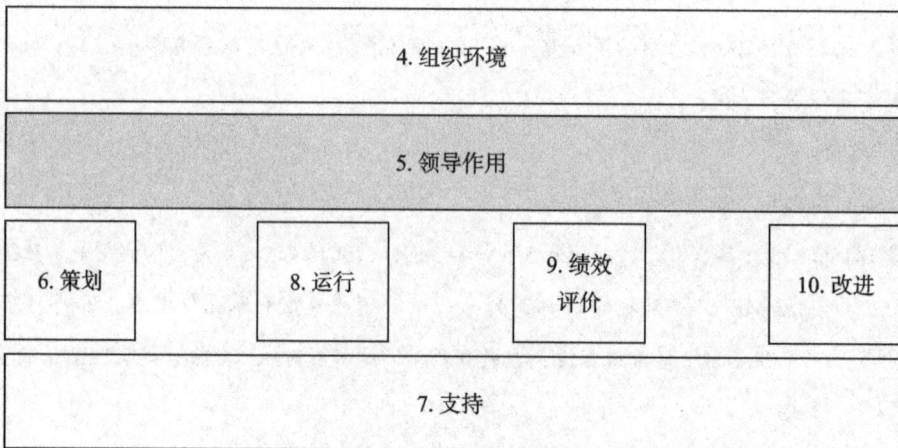

图 5-1　"领导作用"在合规管理体系中的位置

5.1 领导作用和承诺

【标准原文】

The governing body and top management should demonstrate leadership and commitment with respect to the compliance management system by:

(a)Establishing and upholding the core values of the organization;

(b)Ensuring that the compliance policy and compliance objectives are established and are consistent with the values, objectives and strategic direction of the organization (see 6.2);

(c)Ensuring that policies, procedures and processes are developed and implemented to achieve compliance objectives;

(d)Ensuring that the resources needed for the compliance management system are available, allocated and assigned;

(e)Ensuring the integration of the compliance management system requirements into the organization's business processes;

(f)Communicating the importance of an effective compliance management system and the importance of conforming to the compliance management system requirements;

(g)Directing and supporting persons to contribute to the effectiveness of the compliance management system;

(h)Supporting other relevant management roles to demonstrate their leadership as it applies to their areas of compliance responsibility;

(i)Ensuring alignment between operational targets and compliance obligations;

(j)Establishing and maintaining accountability mechanisms, including timely reporting on compliance matters, including noncompliance;

(k)Ensuring that the compliance management system achieves its intended outcome(s);

(l)Promoting continual improvement.

【对应的中文表达】

治理机构和最高管理者应通过下列方式证明其对合规管理体系的领导作用和承诺:

(a)确立并坚持组织的核心价值观;

（b）建立组织的合规方针和合规目标，并与组织的价值观、目标和战略保持一致（见6.2节）；

（c）制定并实施合规管理的方针、程序和过程，以实现合规目标；

（d）分配合规管理体系所需资源；

（e）确保合规管理体系融入组织的业务过程；

（f）传达合规管理体系的重要性和符合合规管理体系要求的重要性；

（g）指挥和支持相关人员，提升合规管理体系的有效性；

（h）支持其他相关管理者，使他们在自己担责的领域中展现出合规领导力；

（i）确保运行指标和合规义务保持一致；

（j）确立并维护问责机制，包括对合规和不合规事件的及时报告；

（k）确保合规管理体系实现它的预期成果；

（l）推进持续改进。

【内容解读及应用说明】

本书前面讲到，在理想情况下，组织的合规方法是由领导层应用核心价值观和普遍接受的公司治理、道德及社区标准来推动形成的。将合规融入组织工作人员的行为，首先取决于各级领导和组织的明确的价值观，还有他们的认知和实施促进合规行为的方法与措施。最高管理者和治理机构应该在合规方面起带头和表率作用，要通过言行证明其对合规管理体系的领导作用和承诺。

有效的合规需要治理机构和最高管理者的积极承诺，并贯穿组织的整个生命周期。基于上面罗列的作用和承诺，在实践中，该如何检验这些作用和承诺的实现程度呢？下面列示一些参考点供读者选用：

——查阅相关文件和记录，看看治理机构和最高管理者是否通过相关措施和决定，积极证明他们承诺建立、制定、实施、评价、维护和改进的是一个有效和及时响应的合规管理体系；

——查看合规方针是否经过治理机构的正式批准；

——查看最高管理者是否承担责任，以确保组织关于合规的承诺充分实现；

——查看所有管理层是否一致地向员工传达一个清晰的信息（通过文字和某种措施）：组织将履行其合规义务；

——查看所有管理层是否以清晰并令人信服的方式广泛传达关于合规的承诺，并有措施支持；

——查看合规团队是否被赋予一定级别的权限，是否可直接向治理机构报告（这能够反映组织对合规的重视程度，同时也能体现合规的重要性）；

——查看是否通过意识提升活动和培训来培育合规文化，是否分配资源来评价、维护和改进合规文化；

——查看组织合规管理的方针、程序和过程是否符合法律要求，是否能反映自愿性准则和组织的核心价值观；

——查看组织是否向其所有管理层级都分配了合规责任并要求他们负责；

——查看组织是否要求对合规管理体系进行定期评审；

——查看组织是否持续改进自己的合规绩效；

——查看组织是否对不合规事项采取了纠正措施等。

5.2　合规方针

5.2.1　概述

【标准原文】

The governing body and top management, preferably in consultation with employees, should establish a compliance policy that：

— Is appropriate to the purpose of the organization；

— Provides a framework for setting compliance objectives；

— Includes a commitment to satisfy applicable requirements；

— Includes a commitment to continual improvement of the compliance management system.

The compliance policy should articulate：

— The scope of the compliance management system；

— The application and context of the system in relation to the size, nature and complexity of the organization and its operating environment；

— The extent to which compliance will be integrated with other functions, such as governance, risk, audit and legal；

— The degree to which compliance will be embedded into operational policies, procedures and processes；

— The degree of independence and autonomy of the compliance function；

— The responsibility for managing and reporting compliance issues；

— The principles on which relationships with internal and external stakeholders will be managed；

— The required standard of conduct and accountability；

— the consequences of noncompliance.

The compliance policy should：

— Be available as documented information；

— Be written in plain language so that all employees can easily understand the principles and intent；

— Be translated into other languages if necessary；

— Be communicated clearly within the organization and be made readily available to all employees；

— Be available to interested parties, as appropriate；

— Be updated, as required, to ensure it remains relevant.

The compliance policy should be established in alignment with the organization's values, objectives and strategy, and should be endorsed by the governing body.

The compliance policy establishes the overarching principles and commitment to action for an organization to achieving compliance. It sets the level of responsibility and performance required and sets expectations to which actions will be assessed. The policy should be appropriate to the organization's compliance obligations that arise from its activities.

The compliance policy should not be a stand-alone document but should be supported by other documents, including operational policies, procedures and processes.

【对应的中文表达】

治理机构和最高管理者应建立合规方针（最好与员工协商），合规方针应：

——适用于组织管理目标；

——为设定合规目标提供框架；

——包括满足适用要求的承诺；

——包括持续改进合规管理体系的承诺。

合规方针应明确：

——合规管理体系的范围；

——与组织的规模、性质、复杂性和运行环境有关的体系运用与体系环境；

——合规与其他职能（如治理、风险管理、审计和法务）的结合程度；

——合规融入运行方针、程序、过程的程度；

——合规团队的独立和自治程度；

——管理和报告合规事项的责任；

——管理内部和外部利益相关方关系的原则；

——所要求的行为和问责的标准；

——不合规的后果。

合规方针应：

——作为文件化信息可供使用；

——以通俗易懂的语言书写，便于所有员工均能容易地理解其原则和目的；

——必要时，翻译为其他语言；

——在组织内明确传达，并让所有员工随即可用；

——适宜时，便于相关方获取；

——按要求更新，以保持相关。

合规方针应与组织的价值观、目标和战略保持一致，且应经过治理机构的批准。

合规方针建立组织实现合规的总原则和措施承诺。合规方针设定组织所要求的责任和绩效水平及评估措施的期望。合规方针应适用于组织活动产生的合规义务。

合规方针不应是孤立的文件，应有其他文件支持，包括运行方针、程序和过程。

【内容解读及应用说明】

5.2 节包含两个小节，其中 5.2.1 节包含四项内容：

第一项是企业应建立合规方针。合规方针应符合企业的合规目标，应满足对适用于企业的合规要求的承诺，以及对合规管理体系持续改进的承诺。

第二项是合规方针应包含的基本内容。企业在制定合规方针时至少要明确本标准中规定的九项内容。

第三项是关于合规方针编制、传播、使用、更新等方面的要求。企业合规方针不是一劳永逸的。根据企业内外部环境的变化、监管要求的变化，企业应及时更新自己的合规方针。

第四项是建立合规方针的注意事项。本标准用三段话提出六点注意事项：（1）建立合规方针应该与组织的价值观、目标和战略保持一致；（2）建立合规方针应该通过治理机构批准；（3）合规方针要明确组织实现合规的总原则和措施承诺；（4）合规方针要明确设定组织所要求的责任、绩效水平，以及评估措施的期望；（5）合规方针应适合于组织活动产生的合规义务；（6）合规方针不应是孤立的文件，应有其他文件支持，包括运行方针、程序和过程。企业在建立合规方针时，应高度重视这六个方面。

本标准虽然比较详细地介绍了合规方针应包含的内容，以及编制合规方针需要参考的相关要素和注意事项，但遗憾的是没有给出合规方针的定义。由第三章的术语定义知道，本标准所说的"合规"（compliance）是指履行组织的全部合规义务，"方针"（policy）则是由最高管理者正式发布的组织的宗旨和方向。把二者整合起来，可以得到"合规方针"的定义，即由最高管理者正式发布的关于组织合规的宗旨和方向。

risk-doctor 提示：

合规方针的定义：由最高管理者正式发布的关于组织合规的宗旨和方向，或者说，为了履行组织的全部合规义务，由最高管理者正式发布的组织的宗旨和方向。

5.2.2 合规方针的制定

【标准原文】

In developing the compliance policy, consideration should be given to：

(a) Specific international, regional, or local obligations；

(b) The organization's strategy, objectives and values；

(c) The organization's structure and governance framework；

(d) The nature and level of risk associated with noncompliance；

(e) Other internal policies, standards and codes.

【对应的中文表达】

制定合规方针时，应考虑：

（a）国际、区域内或本地的特定义务；

（b）组织的战略、目标和价值观；

（c）组织的结构和治理框架；

（d）与不合规有关的风险的性质和等级；

（e）其他内部方针、标准和准则。

【内容解读及应用说明】

这一小节专门阐述了该如何制定合规方针，以及制定合规方针时应考虑的因素。本标准罗列了五个方面，虽然简短，但很实用，值得企业在实践中借鉴。

5.3　组织的角色、职责和权限

5.3.1　概述

【标准原文】

Top management should ensure that the responsibilities and authorities for relevant roles are assigned and communicated within the organization. The governing body and top management should assign the responsibility and authority to the compliance function for:

(a)Ensuring that the compliance management system is consistent with this International Standard;

(b)Reporting on the performance of the compliance management system to the governing body and top management.

【对应的中文表达】

最高管理者应确保在组织内分配并传达相关角色的职责和权限。治理机构和最高管理者应为合规团队分配职责和权限，以实现以下目标：

（a）确保合规管理体系与本标准一致；

（b）向治理机构和最高管理者报告合规管理体系的绩效。

【内容解读及应用说明】

这一段表达了两层意思。

一是最高管理者应确保在组织内分配并传达相关角色的合规职责和权限。对企业而言，董事长和领导班子应根据企业的组织架构（源于业务模式和业务活动）和合规义务分配相关角色的合规职责和权限。

二是特别指出，治理机构和最高管理者应为合规团队分配职责和权限。这里的合规团队一般是指合规管理的牵头部门或专业部门，如合规部或法律合规部等。

需要注意的是，合规团队的特定责任并不能减轻其他员工对合规问题（包括疑虑或缺陷等）予以报告的职责。各角色的合规职责详见本章后续内容。

5.3.2　组织内合规职责的分配

【标准原文】

The active involvement of, and supervision by, governing body and top management is an integral part of an effective compliance management system. This helps ensure that employees fully understand the organization's policy and operational procedures and how these apply to their jobs, and that they carry out compliance obligations effectively.

For a compliance management system to be effective the governing body and top management need to lead by example, by adhering to and actively supporting compliance and the compliance management system.

Many organizations have a dedicated person (e.g. a compliance officer) responsible for day-to-day compliance management, and some have a cross-functional compliance committee to coordinate compliance across the organization.

Some organizations – depending on their size –also have someone who has overall responsibility for compliance management, although this may be in addition to other roles or functions, including existing committees, organizational unit(s), or outsource elements to compliance experts.

This should not be seen as absolving other levels of management of their compliance responsibilities, as all managers have a role to play with respect to the compliance management system. It is therefore important that their respective responsibilities are clearly set out and included in their job descriptions.

Compliance responsibilities of managers will, by necessity, vary according to levels of authority, influence and other factors, such as the nature and size of the organization. However, some responsibilities are likely to be common across a variety of organizations.

【对应的中文表达】

治理机构和最高管理者的积极参与和监督是建立有效的合规管理体系不可分割的一部分。这有助于确保员工充分理解组织的运行方针和程序，以及如何将其运用在他们的工作中，并确保他们有效地履行合规义务。

要使合规管理体系有效运行，治理机构和最高管理者需要通过坚持积极地支持合规管理体系来以身作则。

许多组织由专人（如企业合规师）负责日常的合规管理工作，有些组织由跨职能的合规委员会协调整个组织的合规管理工作。

还有一些组织（取决于其规模），也有人员全面负责合规管理工作，但这些人员可能是其他角色或职能之外的职责，包括现有的委员会、组织的内设部门，或者把部分工作外包给合规专家。

但是，这不应被视为免除了其他管理层的合规职责，因为所有管理者对合规管理体系都发挥一定的作用。因此，在他们的职务描述中清晰地设定他们各自的合规职责十分重要。

管理者的合规职责会随着权限、影响力和其他因素的水平而变化，如组织的性质和规模。但是，有些职责有可能是各类组织共有的。

【内容解读及应用说明】

这一部分概括描述了组织内合规职责的分配。基于风险的合规管理，可以按风险管理的三道防线来设计组织的合规管理组织架构，如图 5-2 所示。在第一道防线，主要由业务部门（包括研发、采购、生产、销售、人事、财务等部门）设计和执行具体的合规管理措施；在第二道防线，主要由合规管理部（或风险管理部、风控部等）来指导和监督具体的合规操作；在第三道防线，主要由内部审计、纪检监察等部门负责合规有效性的审计和对不合规事件的追责等工作。

对大型国企而言，合规管理组织架构涉及党委、纪委、董事会、董事长、监事会、经理层、总经理、合规管理委员会、首席合规官、合规部、业务部门、纪检监察部、内部审计部等机构和岗位，企业可参考图 5-2 进行个性化设置。如何给这些机构和岗位分配相应的合规职责，是企业开展合规管理的基础工作之一，本节后面的内容将详细说明。

合规职责是指任职者为履行一定的合规职能或完成合规工作所负责的工作范围和承担的一系列工作任务，以及完成这些工作任务所需承担的相应责任。合规是"底线"要求，违规需受到处罚。本标准中未区分"职责"和"问责"的概念，其原因是"职责"暗含了"问责"的含义。如果任职者没有做好自己的工作，那么他就应承担不利的后果或强制性的义务。

本标准提到，管理者的合规职责会随着其权限、影响力和其他因素的水平而变化。在实践中，当管理者的职位发生变化时，应及时调整其对应的合规职责。

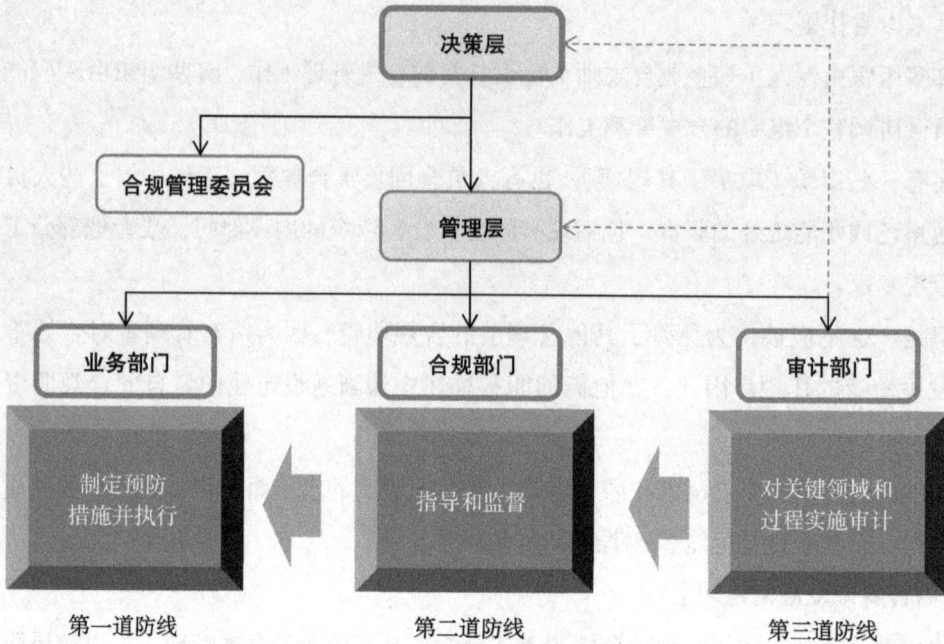

图 5-2 企业合规管理组织架构

5.3.3 治理机构和最高管理者的角色和职责

【标准原文】

The governing body and top management should：

(a)Establish a compliance policy in accordance with 5.2.2；

(b)Ensure that the commitment to compliance is maintained and that noncompliance and noncompliant behaviour are dealt with appropriately；

(c)Include compliance responsibilities in position statements of top managers；

(d)Appoint or nominate a compliance function with：

1)Authority and responsibility for the design, consistency and integrity of the compliance management system；

2)Clear and unambiguous support from and direct access to the governing body and top management；

3)Access to：

—Senior decision-makers and the opportunity to contribute early in the decision-making processes；

—All levels of the organization：

—All documented information and data needed to perform the compliance tasks;

—Expert advice on relevant laws, regulations, codes and organizational standards;

4)The authority and capacity to execute countervailing power, by showing any consequences for compliance in relevant decision-making processes;

(e)Ensure that the compliance function has authority to act independently and is not compromised by conflicting priorities, particularly where compliance is embedded in the business.

Top management should:

—Allocate adequate and appropriate resources to establish, develop, implement, evaluate, maintain and improve the compliance management system and performance outcomes;

—Ensure that the responsibilities and authorities for relevant roles are assigned and communicated within the organization;

—Ensure that effective and timely systems of reporting are in place;

—Be measured against compliance key performance measures or outcomes;

—Assign responsibility for reporting on the performance of the compliance management system to governing body and top management.

【对应的中文表达】

治理机构和最高管理者应:

(a) 根据 5.2 节的内容建立合规方针;

(b) 维护对合规的承诺, 并确保恰当处理不合规和不合规行为;

(c) 将合规职责列入最高管理者的职位描述;

(d) 任命或提名一个合规团队;

(1) 具有设计合规管理体系并保持其一致性和完整性的权限和职责;

(2) 有权直接接触治理机构和最高管理者, 并获得来自他们的清晰和明确的支持;

(3) 使其有权接触:

——高级决策制定者并有机会在决策制定过程初期提出意见或建议;

——组织的各个层面;

——执行合规任务所需的所有文件化信息和数据;

——关于相关法律、法规、准则和组织标准的专家建议。

（4）通过指出在相关决策过程中所有合规方面的后果，具有实施制衡权力的权限和能力；

（e）确保合规团队具备独立采取措施的权限，且该团队不会向与其冲突的优先权妥协，特别是当合规已融入该组织业务的情况下。

最高管理者应：

——分配适当的资源以建立、制定、实施、评价、维护和改进合规管理体系及绩效成果；

——组织分配和传达相关角色的职责和权限；

——建立高效、反应及时的报告系统；

——对照合规关键绩效措施或考核结果；

——分配向治理机构和最高管理者报告合规管理体系绩效的职责。

【内容解读及应用说明】

本标准概括地描述了治理机构和最高管理者在合规管理中的角色和职责，对监事会、合规管理委员会等机构在合规管理中的职责并没有说明。我国企业在实际应用本标准的过程中，应结合企业的实际情况进一步细化和完善各管理层在合规管理中的职责，比如详细规定董事会、监事会、经理层在合规管理中的具体职责。

董事会的合规管理职责应该包括：

（1）批准企业合规管理战略规划、基本制度和年度报告；

（2）推动合规管理体系的完善；

（3）决定合规管理负责人的任免；

（4）决定合规管理牵头部门的设置和职能；

（5）研究决定合规管理重大事项；

（6）按照权限决定违规人员的处理事项。

监事会的合规管理职责应该包括：

（1）监督董事会的决策流程是否合规；

（2）监督董事和高级管理人员合规管理职责的履行情况；

（3）对引发重大合规风险负有主要责任的董事、高级管理人员提出罢免建议；

（4）向董事会提出撤换公司合规管理负责人的建议。

经理层的合规管理职责应该包括：

（1）根据董事会决定，建立健全合规管理组织架构；

（2）批准合规管理制度的实施；

（3）批准合规管理计划的实施，并采取措施确保合规管理制度得到有效执行；

（4）明确合规管理流程，确保合规要求融入业务领域；

（5）及时制止并纠正不合规的经营行为，并按照权限对违规人员进行责任追究或提出处理建议；

（6）经董事会授权的其他事项。

在实践中，企业可以设立合规管理委员会，该委员会可以与企业法治建设领导小组或风险控制委员会（或风险管理委员会）等共同办公，承担合规管理的组织领导和统筹协调工作，定期召开合规会议，研究决定合规管理重大事项，提出合规意见或建议，指导、监督和评估合规管理工作。

为了加强和落实合规管理工作，企业可指定相关负责人或法律顾问担任合规管理负责人，具体负责以下工作内容：

（1）组织制定合规管理战略规划；

（2）参与企业重大决策并提出合规意见；

（3）领导合规管理牵头部门开展工作；

（4）向董事会和总经理汇报合规管理重大事项；

（5）组织起草合规管理年度报告。

risk-doctor 提示：

在 ISO 37301 中，强调了治理机构的积极参与和监督是合规管理体系有效运行的重要组成部分。新版标准在治理机构和最高管理者（5.3.1 节）中增加了对治理机构实质性的责任与义务，要求治理机构确保最高管理者达成合规目标，同时要对最高管理者进行合规管理体系运行情况的监督。

5.3.4　合规团队

【标准原文】

Not all organizations will create a discrete compliance function, some may assign this function to an existing position. The compliance function, working together with management, should be responsible for:

(a)Identifying compliance obligations with the support of relevant resources and translating those obligations into actionable policies , procedures and processes;

(b)Integrating compliance obligations into existing policies, procedures and processes ;

(c) Providing or organizing on-going training support for employees to ensure that all relevant employees are trained on a regular basis;

(d)Promoting the inclusion of compliance responsibilities into job descriptions and employee performance management processes;

(e)Setting in place a compliance reporting and documenting system;

(f)Developing and implementing processes for managing information, such as complaints and/or feedback by means of hotlines, a whistle-blowing system and other mechanisms;

(g)Establishing compliance performance indicators and monitoring and measuring compliance performance;

(h)Analysing performance to identify the need for corrective action;

(i)Identifying compliance risks and managing those compliance risks relating to third parties, such as suppliers, agents, distributors, consultants and contractors;

(j)Ensuring the compliance management system is reviewed at planned intervals;

(k)Ensuring there is access to appropriate professional advice in the establishment and implementation and maintaining of the compliance management system;

(l)Providing employees with access to resources on compliance procedures and references;

(m)Providing objective advice to the organization on compliance-related matters.

In allocating responsibility for compliance management, consideration should be given to ensuring that the compliance function has no conflict of interest and has demonstrated:

— Integrity and commitment to compliance;

— Effective communication and influencing skills;

— An ability and standing to command acceptance of advice and guidance；

— Relevant competence.

【对应的中文表达】

不是所有的组织都会创建独立的合规团队，某些组织会将合规管理职能分配给现有职位。合规团队应与管理层合作，并负责以下事宜：

（a）在相关资源的支持下识别合规义务，并将合规义务转化为可执行的方针、程序和过程；

（b）将合规义务融入企业现有的方针、程序和过程；

（c）为员工提供或组织持续培训，以确保所有相关员工得到定期培训；

（d）促进合规职责列入职务描述和员工绩效管理过程；

（e）设定适当的合规报告和文件化信息体系；

（f）制定和实施合规信息管理过程，如通过热线、举报系统和其他机制进行的投诉或反馈；

（g）建立合规绩效指标，监视和测量合规绩效；

（h）分析合规绩效，以识别需要采取的纠正措施；

（i）识别合规风险，并管理与第三方（如供应商、代理商、分销商、咨询顾问和承包商）有关的合规风险；

（j）按计划对合规管理体系进行定期评审；

（k）确保合规管理体系的建立、实施和维护得到适当的专业建议；

（l）使员工可以得到与合规相关的程序和参考资料的资源；

（m）针对合规相关事宜向组织提供客观建议。

企业在分配合规管理职责时，应确保分配的合规职责与合规职能部门之间没有利益冲突，并已证明具备以下能力：

——诚信和合规承诺；

——有效的沟通和影响力（包括技能）；

——建议和指导被接受的能力及立场；

——其他相关能力。

【内容解读及应用说明】

这部分讲述了两方面的内容：一是对合规团队的职责描述，二是阐述分配合规管理职责时的注意事项。

在第一个方面，标准中说得很清楚，不是所有的组织都会创建独立的合规团队，某些组织会将合规管理职能分配给现有职位。因此，企业在建立合规管理体系时，切忌形而上学地成立合规部和合规管理委员会等。合规离不开合规义务，合规义务离不开业务，"抓业务、促生产、保合规"，把合规责任分配给现有部门和职位，全员参与，才是企业开展合规管理的正确道路。

在实务中，对一些大中型企业而言，可以指定现有的企业法律事务部、风险管理部或其他相关机构为合规管理牵头部门，也可以设立独立的合规部或法律合规部等，由它们组织、协调和监督合规管理工作，为其他部门提供合规支持。合规管理牵头部门的主要职责除了上面列示的内容外，还可以包括以下内容：

（1）研究起草合规管理计划、基本制度和具体制度规定；

（2）持续关注法律法规等的变化情况，组织开展合规风险识别和预警，参与企业重大事项的合规审查和风险应对；

（3）组织开展合规检查与考核，对制度和流程进行合规评价，督促整改违规行为并持续改进；

（4）指导所属单位的合规管理工作；

（5）受理职责范围内的违规举报，组织或参与对违规事件的调查，并提出处理建议；

（6）组织或协助业务部门、人事部门开展合规培训。

各业务部门应该负责本部门的日常合规管理工作，按照合规要求完善业务管理制度和流程，主动开展合规风险识别和隐患排查，发布合规预警，组织合规审查，及时向合规管理牵头部门通报风险事项，妥善应对合规风险事件，做好本部门合规培训和商业伙伴合规调查等工作，组织或配合进行违规问题调查并及时整改。

人力资源部、财务部，以及监察、审计、法律、内控、风险管理、安全生产、质量环保等相关部门，应在职权范围内履行各自的合规管理职责。

对应标准中的相关内容，企业可参考 ISO 10002 提供的投诉处理指南，该标准对应我国的国家标准 GB/T19012，当前有效的标准版本是《GB/T19012—2019 质量管理 顾客满意 组织投诉处理指南》。随着信息技术的发展，投诉和举报的方式越来越多，比如可以通过 App 实现在线实时照片举报、实时视频举报等。

在第二个方面，企业在分配合规管理职责时，应确保分配的合规职责与合规职能部门（如合规部）之间没有利益冲突，并已证明拟接受该职责的主体（部门或个人）具备相关能力；同时，还要注意拟分配的合规职责不能与其业务职责相冲突，防止出现"既当运动员，又当裁判员"的情况。这就要求合规团队要具有一定的独立性。

★ **risk-doctor 提示**：

在 ISO 37301 中，对合规团队的责任与义务做了一些调整，新版标准将合规团队的主要职责分为对合规管理体系的运行进行监督及提供相关信息等三大方面。在合规管理运行的义务上，从原先的识别合规风险调整为对合规风险评估的记录，即在合规风险评估工作中，合规团队可以不是组织者的角色；在合规培训方面，也不再强调合规团队是为员工提供或组织持续合规培训的角色，而是监督合规培训是否按要求开展的角色。

这些变化体现了新版标准的两个趋势：一是更加强调合规管理的独立性；二是强调合规操作前移，对合规培训的组织实施、对合规风险的识别都将是业务部门（"第一道防线"）自己的工作，业务部门的负责人在合规管理中的责任将更加重大。

5.3.5　管理层职责

【标准原文】

Management should be responsible for compliance within its area of responsibility. This includes：

(a)Cooperating with and supporting the compliance function and encouraging employees to do the same；

(b)Personally complying and being seen to comply with policies, procedures and processes and attending and supporting compliance training activities；

(c)Identifying and communicating compliance risks in their operations；

(d)Actively undertaking and encouraging mentoring, coaching and supervising employees to promote compliant behaviour；

(e)Encouraging employees to raise compliance concerns；

(f)Actively participating in the management and resolution of compliance-related incidents and issues；

(g)Developing employee awareness of compliance obligations and directing them to meet training and competence requirements；

(h)Ensuring compliance is factored into job descriptions；

(i)Integrating compliance performance into employee performance appraisals (e.g. KPIs, targets and promotion criteria)；

(j)Integrating compliance obligations into existing business practices and procedures in their areas of responsibility;

(k)In conjunction with the compliance function, ensuring that once the need for corrective action is identified, it is implemented;

(l)Overseeing outsourcing arrangements to ensure they take account of compliance obligations.

【对应的中文表达】

管理层应负责其职责范围内的合规管理工作，具体包括：

（a）与合规团队合作并支持合规团队，鼓励员工也这样做；

（b）以身作则地遵守合规管理的方针、程序、过程并参加和支持合规培训活动；

（c）在合规管理的运行中识别和沟通合规风险；

（d）积极鼓励、指导、辅导和监督员工的合规行为；

（e）鼓励员工提出其所关注的合规问题；

（f）积极参与合规相关事件和问题的管理和解决；

（g）提高员工履行合规义务的意识，并指导员工满足培训和能力要求；

（h）将员工的合规职能列入其职务描述；

（i）将合规绩效纳入员工绩效考核（如关键绩效指标、目标和晋升准则等）；

（j）将合规义务纳入员工职责范围内的现有业务实践和程序；

（k）与合规团队协力，一旦发现不合规则实施纠正措施；

（l）对外包业务进行监督，确保外包服务商考虑合规义务。

【内容解读及应用说明】

在本标准中，"管理层职责"的范围较广，从赋予其的职责来看，包含了高级经理层（CxO）和中级管理层（部门经理等）。在实际应用中，企业可把相关职责分配给具体的任职者，详见 5.3.3 节和 5.3.4 节。

5.3.6　员工职责

【标准原文】

All employees, including managers, should：

(a)Adhere to the compliance obligations of the organization that are relevant to their position and duties;

(b)Participate in training in accordance with the compliance management system;

(c)Use available compliance resources as a part of the compliance management system;

(d)Report compliance concerns, issues and failures.

【对应的中文表达】

包括管理者在内的所有员工应：

（a）坚持履行与其职位和职务相关的合规义务；

（b）按照合规管理体系要求参与培训；

（c）使用作为合规管理体系一部分的、可获得的合规资源；

（d）报告合规疑虑、问题和缺陷。

【内容解读及应用说明】

这部分内容不多，但意义重大，因为它涉及全员，包括董事长、总经理、中层管理人员和一线员工。ISO 37301 将 "employee" 替换成 "personnel"，将合规对象扩展至所有工作人员，包括外包人员、劳务派遣人员等。人是企业最基础的生产力要素之一，只有人人有合规意识，人人主动承担合规责任，企业的合规管理才能真正落地。

合规培训包括企业内部举办的合规培训和外部举办的合规培训。企业应该鼓励员工参加监管机构举办的合规培训，或参加合规管理服务机构举办的合规培训；企业也可以邀请外部专家、监管机构相关人员到企业来交流和开讲座，如廉政讲座、反舞弊讲座、环保讲座、食品安全讲座、安全生产讲座、信息安全与保密讲座等。

员工对某些业务活动存在合规疑虑，或者发现违规情形、合规管理缺陷时，应积极报告。这就要求企业建立适当的、安全的合规报告机制和程序，同时还要建立相应的合规风险应对机制、奖惩机制和报告人保护机制等。

本章小结

领导是合规管理的旗帜，对于整个组织树立合规意识、建立高效的合规管理体系具有至关重要的作用。本章一共三节，具体内容如下：

5.1 节明确了领导的合规示范作用及其对合规的承诺是组织建立合规体系的核心；5.2 节明确了制定恰当的合规方针是建立合规体系最基本的工作，它为组织的合规管理指明了方向；5.3 节介绍了合规管理的组织结构，明确各层级的合规管理职责是建立合规体系的抓手。

ISO 37301 对组织的治理机构、最高管理者等如何发挥领导作用做出了明确规定，具体包括以下五点。

（1）治理机构和最高管理者要展现对合规管理体系的领导作用和积极承诺。

（2）遵守合规治理原则。

（3）开发、培育并在组织各个层面宣传合规文化。

（4）制定合规方针。

（5）确定治理机构、最高管理者、合规团队、管理层及员工相应的职责和权限。

合规文化在合规管理体系建设中发挥着重要作用，在新版标准中，合规文化增加了最高管理者对合规行为的促进作用和对不合规行为的遏制及零容忍态度。

第 6 章　策划

本章对应 ISO 19600 标准中的第 6 部分——Planning，具体内容如下。

（1）合规风险的应对措施。

（2）合规目标和实现目标的策划。

本章与 ISO 37301 第 6 章的区别如表 6-1 所示。ISO 37301 在这一章增加了"变更的策划"（6.3 节），与 ISO 管理体系的高级架构（HLF）保持一致。

表 6-1　ISO 37301 与 ISO 19600 第 6 章内容对比

ISO 19600	ISO 37301
6.1 合规风险的应对措施	6.1 应对风险和机遇的措施
6.2 合规目标和实施策划	6.2 合规目标和实现目标的策划
—	6.3 变更的策划

在 ISO 37301 的 DIS 稿中,"合规义务"和"合规风险评估"被调整到这一章,但在 FDIS 稿及正式发布版中,又把它们从"合规策划"调回到第 4 章的"组织环境"中了。

在合规管理实践中,合规策划应以合规方针为目标,以合规义务为基础,这样策划出来的合规策略和方案才会具有针对性和可操作性。

按照 PDCA 循环,这一章主要是讲 PDCA 循环的第一个环节——P(Plan);按照合规管理体系的要素来看,"策划"在 ISO 19600 合规管理体系中的位置如图 6-1 所示(注:该要素在 ISO 37301 中的位置不变)。

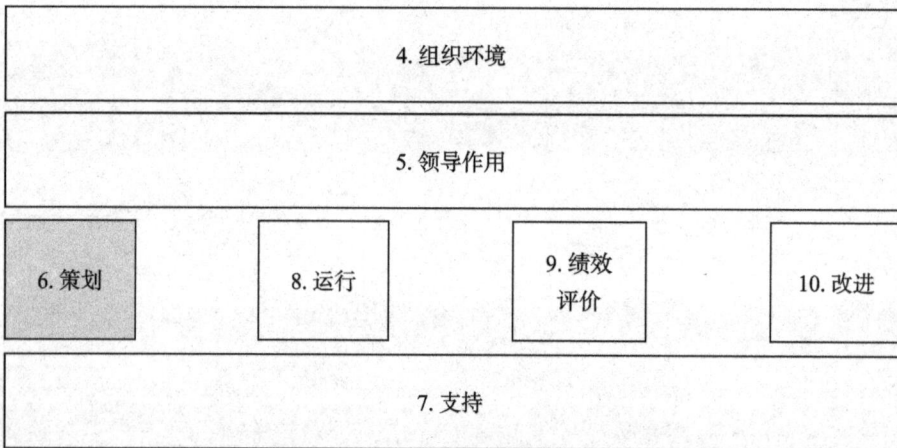

图 6-1　"策划"在合规管理体系中的位置

6.1　合规风险的应对措施

【标准原文】

When planning for the compliance management system, the organization should consider the issues referred to in 4.1, the requirements referred to in 4.2, the principles of good governance referred to in 4.4, the compliance obligations identified in 4.5 and the results of the compliance risk assessment referred to in 4.6 to determine the compliance risks that need to be addressed to:

— Assure the compliance management system can achieve its intended outcome(s);

— Prevent, detect and reduce undesired effects;

— Achieve continual improvement.

The organization should plan:

(a) Actions to address these compliance risks and.

(b) How to:

— Integrate and implement the actions into its compliance management system processes;

— Evaluate the effectiveness of these actions.

The organization should retain documented information on the compliance risks and on the planned actions to address them.

【对应的中文表达】

组织在进行合规管理体系策划时应考虑 4.1 节提及的问题，4.2 节提及的要求，4.4 节提及的良好治理原则，4.5 节提及的合规义务，4.6 节提及的合规风险评估结果，以确定需解决的合规风险，以：

——确保合规管理体系能实现预期效果；

——查明、阻止并减少负面影响；

——实现持续改进。

组织应策划：

——应对合规风险的措施；

——如何将应对措施纳入合规管理体系并实施；评价这些措施的有效性。

组织应保留与合规风险和应对合规风险所策划的措施相关的文件化信息。

【内容解读及应用说明】

本节主要讲述如何策划合规管理体系。

合规管理体系策划的目标有三点：一是确保合规管理体系能实现预期效果，二是查明、阻止并减少负面影响，三是实现合规管理体系的持续改进。

合规管理体系包含组织在合规方面的组织结构、角色和职责、策划、运行、评价、改进等要素，组织在进行合规管理体系策划时，应考虑以下因素：

——组织的实际情况及其内外部环境；

——相关方的需求和期望；

——良好治理的原则；

——合规管理体系的范围；

——合规义务的识别与维护；

——合规风险的识别、分析和评估；

——应对合规风险的措施；

——如何将合规风险的应对措施纳入合规管理体系并加以实施；

——如何评价这些措施的有效性等。

通过本节的描述可以看出，对合规风险应对措施的策划是合规策划的主要内容之一。基于风险的合规管理，首先要识别合规义务；然后识别与合规义务相对应的合规风险，并对风险进行评估；随后根据合规风险评估结果，着手合规风险应对工作，具体包括制定合规风险的应对措施，将相关应对措施纳入合规管理体系并加以实施；最后评估合规风险应对措施的有效性。这个过程具有很强的逻辑连续性，需要组织进行周密、细致的策划。

6.2 合规目标和实施策划

【标准原文】

The organization should establish its compliance management system objectives at relevant functions and levels.

The compliance objectives should:

(a) Be consistent with the compliance policy;

(b) Be measurable (if practicable);

(c) Take into account applicable requirements;

(d) Be monitored;

(e) Be communicated;

(f) Be updated and/or revised as appropriate.

When planning how to achieve its compliance objectives, the organization should determine:

— What will be done;

— What resources will be required;

— Who will be responsible;

— When it will be completed;

— How the results will be evaluated, e.g. pursuant to identified compliance key performance measures and outcomes.

The organization should retain documented information on the compliance objectives and on the planned actions to achieve them.

【对应的中文表达】

组织应针对各职能和各层级建立合规目标。

合规目标应：

（a）与合规方针保持一致；

（b）可测量（如可行）；

（c）考虑适用的要求；

（d）予以监视；

（e）充分沟通；

（f）适当时，予以更新和（或）修订。

当组织策划如何实现合规目标时，应确定：

——做什么；

——需要什么资源；

——由谁负责；

——何时完成；

——如何评价合规结果，比如根据确定的合规关键绩效指标和结果。

组织应保留关于合规目标和实现合规目标所策划的措施的文件化信息。

【内容解读及应用说明】

本节主要讲述了两方面的内容：一是设定合规目标时的注意事项，二是制定实现合规目标方案时的注意事项。

组织在确定合规目标时，要与利益相关方进行充分的沟通，要充分考虑适用的合规要求，并充分考虑合规目标的可测量性。

在编制实现合规目标的方案时，组织可以运用 5W2H 方法进行策划，如表 6-2 所示。

表 6-2　运用 5W2H 方法进行策划

5W2H	含义	说明
What	做什么	对应具体的合规目标和合规绩效指标
Why	为什么做	对应合规要求和合规义务
Who	谁去做	对应各层级的合规责任人
Where	在哪儿做	对应相关机构、业务活动、管理活动等
When	什么时候做	对应开始时间和持续时间等
How to do	怎么做	对应具体的操作步骤和方法
How much	需要什么资源	对应需要多少人、多少钱等

6.3　变更的策划

这部分内容在 ISO 19600 中并没有介绍，在 ISO 37301 的 DIS 稿中也没有，而是在 ISO 37301 正式版中新增的。

关于"变更的策划"，ISO 37301 的介绍如下。

当组织确定需要对合规管理体系进行变更时，此种变更应经过策划并系统地实施。在对变更进行策划时，组织应考虑：

（a）变更目的及其潜在后果；

（b）合规管理体系的完整性；

（c）资源的可获得性；

（d）责任和权限的分配或再分配。

变更对软件项目、咨询项目和其他工程项目来说是常见的事，变更的内容包括需求变更、设计变更、实施变更、交付变更等，一旦涉及变更，原合同的权利与义务就会发生变化。变更可能向复杂转变，也可能向简单转变，但通常是向复杂转变，有的甚至会影响项目的工期和成本，如果不对变更加以管理，那么后果将不堪设想，很有可能导致项目延期或项目成本远超预算。如果硬要维持项目的既定周期及预算，那么结果就是牺牲项目的质量。

对合规而言，变更意味着在合规要求、合规义务、合规风险、合规管理的资源等方面发生改变，这些方面一旦发生变化，将直接影响组织合规的有效性，因此，在这些方面发生变更时，组织需要施以周密、严谨、合理的策划。本标准对变更的策划提了四点建议，供读者在实践中参考。

需要注意的是，组织要保留下列因变更而形成的文件化信息：

（a）设计变更方案和开发变更方案；

（b）变更评审的结果；

（c）变更的授权；

（d）为防止变更带来的不利影响而采取的措施等。

本章小结

策划是预测潜在的情形和后果，对确保合规管理体系能实现预期效果、防范并减少负面影响、实现持续改进具有重要作用。本章主要讲了三个内容：一是如何策划合规管理体系，二是建立合规目标时的注意事项和要求，三是编制实现合规目标计划的注意事项和要求。另外，本章 6.3 节还补充了 ISO 37301 对变更的策划说明，值得读者重视。

ISO 37301 从以下三个方面规定了策划合规管理体系的要求：

一是针对各部门和各层级建立适宜的合规目标，并策划实现合规目标所需建立的过程；

二是综合考虑组织的内外部环境、合规义务和合规目标，策划合规风险的应对措施，并将这些措施纳入合规管理体系；

三是有计划地对合规管理体系进行修改。

在 ISO 37301 中，特别区分了"合规风险"和"合规机遇"，并且针对二者列出了一些具体的应对措施，值得读者关注和思考。关于"合规机遇"的提法，它体现了风险的二重性（机遇和威胁），限于篇幅，本书不展开说明，有兴趣的读者可以关注微信公众号"risk-doctor"获得进一步的信息。

第 **7** 章　支持

本章对应 ISO 19600 标准中的第 7 部分——support，具体包括以下内容：

（1）资源；

（2）能力和培训；

（3）意识；

（4）沟通；

（5）文件化信息。

本章与 ISO 37301 第 7 章的区别如表 7-1 所示。ISO 37301 对这一章有微调，在合规能力中增加了"雇用流程"，并把"合规文化"调整到第 5 章"领导作用"之中。

表 7-1　ISO 19600 第 7 章与 ISO 37301 第 7 章的内容对比

ISO 19600	ISO 37301
7.1 资源	7.1 资源
7.2 能力和培训	7.2 能力
7.2.1 能力	7.2.1 概述
—	7.2.2 雇用流程
7.2.2 培训	7.2.3 培训
7.3 意识	7.3 意识
7.3.1 总则	—
7.3.2 行为（含合规文化）	（调整到 5.1.2 节）
7.4 沟通	7.4 沟通
7.5 文件化信息	7.5 文件化信息
7.5.1 概述	7.5.1 概述
7.5.2 创建和更新	7.5.2 创建和更新
7.5.3 文件化信息的控制	7.5.3 文件化信息的控制

　　"支持"在 ISO 19600 合规管理体系中的位置如图 7-1 所示（注：该要素在 ISO 37301 中的位置不变）。

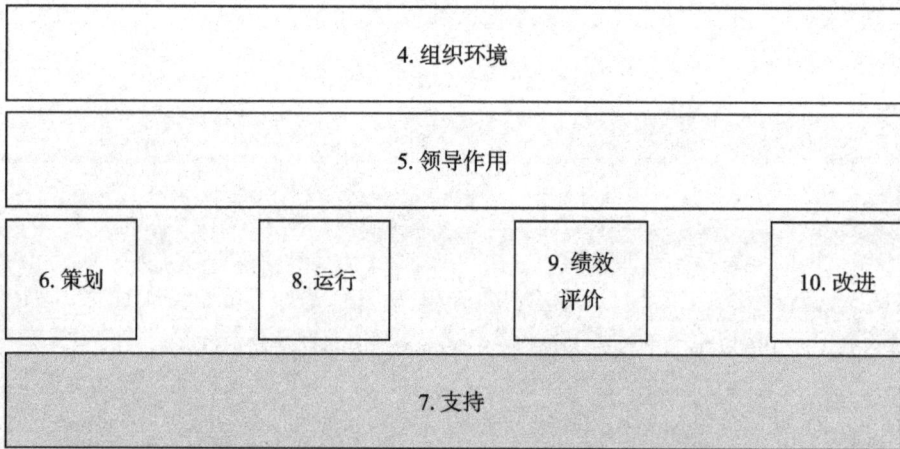

图 7-1　"支持"在 ISO 19600 合规管理体系中的位置

7.1 资源

【标准原文】

The organization should determine and provide the resources needed for the establishment, development, implementation, evaluation, maintenance and continual improvement of the compliance management system appropriate to its size, complexity, structure and operations.

Top management and all other levels of management should ensure that the necessary resources are deployed effectively to ensure that the compliance management system meets its objectives, and that compliance is achieved.

Resources include financial and human resources, as well as access to external advice and specialized skills, organizational infrastructure, contemporary reference material on compliance management and legal obligations, professional development and technology.

【对应的中文表达】

组织应确定并提供建立、制定、实施、评估、维护和持续改进合规管理体系的资源，合规管理体系应符合组织的规模、复杂性、结构和运行。

最高管理者和各管理层应确保有效部署必要的资源，以确保满足合规目标并实现合规。

资源包括财务的和人力的资源、外部建议和专业技能、组织的基础设施，以及关于合规管理、法律义务、企业发展和相关技术的参考资料。

【内容解读及应用说明】

不管做什么事，没有资源作支撑是不行的。在建立和运行合规管理体系时，组织也需要具备或准备相关资源。

围绕合规资源，ISO 做了五项说明：

第一，组织应提供必要的合规资源；

第二，合规资源是有限的，应与组织规模和业务复杂性相匹配；

第三，哪些人对合规资源负有保障责任；

第四，常见的合规资源有哪些；

第五，合规资源的时效性。

除了人员和资金外，ISO 把组织基础设施，以及关于合规管理、法律义务、企业发展和相关技术的参考资料等也作为组织合规的资源，同时指出这些资源具有时效性。企业在开展合规管理工作时要特别注意，不能拿过时的资料（或资源）来识别合规义务或履行合规义务。

7.2　能力和培训

7.2.1　能力

【标准原文】

The organization should:

(a)Determine the necessary competence of employee(s) doing work under its control that affects its compliance management system performance;

(b)Ensure that these employees are competent on the basis of appropriate education, training and/or work experience;

(c)Where applicable, take actions to acquire the necessary competence and evaluate the effectiveness of the actions taken;

(d)Retain appropriate documented information, including evidence of competence.

NOTE：Applicable actions can include，for example，the provision of training to，the mentoring of，or the reassignment of employees; or the hiring or contracting of competent persons.

【对应的中文表达】

组织应：

（a）确定员工具有在其控制下影响合规管理体系绩效的工作能力；

（b）确保这些员工在接受适当的教育、培训的基础上能胜任相关工作；

（c）必要时，采取措施获得必要的能力，并评估所采取措施的有效性；

（d）保存适当的文件化信息，包括能力证明。

注：例如，适用的措施可以包括对员工的培训、指导或调岗，雇用/聘用称职人员。

【内容解读及应用说明】

本书第3章介绍了"能力"这个术语（3.23节）。在此，"能力"不仅是个术语，还是合规管理体系中的一个要素。

　　能力是应用知识和技能实现预期结果的本领。个人具备了某种本领，就叫个人能力；企业具备了某种本领，就叫企业能力。

　　本标准在这一节介绍了两个内容：一是组织合规应具备的主要能力，二是如何具备这种能力。对此，本标准已给出了比较详细的说明，这里就不再赘述。

　　关于如何达成相应的合规能力，ISO 推荐了四种具体措施供读者参考选用。它们分别是：

　　（1）对员工进行培训；

　　（2）对员工的工作或操作进行指导；

　　（3）对不称职的员工进行调岗；

　　（4）雇用或聘用其他称职人员。

　　关于文件化信息，本章 7.5 节有专门描述，这里暂不解读。"记录"也是一种文件化信息，ISO 37301 专门用一个小节来描述"记录保存"，详见 ISO 37301 的 9.1.5 节。

☆ risk-doctor 提示：

　　企业的资源是有限的，不可能具备所有能力，因此，企业可以通过采购外部资源和服务的方式来获得某种能力，比如聘请税务筹划师对企业的税务进行筹划，聘请律师对企业的销售合同和劳动合同进行评审。对于这些能力，企业需定期进行评估，以确保其合规性和有效性。

7.2.2　雇用流程

　　本小节对应 ISO 37301 的 7.2.2 节 —— employment process，ISO 19600 没有这部分内容。

　　【标准原文】

In relation to all its personnel, the organization shall develop, establish, implement and maintain processes such that:

　　(a) Conditions of employment require personnel to comply with the organizations compliance obligations, policies, processes and procedures;

　　(b) Within a reasonable period of their employment commencing, personnel receive a copy of, or are provided with access to, the compliance policy and training in relation to that policy;

　　(c) Appropriate disciplinary action shall be taken against personnel who violate the organizations compliance obligations, policies, processes and procedures.

As part of the employment process, the organization shall consider the compliance risks posed by roles and by personnel and apply due diligence procedures as required prior to any hiring, transfer and promotion.

The organization shall implement a process that provides for a periodic review of performance targets, performance bonuses and other incentives, to verify that there are appropriate measures in place to prevent encouraging noncompliance.

【对应的中文表达】

组织应当对其所有员工制定、建立、实施和保持以下过程：

（a）要求员工遵守组织的合规义务、政策、流程和程序；

（b）在受雇期间，员工应收到合规政策的副本，或获得与该政策有关的合规政策和培训；

（c）对于违反组织合规义务、政策、流程和程序的员工，应给予适当的纪律处分。

作为雇用过程的一部分，组织应考虑角色和员工带来的合规风险，并在任何雇用、调动和晋升之前按照要求应用尽职调查程序。

组织应实施一个过程，对绩效目标、绩效奖金和其他激励措施进行定期审查，以验证是否有适当的措施来防止鼓励不合规行为。

【内容解读及应用说明】

这节是 ISO 37301 新增的内容，ISO 19600 没有这部分内容。因为合规重在行为，行为重在人的能力和意识，因此，在 ISO 37301 中，ISO 对人力资源的招聘录用提出了明确的合规要求。在实践中，组织应从合规管理的角度对人力资源招聘、岗位调整、岗位晋升、激励等方面给予明确的管理规定，具体如下：

（1）在招聘环节，应明确招聘条件，要求前来应聘的人员必须认同组织的合规文化，遵守组织的合规政策、流程和程序；然后，从招聘的岗位、职责、角色和人员自身多个角度，实施尽调程序，考虑可能存在的合规风险；

（2）在试用期间，应尽早给新到员工发放企业合规手册，并对其进行相关合规政策培训，必要时可以进行合规政策考试；

（3）在工作期间，应监督员工的合规言行，并对违反组织的合规义务、政策、流程和程序的员工给予适当的纪律处分；

（4）在调整岗位（含晋升）时，应从待调的岗位、职责、角色和人员自身多个角度，实施尽调程序，考虑可能存在的合规风险；

（5）在绩效与激励方面，组织应定期审查合规绩效目标、绩效奖金和其他激励措施，以核实是否有适当的措施来防止对不合规行为的鼓励。

⭐ **risk-doctor 提示:**

这部分是 ISO 37301 新增的内容。

人是企业合规经营的关键要素。对于合规管理体系所管控的"人"的范围，ISO 37301 从原有法律认可的雇用"员工"（employee）延伸到了与组织存在合同关系的所有"工作人员"（personnel），并增加了以下管理措施：

（1）雇用条件中要求员工（工作人员）必须遵守组织的合规义务、政策、流程和程序；

（2）在雇用期间，向员工发放合规方针和合规手册，或提供相关的合规培训；

（3）对违反组织的合规义务、政策、流程和程序的员工，应给予适当的纪律处分；

（4）组织应考虑因岗位或人事安排造成的合规风险。在职员聘用、转岗或晋升之前，需按照要求对其进行尽职调查，并要求组织定期对绩效目标、绩效奖金和其他激励措施进行审核，以确保有合理的措施防止违规行为。

7.2.3 培训

本节内容对应 ISO 19600 标准的 7.2.2 节 ——Training。

【标准原文】

The governing body, management and all employees have compliance obligations should be competent to discharge these effectively. The attainment of competence can be achieved in many ways, including skills and knowledge required through education, training or work experience.

The objective of a training program is to ensure that all employees are competent to fulfill their job role in a manner that is consistent with the organization's compliance culture and its commitment to compliance.

Properly designed and executed training can provide an effective way for employees to communicate previously unidentified compliance risks.

Education and training of employees should be:

(a) Tailored to the obligations and compliance risks related to the roles and responsibilities of the employee;

(b) Where appropriate, based on an assessment of gaps in employee knowledge and competence;

(c) Undertaken at commencement with the organization and be on-going ;

(d) Aligned to the corporate training program and be incorporated into annual training plans;

(e) Practical and readily understood by employees;

(f) Relevant to the day-to-day work of employees and illustrative of the industry, organization or sector concerned;

(g) Sufficiently flexible to account for a range of techniques to accommodate the differing needs of organizations and employees;

(h) Assessed for effectiveness;

(i) Updated as required;

(j) Jecorded and retained.

Compliance retraining should be considered whenever there is a:

— Change of position or responsibilities;

— Changes in internal, policies, procedures and processes;

— Changes in organization structure;

— Change in the compliance obligations, especially in legal or interested parties requirements;

— Change in activities, products or services;

— Issues arising from monitoring, auditing, reviews, complaints and noncompliance, including stakeholder feedback.

【对应的中文表达】

治理机构、管理层和具有合规义务的所有员工都应具备有效履行合规义务的能力。员工可以通过多种方式获得该能力，包括通过教育、培训或工作经历获得相关的技能和知识。

合规培训的目标是确保所有员工有能力以与组织的合规文化和合规承诺一致的方式履行各自的角色职责。

设计合理、有效的培训，能为员工提供有效的方式发现之前未识别的合规风险。

对员工的合规教育和培训应注意以下几点：

（a）针对与员工角色和职责相关的义务和合规风险，量身定制；

（b）适宜时，以对员工知识和能力缺口的评估为基础；

（c）在组织成立时就提供，并持续提供；

（d）与组织的培训计划保持一致，并纳入年度培训计划；

（e）确保实用，并易于员工理解；

（f）与员工的日常工作，以及所在行业、组织或部门职能相关；

（g）足够灵活，涉及各种技能，以满足组织和员工的不同需求；

（h）确保评估的有效性；

（i）按要求更新；

（j）记录并保存。

有下列情况时，应考虑进行合规再培训：

——角色或职责发生改变；

——内部方针、程序和过程发生改变；

——组织结构发生改变；

——合规义务尤其是法律或相关方的需求发生改变；

——活动、产品或服务发生改变；

——收到从监督、评审、审核，以及利益相关方反馈的投诉和不合规问题。

【内容解读及应用说明】

关于培训，risk-doctor 的理解如下。

（1）培训是一种服务，是一种对某项技能的"教和学"的服务，如反舞弊技能等。

（2）培训是一种方式，是一种通过"培养＋训练"使受训者掌握某种技能的方式。

（3）培训是一个过程，是一个给有经验或无经验的受训者传授其完成某种行为所必需的思维认知、基本知识和技能的过程。

为了统一科学技术规范或实现标准化作业，企业可通过目标设定、规划制定、知识和信息传递、技能演练、作业成果评测、成果交流公告等活动，让员工通过一定的教育和训练手段达到预期的水平，提高其个人的工作能力，从而提升团队的战斗力。本标准用一个小节来讲述"培训"，足见 ISO 对培训的重视，也足见培训在合规管理中的重要性。

合规培训的目标是确保所有员工有能力合规地履行自己的角色职责。员工有能力干事是好事，能够遵循组织的合规文化和合规承诺把事情做好，是更好的事。

本标准对如何实施培训提了九个要求，前六个要求介绍得比较清楚，这里不再赘述。下面对后三个要求进行简单的解读。

（h）确保评估的有效性：是指要对合规培训的效果进行评估。

（i）按要求更新：是指合规培训的内容应按最新的合规要求或合规义务进行调整。

（j）记录并保存：是指记录合规培训的相关信息和资料，比如合规培训计划、合规培训方案、合规培训教材、合规培训照片、合规培训视频、合规培训签到表、合规培训考试成绩表等，并妥善保存这些信息和资料。

另外，本标准还特别提到"合规再培训"，并列出开展合规再培训的时机，值得企业在合规实践中加以运用。"合规再培训"的概念说明合规是动态的过程，不是一成不变的，需要企业实时跟踪自身内外部环境的变化情况，及时了解合规要求，及时梳理和更新合规义务，及时开展合规再培训，保证企业合规的持续性和有效性。

risk-doctor 提示：

培训的方式多种多样，如果不合规事项可能导致严重后果，那么请选用互动式培训。对企业来说，互动式培训可能是较好的培训形式之一。

在互动式培训中，培训内容应与学员的日常工作密切相关；讲师最好能根据企业的实际情况选择培训案例，至少要选择相关行业、相关组织或部门的实际情况作为培训案例。这样才能增强学员的感性认识，使学员感同身受。

7.3 意识

7.3.1 总则

【标准原文】

Persons doing work under the organization's control should be aware of:

(a) The compliance policy;

(b) Their role and contribution to the effectiveness of the compliance management system, including the benefits of improved compliance management system performance;

(c) The implications of not conforming with the compliance management system requirements.

【对应的中文表达】

在组织管控下的工作人员应明确以下内容：

（a）合规方针；

（b）他们的角色和对合规管理体系有效性的贡献，包括改善合规管理体系绩效的益处；

（c）不符合合规管理体系要求的后果。

【内容解读及应用说明】

risk-doctor 认为，"合规意识"也可以作为一个术语。意识是指人脑对客观物质世界的反映，是感觉、思维（脑中所想事物）等各种心理过程的总和；或者说是人脑对外界和自身的觉察与关注程度。合规意识可以理解为人脑对合规义务的反映。

在弗洛伊德的理论中，意识分为三部分，即本我、自我和超我。其中，本我是人的本能，超我是理想化的目标，自我则是二者冲突时的调节者，这三者的结合构成了人的完整人格。合规意识通常属于"超我"这一部分。感兴趣的读者可以对心理学做拓展阅读。

意识决定行为。在合规实践中，企业工作人员应积极培养合规意识，清楚自己的言行应该符合企业的合规方针，清楚自己的角色应该符合企业合规管理体系的要求，以及不合规的后果；同时也应清楚自己的合规行为对企业合规管理体系的益处和贡献。这就是本标准对合规意识的描述。

7.3.2　行为

【标准原文】

7.3.2.1 General

Behaviour that creates and supports compliance should be encouraged and behaviour that compromises compliance should not be tolerated.

7.3.2.2 Role of top management in encouraging compliance

Top management has a key responsibility for:

(a) Aligning the organization's commitment to compliance to its values, objectives and strategy in order to position compliance appropriately;

(b) Communicating its commitment to compliance in order to build awareness and motivate employees to embrace the compliance management system;

(c) Encouraging all employees to accept the importance of achieving the compliance objectives for which they are responsible or accountable;

(d) Creating an environment where the reporting of noncompliance is encouraged and the reporting employee will be safe from retaliation;

(e) Encouraging employees to make suggestions that facilitate continual improvement in compliance performance;

(f) Ensuring compliance is incorporated into the broader organization culture and culture change initiatives;

(g) Identifying and acting promptly to correct or address noncompliance;

(h) Ensuring that organizational policies, procedures and processes support and encourage compliance;

(i) Ensuring that operational objectives and targets do not compromise compliant behaviour.

7.3.2.3 Compliance culture

The development of a compliance culture requires the active, visible, consistent and sustained commitment of the governing body, top management and management towards a common, published standard of behaviour that is required throughout every area of the organization.

Evidence of a compliance culture is indicated by the degree to which:

— The items above are implemented;

— Stakeholders (particularly employees) believe that the items above have been implemented;

— Employees understand the relevance of the compliance obligations related to their own activities and to those of their business unit;

— Remediation of noncompliance is 'owned' and actioned at all appropriate levels of the organization as required;

— The role of the compliance function and its objectives are valued;

— Employees are enabled and encouraged to raise compliance concerns to the appropriate level of management.

【对应的中文表达】

7.3.2.1 概述

组织应鼓励和支持合规的行为，不应容忍危害合规的行为。

7.3.2.2 最高管理者（或高管层）在鼓励合规中的角色

最高管理者的关键职责：

（a）调整组织对合规的承诺，使其与组织的价值观、目标和战略保持一致，以便恰当地定位合规；

（b）宣传组织对合规的承诺并建立合规意识，以激励员工接受合规管理体系；

（c）鼓励所有员工接受、实现他们所负责或应负责的合规目标的重要性；

（d）创造一个鼓励报告不合规并且报告的员工不会受到报复的环境；

（e）鼓励员工提出有利于合规绩效持续改进的建议；

（f）确保合规已融入更广泛的组织文化及文化改变的计划中；

（g）迅速识别并采取措施纠正或解决不合规；

（h）确保组织方针、程序和过程支持和鼓励合规；

（i）确保运行目标和指标不会危害合规行为。

7.3.2.3 合规文化

发展合规文化，要求治理机构、最高管理者和管理层对组织的各个领域所要求的共同的、已发布的行为标准做出积极的、可见的、一致的和持久的承诺。

【内容解读及应用说明】

意识决定行为。合规行为离不开合规意识和合规文化。行为的字面意识是举止行动，严谨来看，是指受思想支配而表现出来的外表活动。其中，"受思想支配"对应的是"意识"，因此，哲学界才有"意识决定行为"一说。

本标准为了描述合规行为，在这一节用了三个小节来叙述：首先给出"组织应鼓励和支持合规的行为，不应容忍危害合规的行为"的结论，然后指出最高管理者在鼓励合规中应该干些什么，最后谈到合规文化的形成。

"合规文化"是本标准中的一个术语（3.19 节），是指贯穿于整个组织的价值观、道德规范和信念，与组织的结构和控制系统相互作用，产生有利于合规成果的行为准则。行为准则是行为的标准和规范，是一定的社会组织要求其成员共同遵守的行为要求。

在 ISO 37301 中，"合规文化"被调整到第 5 章"领导作用"之中，并且单独成一节。也就是说，合规文化在 ISO 37301 中得到加强。因此，risk-doctor 对合规文化也多做一些解读。

人们在谈"企业文化"时常说：从意识到行为，从行为到习惯，从习惯到文化。其实，从合规意识到合规行为并不是一个简单的过程，合规意识需要升华成合规理念和合规信念，只有这样才能引导合规行动。合规理念是个人或组织对合规的看法、思想、思维活动的结果，是一种理论和观念。合规意识是自己产生的；合规理念既可能是自己产生的，也可能是组织产生的。在企业中，个人的合规意识通常由企业的合规理念来引领。

那么，支持企业合规文化发展的因素有哪些呢？一般包括以下方面：

——企业已发布清晰的价值观；

——高管层以身作则，积极实施和遵守已发布的价值观；

——管理者在监视、辅导和指导过程中以身作则；

——不论职位高低，在处理相似的合规问题时，所采取的措施应保持一致；

——对候选员工进行适当的就业前评估；

——在入职培训或新员工（包括轮岗、换岗到新岗位的员工）培训中强调合规和组织价值观；

——持续进行合规培训，包括更新培训内容和培训形式；

——就合规问题持续地与利益相关方进行及时沟通；

——在绩效考核体系中，考虑对合规行为的评估，并将合规表现与工资挂钩，以保证合规关键绩效措施和结果的实现；

——对合规管理业绩和结果予以明确认可；

——对故意或因疏忽而违反合规义务的情况给予即时和适当的惩罚；

——对及时报告合规风险或不合规事件的员工进行奖励；

——在组织战略和个人角色之间建立清晰的联系，该联系反映出合规是实现组织目标所必不可少的；

——就合规事项与利益相关方进行公开和适当的沟通，比如发布《企业合规报告》《企业社会责任报告》等。

以上都是一些具体的做法，它们将指导员工的行为。当行为变成习惯时，组织良好的合规文化就形成了。为了培育合规文化，在实践中，组织的合规师、合规负责人，或者聘用的第三方合规服务机构，需要定期检查组织建立合规文化的措施是否得到落实。检查方法可以是多种多样的。比如通过访谈的形式检测领导层是否以身作则，积极实施和遵守合规价值观；通过审查合规报告，检测企业各层级员工在处理相似事情时是否能够保持横向与纵向的一致性等。

对于企业合规文化培育措施的检查，不仅要关注其输出（output），更要关注其成果（outcome）；不仅需要统计企业新增的合规培训项目、新增的员工行为指导文件、新增的合规监控报告，还要测量在这些新的合规措施推出后企业减少或消除的违规情况。当合规文化渗透到员工的脑中并形成一种意识时，这种意识就能时刻提醒员工，其个人活动及其所在部门的活动是与企业密切相关的，员工的违规行为就会减少。只有相关的违规行为减少了或没有了，利益相关方才会认同企业的合规文化。

有没有方法来验证良好合规文化的实现程度呢？企业在做合规文化评估时，可以从以下方面入手：

——查看上述事项是否得到充分实施；

——询问利益相关方（尤其是员工）是否相信上述事项已得到充分实施；

——询问员工是否充分了解与其自身活动和所在业务部门活动相关的合规义务（从组织到个人）；

——查看组织各层级是否按要求针对不合规事项进行"自主"补救，并采取相应的措施；

——询问和查看合规团队所扮演的角色及其目标是否得到重视；

——查看员工是否有能力或主动向相应的管理层提出合规疑虑或问题；

——查询员工在向相应的管理层提出其合规疑虑时是否能够受到鼓励等。

risk-doctor 提示：

（1）企业不仅要设立"合规举报热线"，还应设立"合规服务热线"。

（2）企业管控的方法很多，比如内部控制、风险管理、内部审计等，但真正可以（或者能够）"一票否决"的只有"合规"。

7.4　沟通

7.4.1　概述

【标准原文】

The organization should determine the need for internal and external communications relevant to the compliance management system, including:

(a) On what it will communicate;

(b) When to communicate;

(c) With whom to communicate;

(d) How it will communicate.

【对应的中文表达】

组织应确定与合规管理体系相关的内部沟通和外部沟通需求，包括：

（a）沟通内容；

（b）沟通时间；

（c）沟通对象；

（d）沟通方式。

【内容解读及应用说明】

沟通是人与人之间、人与群体之间的思想与感情的传递和反馈的过程。沟通的目的是使沟通双方在思想上达成一致或实现情感通畅。沟通的方式多种多样，按照不同的分类标准，会有不同的分类结果，比如正式沟通和非正式沟通、垂直沟通和水平沟通、内部沟通和外部沟通等。

本小节是对沟通的概述，主要讲了两件事：一是组织应了解并确定与合规管理体系相关的内部沟通和外部沟通需求，二是沟通的时间、内容、对象和形式。无论是内部沟通还是外部沟通，明确沟通对象都是第一要务，其次是沟通的内容，然后是沟通时间和方式。

沟通包括语言沟通和文字沟通，企业可以用报告的形式就合规问题、合规事项等进行内部沟通或外部沟通。本书第9章的9.1.7节和9.1.8节将给出关于内部和外部合规报告的相关指南。

7.4.2　内部沟通

【标准原文】

The organization should adopt appropriate methods of communication to ensure that the compliance message is heard and understood by all employees on an on-going basis. The communication should clearly set out the organization's expectation of employees and those noncompliances that are expected to be escalated and under what circumstances and to whom.

【对应的中文表达】

组织应采用适当的沟通方式，以确保全体员工持续获知并理解合规信息。沟通时应明确给出组织对员工的期望，以及在何种情形下将不合规逐级上报给谁。

【内容解读及应用说明】

内部沟通是组织、企业、部门、团队内部进行的信息沟通。对内部沟通的界定，要看如何划分内、外的边界。以企业内的部门来说，部门内的沟通是内部沟通，跨部门的沟通是外部沟通；但是对整个企业来说，这些都属于内部沟通，而企业与客户、供应商的沟通则属于外部沟通。

本小节主要讲述内部沟通，具体内容包括：

（1）组织应建立适当的合规沟通方式，包括垂直沟通和水平沟通、正式沟通和非正式沟通等；

（2）组织应明确表达对员工的合规期望并给予指引；

（3）组织应确保全体员工持续获知并理解合规信息，这可以用文件、培训的方式来实现；

（4）组织应明确告知员工，针对不同的不合规现象应该如何逐级上报，具体上报给谁。

企业常见的内部合规沟通方式包括合规培训、合规计划、合规报告、合规例会，以及与员工签订保密协议、反贿赂和反腐败承诺书等。

为了增强员工的合规意识，企业应建立多渠道的合规沟通机制，比如：

（1）在企业网站上，员工可以根据权限阅读和下载企业的规章制度文件及合规宣传资料，可以查询到合规主管的联系方式；

（2）开通合规热线，受理和解答员工的合规问题，当员工对自己的行为不知道是否合规，以及对工作中的任何做法有疑虑或担心时，员工都可以通过热线寻求帮助和建议；

（3）定期或不定期地举办有针对性的合规培训，尤其是专项合规培训，如反腐败培训、反不正当竞争培训、知识产权保护培训、安全生产培训、隐私保护培训、环境保护培训等；

（4）设立年度和季度合规日，集中沟通合规问题；

（5）举办年度合规知识竞赛、年度合规论文评选活动等。

7.4.3 外部沟通

【标准原文】

A practical approach to external communication, targeting all interested parties, should be adopted in accordance with organization policy.

Interested parties can include, but are not limited to, regulatory bodies, customers, contractors, suppliers, investors, emergency services, non-governmental organizations and neighbours.

Methods of communication may include websites and e-mail, press releases, advertisements and periodic newsletters, annual (or other periodic) reports, informal discussions, open days, focus groups, community dialogue, involvement in community events and telephone hotlines. These approaches can encourage understanding and acceptance of an organization's commitment to compliance.

【对应的中文表达】

组织应根据组织的合规方针采用实用的方法与所有外部相关方进行合规沟通。

外部相关方包括但不限于监管机构、客户、承包商、供应商、投资方、紧急服务提供方、非政府组织等。

沟通方式包括网站和电子邮件、新闻稿、广告和定期简报、年度（或其他定期）报告、非正式讨论、开放日、分组座谈会、社区对话、参与社区活动和热线电话。这些方式能鼓励理解和接受组织对合规的承诺。

【内容解读及应用说明】

本小节主要讲述了三项内容：一是组织应与所有外部相关方进行沟通，二是有哪些外部相关方，三是与外部相关方的沟通方式。本标准对这几点都讲得比较清楚，所以不再赘述。

7.5 文件化信息

7.5.1 概述

【标准原文】

The organization's compliance management system should include:

(a) Documented information recommended by this International Standard;

(b) Documented information determined by the organization as being necessary for the effectiveness of the compliance management system.

NOTE 1 Documented information can include matters relating to regulatory reporting requirements.

NOTE 2 The extent of documented information for a compliance management system can differ from one organization to another due to:

— The size of organization and its type of activities, processes, products and services;

— The complexity of processes and their interactions;

— The competence of employees;

— The maturity of the compliance management system.

【对应的中文表达】

组织的合规管理体系应包括：

（a）本标准推荐的文件化信息；

（b）组织确定合规管理体系有效所必需的文件化信息。

注 1：文件化信息可以包括与监管报告要求相关的事项。

注 2：不同组织的合规管理体系文件化信息的程度不同，因为：

——组织的规模及其活动、过程、产品和服务的类型不同；

——过程和过程间相互作用的复杂性不同；

——员工的能力不同；

——合规管理体系的成熟度不同。

【内容解读及应用说明】

本节分三个小节讲述了文件化信息：第一个小节是对文件化信息的概述，第二个小节是文件化信息的创建与更新，第三个小节是文件化信息的控制。

"文件化信息"是本标准的一个术语，详见本书第 3 章的 3.24 节。

文件化信息是指组织需要控制和维护的信息及其载体。文件化信息的范围很广，对合规管理而言，它包括合规管理体系、合规文件、合规记录等信息，这些信息可以以任何格式和载体存在，且来源不限。

在实践中，与合规相关的文件化信息具体有哪些呢？下面罗列一些供读者参考：

——组织的合规目标、合规方针；

——合规管理体系的目标、指标、结构和内容；

——合规职责和角色分配；

——相关合规义务登记；

——年度合规计划；

——合规风险识别清单；

——合规风险评估方法；

——合规风险评估准则；

——合规风险评估报告；

——合规风险应对策略；

——合规风险应对计划；

——合规风险应对方案；

——登记的不合规和近乎不合规的事项；

——与合规相关的人事记录，包括但不限于合规培训记录等。

7.5.2 创建和更新

【标准原文】

When creating and updating documented information the organization should ensure appropriate:

— Identification and description (e.g. a title, date, author, or reference or version number);

— Format (e.g. language, software version, graphics) and media (e.g. paper, electronic);

— Review and approval for suitability and adequacy.

【对应的中文表达】

创建和更新文件化信息时，组织应确保适当的：

——标示和描述（如标题、日期、作者、参考资料或版本号）；

——格式（如语言、软件版本和图形）和载体（如纸张、电子版）；

——适用性和充分性的评审和批准。

【内容解读及应用说明】

本小节讲述了文件化信息的创建和更新。在信息化社会，很多信息已经被电子化和文件化，人们可以随时创建、传阅、修改、审批各种电子化文件，还可以随时存档。电子合同、电子订单、电子发票等都有自己的内容要求和格式要求。这里仅列举几个与文件管理相关的示例，以说明创建和更新相关文件的注意事项，如表 7-2、表 7-3、表 7-4、图 7-2、图 7-3 所示。

表 7-2　文件修订记录（示例）

版次	日期	变更内容	撰写 / 修改者

核准人		审核人		发布	
	日期		日期		日期

表 7-3　文件头示例

文件名称		文件编号	
密级		版本号	
编制部门		页数	

表 7-4　文件目录页示例

编号	内容	页次
1	文件目录	
2	文件修订记录	
a	目的	
b	适用范围	
c	职责	
d	定义	
e	内容	
f	记录控制	
g	相关表单	
h	……	

关于印发《国资委规范性文件制定管理办法》的通知

文章来源：法规局　　发布时间：2020-03-30

国务院国有资产监督管理委员会文件

国资发法规〔2020〕7号

关于印发《国资委规范性文件制定管理办法》的通知

驻委纪检监察组，委内各厅局、直属单位：

现将《国资委规范性文件制定管理办法》印发给你们，请遵照执行。《关于印发<国务院国有资产监督管理委员会规范性文件制定暂行办法>的通知》（国资发法规〔2008〕137号）同时废止。

国资委

2020年1月10日

图 7-2　机关文件示例

SPRING 集团有限公司文件

SPRING 集团〔2021〕27 号

关于 2021 年合规工作会议的通知

各分子公司：

为做好 2021 年合规工作，集团公司将于……

SPRING 集团有限公司

2021 年 2 月 28 日

抄送：集团公司领导。

SPRING 集团有限公司综合部   2021 年 2 月 28 日印发

图 7-3 企业文件示例

7.5.3 文件化信息的控制

【标准原文】

Documented information recommended by the compliance management system and by this International Standard should be controlled to ensure:

(a) It is available, accessible and suitable for use, where and when it is needed;

(b) It is adequately protected (e.g. from loss of confidentiality, improper use, or loss of integrity).

For the control of documented information, the organization should address the following activities, as applicable:

— Distribution, access, retrieval and use;

— Storage and preservation, including preservation of legibility;

— Control of changes (e.g. version control);

— Retention, disposition and disposal;

— The role of third parties in documented information creation and control.

Documented information of external origin determined by the organization to be necessary for the planning and operation of the compliance management system should be identified, as appropriate, and controlled.

Documented information may be prepared for the purpose of obtaining legal advice and therefore may be the subject of legal privilege.

NOTE Access implies a decision regarding the permission to view the documented information only, or the permission and authority to view and change the documented information, etc..

【对应的中文表达】

组织应该对合规管理体系和本标准推荐的文件化信息进行控制，以确保：

（a）在何时何处需要时都便于、易于和适于取用；

（b）它得到充分的保护（如避免泄露机密、不当使用或失去完整性）。

对于文件化信息的控制，组织应进行以下活动：

——分发、访问、检索和使用；

——保存和保持，包括字迹的保持；

——对变更的控制（如版本控制）；

——保留、处置和处理；

——文件化信息的新建和控制过程中第三方的角色。

对于策划和运行合规管理体系所必需的外部来源的文件化信息，组织应予以识别和控制。

组织可本着获取法律建议进而取得法律特权主体的目的对文件化信息进行编制。

【内容解读及应用说明】

本节讲述对文件化信息的控制。如今，信息安全、知识产权、个人隐私等备受关注，加强对这些信息的管控，不仅是企业内部控制的要求，也是合规的要求，值得企业关注。

对文件化信息的控制，除了要让它们得到充分的保护之外，更重要的是这些信息在被需要时，能够易于查看和获取，而不仅仅是让文件化信息被封存。

在 IT 系统中，对文件化信息的控制体现在访问权和修改权。能够查看某个文件化信息，意味着对该文件化信息有访问权，但有访问权并不意味着有下载权；能够对某个文件化信息进行编辑和修改，则意味着对该文件化信息有修改权，修改权一般伴随着下载权、编辑权和存储权。

在实践中，企业应逐一落实本标准推荐的文件化信息控制活动。企业可以通过建立制度和流程、配置权限，加强对文件化信息的分发、检索、使用、保存，以及变更、删除、废止等活动的控制。例如，通过建立文件化信息的分发制度和访问制度，规范和控制对相关文件化信息的分发和访问，尤其是对知识产权、个人隐私等方面的文件化信息，更要严格管理。

随着组织合规管理体系的日益完善和合规管理水平的不断提高，有条件的组织可以考虑建立集中的合规管理信息系统，并与组织的业务系统和管理系统互联互通，这样不仅可以方便全体员工实时查阅自己岗位的合规要求，还有利于合规管理部门和高管层实时观察和分析组织的合规风险分布情况及合规风险管理情况，从而真正实现组织的持续的、有效的合规。

本章小结

合规支持是合规管理的重要保障，对合规管理体系在各个层面得到认可并保障合规行为的实施具有重要作用。本章从合规资源、合规能力、合规培训、合规意识、合规沟通及文件化信息等方面对合规支持做了描述。在实践中，组织至少应从这些方面为合规管理提供支持。

ISO 37301 从以下方面规定了支持措施：

一是确定并提供所需要的资源，如人力资源、财务资源、工作环境与基础设施等；

二是招聘能胜任且能遵守合规要求的员工，对违反合规要求的员工采取纪律处分等管理措施；

三是提供培训，提升员工的合规意识；

四是开展内部沟通和外部沟通；

五是创建、控制和维护文件化信息。

合规管理体系能否在组织中得到有效运行，除了相关的资源准备外，还要依靠合规机制、流程进行推动和保障。合规机制和流程是组织合规能力的一种体现，它们会形成文件化信息，需要组织加以保护。合规机制和流程是组织实施合规管理的法宝，是组织的核心竞争力之一。

第 **8** 章　运行

本章对应 ISO 19600 标准中的第 8 部分——operation，具体包括以下内容：

（1）运行的策划和控制；

（2）建立控制和程序；

（3）外包过程。

ISO 37301 在这一章把 ISO 19600 第 8.3 节的"外包过程"扩展成两节，分别是"提出关切"和"调查过程"，如表 8-1 所示。

表 8-1　ISO 37301 与 ISO 19600 第 8 章内容对比

ISO 19600	ISO 37301
8.1 运行的策划和控制	8.1 运行的策划和控制
8.2 建立控制和程序	8.2 建立控制和程序
8.3 外包过程	8.3 提出关切
—	8.4 调查过程

按照 PDCA 循环，这一章主要是讲 D（Do）；按照合规管理体系的要素来看，本章"运行"在 ISO 19600 合规管理体系中的位置如图 8-1 所示（注：该要素在 ISO 37301 中的位置不变）。

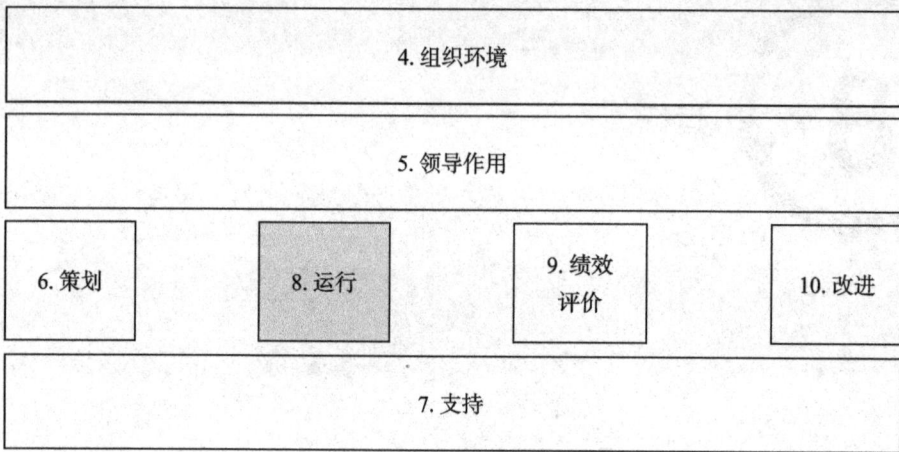

图 8-1　"运行"在 ISO 19600 合规管理体系中的位置

8.1　运行的策划和控制

【标准原文】

The organization should plan, implement and control the processes needed to meet compliance obligations, and to implement the actions determined in 6.1, by:

— Defining the objectives of the processes;

— Establishing criteria for the processes;

— Implementing control of the processes in accordance with the criteria;

— Keeping documented information to the extent necessary to have confidence that the processes have been carried out as planned.

The organization should control planned changes and review the consequences of unintended changes, taking action to mitigate any adverse effects, as necessary.

【对应的中文表达】

组织应策划、实施和控制满足合规义务所必需的过程，并实施 6.1 节确定的措施，通过：

——确定过程的目标；

——确立过程的准则；

——根据准则实施过程控制；

——记录必要的文件化信息，确保过程已按计划实施。

组织应控制计划变更，并重新评审计划外变更的后果，必要时应采取措施缓解不利影响。

【内容解读及应用说明】

本节讲述了"运行"的策划和控制。组织在运行合规管理体系时，应策划、实施和控制满足合规义务所必需的过程，并实施 6.1 节确定的措施。本标准 6.1 节确定的措施，指的是针对各项合规风险的应对措施。实施这些措施就是把它们嵌入组织的业务活动和管理活动中。

控制措施只有放在（或嵌入）业务活动或管理活动中加以运行才能真正发挥作用，而过程是将输入转化为输出的相互关联或相互作用的一组活动，所以谈到控制和控制措施的时候，一般都离不开活动和过程。

管理体系有目标，过程也有自己的目标。在实践中，组织要先设定过程的目标和准则，然后制订计划，之后才能按照准则和计划去实施过程控制。在运行过程中，要特别注意以下三点：

第一，要记录过程中的文件化信息，确保整个过程已按既定的计划实施；

第二，要严控计划变更，尽可能按既定计划行事；

第三，如果计划不得不变更，那么要重新评审计划变更的后果，必要时应采取措施缓解不利影响。

8.2 建立控制和程序

【标准原文】

Controls should be put in place to manage the identified compliance obligations and associated compliance risk and to achieve desired behaviour.

Effective controls are needed to ensure that the organization's compliance obligations are met and that noncompliances are prevented or detected and corrected. The types and levels of controls should be designed with sufficient rigour to facilitate achieving the compliance obligations that are particular to the organization's activities and operating environment. Such controls should, where possible, be embedded into normal organizational processes.

These controls should be maintained, periodically evaluated and tested to ensure their continuing effectiveness.

Procedures should be established, documented, implemented and maintained to support the compliance policy and translate the compliance obligations into practice.

In developing these procedures consideration should be given to:

(a) Integrating the compliance obligations into procedures, including computer systems, forms, reporting systems, contracts and other legal documentation;

(b) Consistency with other review and control functions in the organization;

(c) On-going monitoring and measurement;

(d) Assessment and reporting (including management supervision) to ensure that employees comply with procedures;

(e) Specific arrangements for identifying, reporting and escalating instances of noncompliance and risks of noncompliance.

【对应的中文表达】

组织应落实控制措施，管理合规义务和对应的合规风险，以实现预期目标。

组织应采取有效的控制措施确保满足合规义务，能够预防或发现不合规事件并予以纠正。组织应充分而严格地设计各类、各层次的控制措施，以促进组织的活动和运行环境符合合规义务。在可能的情况下，这些控制措施应嵌入常规的组织过程。

组织应定期维护、评价并测试这些控制措施，以确保控制措施的持续性和有效性。

组织应建立、记录、实施和维护合规程序，使其符合合规方针，并将合规义务转化为实践。

在制定合规程序时，组织应考虑：

（a）将合规义务整合到各个合规程序中，包括计算机系统、表单、报告系统、合同和其他有法律约束力的文件；

（b）与组织的评审和控制职能保持一致；

（c）持续监视和测量；

（d）评估和报告（包括管理监督），以确保员工遵守合规程序；

（e）识别和上报不合规情况及不合规风险的具体安排。

【内容解读及应用说明】

本节包括两个方面的内容：建立合规控制和建立合规程序。

在建立合规控制方面，组织应设计各类、各层次的控制措施，以保证和促进组织的活动和运行环境能够符合合规义务。控制措施应嵌入常规的组织过程，以保证组织的常规业务活动和管理活动得到控制。另外，本标准还要求，组织应定期维护、评价并测试这些控制措施，以确保控制措施的持续性和有效性。

常见的控制措施包括：

（1）清晰、实用并易于遵循的文件化运行方针、程序、过程和操作指导；

（2）管理层的承诺和以身作则，以及其他促进合规行为的措施；

（3）划分有冲突的角色和职责；

（4）让过程自动化，减少人为操作风险和故障；

（5）复核、审批；

（6）IT 系统报告和异常报告；

（7）年度合规计划；

（8）员工绩效计划；

（9）合规评估和审核（审计）；

（10）针对预期的员工行为（标准、价值观和行为准则）与员工进行主动的、公开的沟通。

在建立合规程序方面，组织应建立、记录、实施和维护所有的合规程序，在实践中落实自己的合规义务。

合规程序是组织在落实各项合规义务时的具体工作步骤，本标准列示了一些在制定合规程序时应考虑的因素，读者在实践中可以借鉴。除了考虑本标准列示的因素外，在建立合规程序时，还要明确合规程序的具体步骤和方法，否则将很难操作。

8.3　外包过程

【标准原文】

The organization should ensure that outsourced processes are controlled and monitored.

Outsourcing of an organization's operations usually does not relieve the organization of its legal responsibilities or compliance obligations. If there is any outsourcing of the organization's activities, the organization needs to undertake effective due diligence to ensure that its standards and commitment to compliance will not be lowered. Controls over contractors should also be in place to ensure that the contract is complied with effectively (e.g. third-party performance appraisals).

The organization should consider compliance risks related to other third-party-related processes, such as supply of goods and services and distribution of products, and put controls in place, as necessary (e.g. compliance obligations in contractual clauses).

【对应的中文表达】

组织应确保外包过程受到控制和监视。

组织的外包通常不能减轻组织的法律职责或合规义务。如果外包，组织要执行有效的尽职调查，以确保不会降低组织标准和对合规的承诺；还应该对外包服务商进行适当控制，以确保其能有效地遵守合同（如第三方绩效考核）。

组织应考虑与其他第三方相关的外包过程的合规风险，如产品和服务供应、产品分销，并在必要时实施控制（如合同条款中的合规义务）。

【内容解读及应用说明】

随着社会分工日益细化，个人和组织的能力也被细化和专业化。在经营过程中，企业经常会遇到外包的情况，有时自己是"发包方"，有时是"承包方"或"服务方"。

ISO 19600 标准特别关注"外包"，不仅把"外包"当作术语（3.20 节），还把"外包过程"放在"运行"中，加以单独说明。

组织常见的外包业务包括产品加工外包、物流外包、客服外包、会计外包、员工招聘中的候选人海选外包等，这些业务一般不涉及组织的决策活动和设计活动。需要注意的是，组织在外包这些运营活动时并不能减轻组织的法律职责或合规义务，所以需要对外包过程进行全面管控。例如，在外包前，对外包服务商进行有效的尽职调查；在外包过程中，指导、监督外包服务商的操作；在外包结束后，检查和评价其服务质量和交付物质量。对外包过程实施全过程管控，有利于保证外包不会降低组织标准，也不会降低组织对合规的承诺。

ISO 19600 标准提出，组织应考虑与"其他第三方"相关的过程的合规风险，这是针对组织及其客户之外的第三方而言的。例如，客户购买了企业的产品，企业要把产品送到客户的手中，这个过程可能需要第三方物流，其中，与第三方物流相关的合规风险包括客户信息泄露、物流过程检疫等风险，这些对企业来说都属于"与其他第三方相关的过程的合规风险"，需要企业加以管控。

☆ **risk-doctor 提示：**

ISO 37301 将本节中对外包和第三方相关的过程的合规风险管理调整到 4.6 节，并要求组织保留这些合规风险的评估和应对措施的文件化信息。

8.4　提出关切并实施调查

这部分是 ISO 37301 新增的内容，对应 ISO 37301 的 8.3 节 "raising concerns" 和 8.4 节 "investigation processes"。ISO 19600 中没有这部分内容。

"raising concerns"（提出关切）是对合规疑虑的汇报，"Investigation processes"（调查过程）是对这些汇报或报告的调查。保持合规疑虑汇报渠道的畅通和建立合理的调查程序，是组织识别和预防合规风险、改进合规管理体系的有效方法。ISO 37301 在合规方针中要求组织倡导提出（或报告）合规疑虑的行为，并禁止任何形式的报复；同时在沟通条款中增加了员工提出合规疑虑的沟通流程要求；在"意识"（7.3 节）中提出了合规疑虑汇报的方法和程序；在第 8 章"运行"中增加了 8.3 节来专门描述合规疑虑的汇报程序，以鼓励和帮助职员能够对可疑的或实际违反合规方针或合规义务的不合规情况进行报告，同时要求组织要保障该程序的保密性，保护提出合规疑虑者免遭报复。

ISO 37301 的 8.4 节"调查过程"是对合规疑虑的汇报实施调查，以调查、评估、评价和处理可疑的或实际违规的事件。调查程序应以公平公正为原则，由无利益冲突且有能力胜任该项工作的人员独立开展。

本章小结

ISO19600 对合规管理体系的运行（operation）做了三个方面的说明：一是对运行的策划和控制，二是要建立合规控制和合规程序，三是对外包过程进行管理。

运行立足于执行层面。在 ISO 37301 中，没有单独谈论"外包过程"，而是从以下四个方面对"运行"做出规定：

一是实施为满足合规义务和合规目标所需要的过程及需要采取的措施；

二是建立并实施所需过程的准则和控制措施，同时，定期检查和测试这些控制措施，并保留记录；

三是建立举报程序，鼓励员工善意报告疑似或已发生的不合规情况，详见 ISO 37301 的 8.3 节"提出关切"；

四是建立调查程序，对可疑或已发生的违反合规义务的情况进行调查、了解和评估，详见 ISO37301 的 8.4 节，本书不再赘述。

保持合规疑虑汇报渠道的畅通和建立合理的调查程序，是组织识别和预防合规风险、改进合规管理体系的有效方法。新版标准在合规方针中要求组织倡导提出合规疑虑的行为，并禁止任何形式的报复；同时，在沟通条款中增加了员工提出合规疑虑的沟通流程要求；在"意识"（7.3 节）中提出了合规疑虑汇报的方法和程序；最后，在第 8 章"运行"中专门增加了对合规疑虑的汇报（8.3 节）程序，以鼓励和帮助职员对可疑或实际违反合规方针或合规义务的不合规情况进行汇报，同时要求保障该程序的保密性，保护提出合规疑虑者免遭报复。

新版标准还增加了对上述报告的调查程序（8.4 节），以评价、评估、调查和处理可疑或实际违规事件的报告。调查程序以公平公正为原则，由无利益冲突且有能力胜任该项工作的人员独立开展。

第 **9** 章   绩效评价

本章对应 ISO 19600 标准中的第 9 部分——Performance evaluation，具体包括以下内容：

（1）监视、测量、分析和评价；

（2）审核；

（3）管理评审。

本章与 ISO 37301 第 9 章的区别如表 9-1 所示。

表 9-1　ISO 37301 与 ISO 19600 第 9 章内容对比

ISO 19600	ISO 37301
9. 绩效评价	9. 绩效评价
9.1 监视、测量、分析和评价	9.1 监视、测量、分析和评价
9.1.1 总则	9.1.1 概述
9.1.2 监视	—
9.1.3 合规绩效反馈来源	9.1.2 合规绩效反馈来源
9.1.4 信息收集方法	—
9.1.5 信息分析和分类	—
9.1.6 指标制定	9.1.3 指标制定
9.1.7 合规的报告	9.1.4 合规报告
9.1.8 合规报告的内容	—
9.1.9 记录	9.1.5 记录保存
9.2 审核	9.2 内部审核
—	9.2.1 概述
—	9.2.2 内部审核程序
9.3 管理评审	9.3 管理评审
—	9.3.1 概述
—	9.3.2 管理评审输入
—	9.3.3 管理评审结果

　　按照 PDCA 循环，本章主要讲的是 C（Check）；按照合规管理体系的要素来看，"绩效评价"在 ISO 19600 合规管理体系中的位置如图 9-1 所示（注：该要素在 ISO 37301 中的位置不变）。

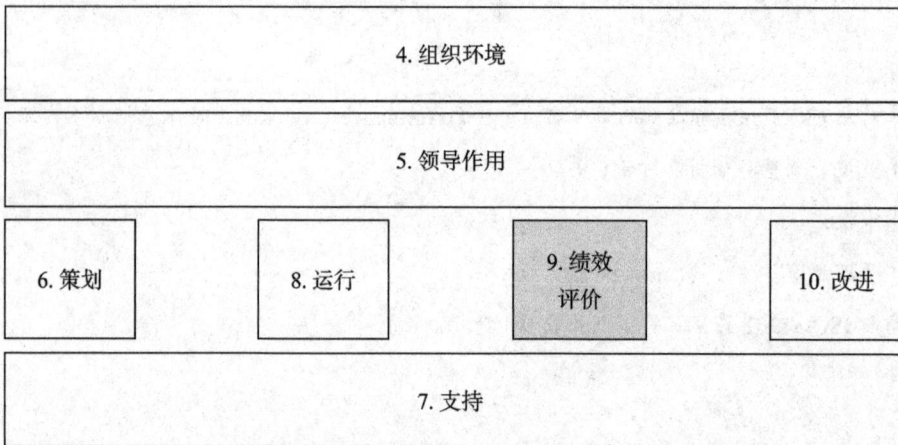

图 9-1　"绩效评价"在 ISO 19600 合规管理体系中的位置

9.1 监视、测量、分析和评价

9.1.1 概述

【标准原文】

The organization should determine:

(a) What needs to be monitored and measured and why;

(b) The methods for monitoring, measurement, analysis and evaluation, as applicable, to ensure valid results;

(c) When the monitoring and measuring should be performed;

(d) When the results from monitoring and measurement should be analysed, evaluated and reported.

The organization should retain appropriate documented information as evidence of the results.

The organization should evaluate the compliance management system performance and the effectiveness of the compliance management system.

【对应的中文表达】

组织应确定：

（a）需要被监视和测量的内容和原因；

（b）监视、测量、分析、评价的方法（如果适用，应确保有效的结果）；

（c）何时进行监视和测量；

（d）何时分析、评价和报告所监视和测量的结果。

组织应适当保留文件化信息，以作为评价结果的证据。

组织应评价合规管理体系的绩效和有效性。

【内容解读及应用说明】

本小节对合规管理体系的监视、测量、分析和评价进行了概述。本标准首先明确指出，组织应评价合规管理体系的绩效和有效性，其次指出应从哪几个方面进行评价，最后指出组织应适当保留文件化信息，以作为评价结果的证据。这里的评价结果包括合规绩效评价结果和合规管理体系有效性的评价结果。

其实，任何一个管理体系都需要进行有效性评价和绩效评价，否则就不可能知道该管理体系是否按设计要求发挥了作用，更谈不上从哪里改进了。

组织要想对合规管理体系的绩效和有效性进行评价，就需要开展一系列活动，比如确定目标、确定测量指标和测量方法，然后通过监视、测量、访谈、现场考察等方式收集相关信息，之后才能基于这些信息进行分析和评价，如图 9-2 所示。

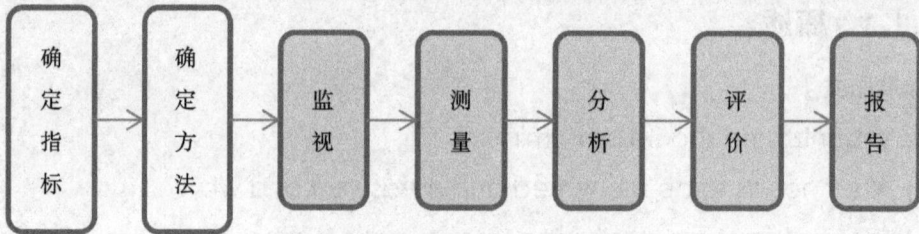

图 9-2　合规管理体系有效性评价过程

评价活动除了要有评价过程，还需要有评价方法和评价标准。没有明确的评价标准，就没办法开展有针对性的评价。这些评价标准与合规管理的目标、合规管理体系的有效性指标和绩效指标密切相关，是判断合规管理体系是否有效的依据，也是组织确定监视内容和测量内容的基本依据。

9.1.2　监视

【标准原文】

The compliance management system should be monitored to ensure compliance performance is achieved. A plan for continual monitoring should be established, setting out monitoring processes, schedules, resources and the information to be collected.

Compliance monitoring is the process of gathering information for the purpose of assessing the effectiveness of the compliance management system and of the organization's compliance performance.

Monitoring of the compliance management system typically includes:

— Effectiveness of training;

— Effectiveness of controls, e.g. by sample testing outputs;

— Effective allocation of responsibilities for meeting compliance obligations;

— Currency of compliance obligations;

— Effectiveness in addressing compliance failures previously identified;

— Instances where internal compliance inspections are not performed as scheduled.

Monitoring of compliance performance typically includes:

— noncompliance and "near misses" (i.e. incidents without adverse effect);

— Instances where compliance obligations are not met;

— Instances where objectives are not achieved;

— Status of compliance culture;

— Leading and lagging indicators established under 9.1.6.

【对应的中文表达】

组织应监视合规管理体系，以确保实现合规绩效；组织应制订持续监视计划，设定监视的过程、时间、资源和拟收集的信息。

合规监视是一个为评估合规管理体系的有效性和组织合规绩效而收集信息的过程。

典型的合规管理体系监视包括：

——培训的有效性；

——控制的有效性，比如通过抽样检查测试输出；

——有效分配满足合规义务的职责；

——合规义务的时效性；

——确认解决原先识别的合规缺陷的有效性；

——未按计划执行内部合规性检查的情况。

典型的合规绩效监视包括：

——不合规和"近乎不合规"（即未造成负面影响的事件）；

——未履行合规义务的事例；

——未实现目标的事例；

——合规文化的状况；

——在 9.1.6 节中确立的领先和滞后指标。

【内容解读及应用说明】

"监视"是整改评价过程的第一步。

由于评价包括两个方面，即合规管理体系的绩效评价和有效性评价，因此"监视"也应分成两部分。其中，对合规管理体系有效性的监视包括 6 项，对合规管理体系绩效的监视包括 5 项。

组织要确保实现合规绩效，就必须监视合规管理体系的运行情况，因此，组织应制定持续监视计划，设定监视过程、监视时间、拟收集的信息，以及监视所需的资源。

这里以合规培训的监视计划为例，为读者提供参考。

合规培训是合规管理的主要内容之一，对合规培训的监视过程如图 9-3 所示。

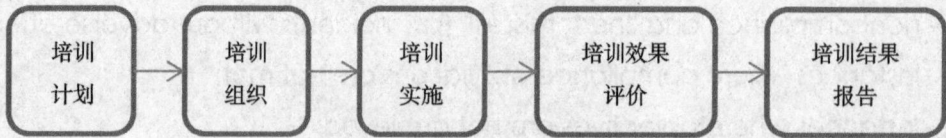

图 9-3 对合规培训的监视过程

监视人员可以通过亲自参加合规培训的方式，或者查阅合规培训相关活动信息的方式对合规培训实施监视。监视的时间随监视的方式而异，但最大间隔不能超过一年。在合规培训监视中，需要收集的资料和信息包括：

——合规培训计划；

——合规培训方案；

——合规培训通知；

——合规培训签到表；

——合规培训师资介绍；

——合规培训的具体内容；

——合规培训效果评价表；

——合规培训总结等。

需要参训人员签署协议或承诺书的，还要查阅这些协议和承诺书。

关于合规管理体系的有效性监视，可以分为六个层面：

一是监视合规义务的时效性，当下的合规义务是否与组织的性质和业务相匹配；

二是监视合规职责的分配是否与合规义务相一致；

三是监视合规控制措施是否有效；

四是监视组织是否按计划执行内部合规检查；

五是监视是否针对合规检查中发现的合规缺陷制定了整改措施；

六是监视合规缺陷的整改措施是否有效。

这六个层面环环相扣，从而实现对合规管理体系运行的完整监视。

最后，再特别强调一点，"monitor" 和 "monitoring" 是指 "监视" 和 "监督"，不是 "监测" 和 "监控"。"监测" 对应的是 "monitor + measure" 或 "monitoring + measurement"。

在实践中，关于合规绩效的监视，有的组织主要是考察是否合规，是否会发生或已发生不合规的事例，或未实现合规目标的事例。其实，组织的合规绩效包括很多个方面，需要组织根据合规义务制定一些定性或定量的指标，这样既便于合规监视和监督，又便于考核评价。本章 9.1.6 节中推荐了一些合规绩效指标，读者可以在实践中使用。

9.1.3　合规绩效反馈的来源

【标准原文】

The organization should establish, implement, evaluate and maintain procedures for seeking and receiving feedback on its compliance performance from a range of sources, including:

— Employees, e.g. through whistle blowing facilities, helplines, feedback, suggestion boxes;

— Customers, e.g. through a complaints handling system;

— Suppliers;

— Regulators;

— Process control logs and activity records (including both computer and paper based).

Feedback should serve as a key source of continuous improvement of the compliance management system.

【对应的中文表达】

组织应建立、实施、评价和维护用以寻求和接收合规绩效反馈信息的程序。合规绩效反馈的来源包括：

——员工，如通过举报工具、热线电话、反馈、意见箱；

——客户，如通过投诉处理系统；

——供应商；

——监管部门；

——过程控制日志和活动记录（包括电子版和纸质版）。

合规绩效反馈应作为持续改进合规管理体系的重要依据。

【内容解读及应用说明】

本小节主要描述了合规绩效反馈对持续改进合规管理体系的意义，以及合规绩效反馈的来源。除了本标准中列示的来源外，组织的其他利益相关方也是组织合规绩效反馈的来源，比如债权人、社区等。

组织合规绩效反馈是组织持续改进合规管理体系的重要依据，组织应广泛收集各种合规反馈信息，包括：

——既有的合规问题；

——新出现的合规问题；

——不合规事项和合规疑虑；

——监管的变化和（或）组织的变更；

——其他对合规有效性和合规绩效的评论等。

组织获悉这些反馈后，应指定责任人或责任部门积极、认真地处理这些反馈，并把处理结果再反馈给相关方。需要与相关方进一步沟通的，则应安排组织的相关负责人与之进行充分沟通。

9.1.4 信息收集方法

【标准原文】

There are many methods for collecting information. Each method listed below is relevant in different circumstances and care should be taken to select the variety of tools appropriate to the size, scale, nature and complexity of the organization.

Examples of information collection include:

— Ad hoc reports of noncompliance as they emerge or are identified;

— Information gained through hot lines, complaints and other feedback, including whistle blowing;

— Informal discussions, workshops and focus groups;

— Sampling and integrity testing, such as mystery shopping;

— Results of perception surveys;

— Direct observations, formal interviews, facility tours and inspections;

— Audits and reviews;

— Stakeholder queries, training requests and feedback provided during training (particularly those of employees).

【对应的中文表达】

收集信息的方法有很多。下面列出的每种方法在不同的情况下都是相关的，应注意选择适合组织规模、性质和复杂性的各种工具。

信息收集方法包括：

——出现或确认不合规时的特别报道或报告；

——通过热线电话、投诉和其他反馈（包括举报）所收集到的信息；

——非正式讨论、研讨会和分组座谈会；

——抽样和诚信测试，如神秘顾客调查；

——认知调查的结果；

——直接观察、正式访谈、工厂巡视和检查；

——审核和评审；

——利益相关方的询问、培训需求和培训过程中的反馈（尤其是员工的反馈）。

【内容解读及应用说明】

这一小节主要介绍了合规信息收集的方法和途径，内容比较清楚，就不再赘述了。

9.1.5 信息分析和分类

【标准原文】

Effective classification and management of the information is critical.

A system should be developed for classifying, storing and retrieving the information.

The information management systems should capture both issues and complaints and allow classification and analysis of those that relate to compliance.

Once the information has been collected, it needs to be analysed and critically assessed to identify root causes and appropriate actions to be taken. The analysis should consider systemic and recurring problems for rectification or improvement as these are likely to carry significant compliance risks for the organization and can be more difficult to identify.

【对应的中文表达】

对信息的有效分类和管理至关重要。

组织应建立信息的分类、存储和检索系统。

信息管理系统应同时收集问题和投诉，并对那些与合规相关的信息进行分类和分析。

一旦收集了信息，就要对其进行分类、分析和精确评估，以识别根本原因和应采取的适当措施。信息的分析应考虑系统性和反复发生的问题，并进行改正或改进，因为这些可能给组织带来重大的合规风险，并且可能更加难以识别。

【内容解读及应用说明】

本小节介绍了两个方面的内容：一是对合规信息的分类，二是对合规信息的分析。其实，对信息进行分类，本身就是一种分析。本标准对信息分类介绍得比较多，并且鼓励组织建立合规信息管理系统。对信息进行分类是一件很烦琐但很有意义的工作，risk-doctor认为，信息分类代表着对信息的认知程度，不同的分类可能导致不同的分析结果。

在大数据时代，信息和数据的分类将变得日益重要。在日常工作中，我们可以把这种分类叫作"贴标签"。组织在整理合规信息时，可从以下维度对信息进行分类：

——按信息来源进行分类，比如内部的和外部的、不同利益相关方的等；

——按部门进行分类，比如哪些信息来自财务部、哪些信息来自客户服务部等；

——按合规义务的类别来分类，比如反腐败、反贿赂、反垄断、反不正当竞争、环保、安全生产、知识产权保护、隐私保护等；

——按问题的严重性进行分类，比如轻微、一般、严重等；

——按实际影响和潜在影响来分类等。

risk-doctor 提示：

（1）不管基于什么规则对信息进行分类，都要保证类与类之间是相互独立的。

（2）信息不仅要分类，还要分级，类似会计科目，分为一级科目、二级科目、三级科目等。这在基于风险的合规管理中尤其重要，企业在开展合规管理工作时，要搭建清晰、严谨的合规风险信息分类框架。

信息分析不仅需要经验和智慧，还需要技术。如今，数据挖掘技术、AI 技术等可以帮助人们更好地去分析信息、了解信息。基于真实情况的多维度分析结果将为科学决策提供更好的支持。

9.1.6　制定合规指标

【标准原文】

It is important that organizations develop a set of measurable indicators that will assist the organization in measuring achievement of its objectives (see 6.2) and quantifying its compliance performance. This process should take into account the results of the assessment of compliance risks (see 4.6) to ensure that indicators relate to the relevant characteristics of the compliance risks of the organization. The issue of what and how to measure compliance performance can be challenging in some aspects, but is nevertheless a vital part of demonstrating the effectiveness of the compliance management system.

Furthermore, the indicators needed will vary with the organization's maturity and the timing and extent of new and revised programs being implemented.

【对应的中文表达】

组织制定一系列可测量的合规指标具有十分重要的意义，此类指标会帮助组织对合规目标（6.2 节）的实现进行测量，并量化合规绩效。该过程应考虑合规风险的评估结果（4.6 节），以确保各指标与该组织的合规风险特征具有相关性。

虽然"用什么合规指标和如何去衡量合规绩效的问题"在某些方面具有挑战性，但合规指标仍然是证明合规管理体系有效性的重要部分。

此外，合规指标将随着组织的成熟度以及实施新的和修订的方案的时间和程度而变化。

【内容解读及应用说明】

本小节主要介绍合规指标。虽然选择和设置合规指标比较难，但它仍是组织评价其合规绩效的主要选择之一。组织在设置合规指标时，可以从不同角度和层面去选择。下面举一些例子来说明，以方便大家理解什么是合规指标。

针对合规活动类的指标，可以选择：

——经过有效合规培训的员工比例；

——组织与监管部门联系的频率；

——合规报告机制、投诉反馈机制等的使用次数（包括用户对这些机制价值的评论）；

——对于不合规事件采取了什么类型的纠正措施，一共多少种。

针对反应类的指标，可以选择：

——报告已识别的问题和不合规的类型、区域和频率；

——不合规造成的损失，如经济补偿、罚款和其他处罚、补救成本、声誉等，以及对员工时间成本影响的估价；

——报告和采取纠正措施所花费的时间。

针对预测类的指标，可以选择：

——一定时期内不合规风险的大小，包括潜在的损失和收益，以及收入、健康、安全、声誉等；

——量化的不合规趋势，比如基于过去数据和趋势预测未来一段时间的合规率等。

☆ **risk-doctor 提示:**

合规指标是评价合规绩效和合规有效性的抓手，但合规指标不是一成不变的。合规指标会随着组织管理的成熟度、组织业务的变化，以及相关法规的变化而变化，有时需要我们调整某个指标，有时需要我们删除某个指标，有时则可能需要我们增加一个或多个新指标。

9.1.7 合规报告

【标准原文】

The governing body, management and the compliance function should ensure that they are effectively informed on the performance of the organization's compliance management system and of its continuing adequacy, including all relevant noncompliances, in a timely manner and actively promote the principle that the organization encourages and supports a culture of full and frank reporting. Internal reporting arrangements should ensure that:

(a) Appropriate criteria and obligations for reporting are set out;

(b) Timelines for regular reporting are established;

(c) An exception reporting system is in place which facilitates ad hoc reporting of emerging noncompliance;

(d) Systems and processes are in place to ensure the accuracy and completeness of information;

(e) Accurate and complete information is provided to the correct functions or areas of the organization to enable preventative, corrective and remedial action to be taken;

(f) There is sign-off on the accuracy of reports to the governing body, including by the compliance function.

An organization should choose a format, content and timing of its internal compliance reporting that is appropriate to its circumstances, unless otherwise specified by law.

Reporting on compliance should be incorporated in standard organizational reports.

Separate reports should only be prepared for major noncompliance and for emerging issues.

All noncompliance need to be appropriately reported. While the reporting of systemic and recurring problems is particularly important, a one-off noncompliance can be of equal concern if it is major or deliberate. Even a small failure may indicate serious weakness in the current process and the compliance management system. If not reported in a timely manner, it can lead to the view that the failure does not matter and can result in such failure becoming a systemic problem.

Employees should be encouraged to respond and report noncompliance with the law and other incidents of noncompliance, and to see reporting as a positive and non-threatening action without fear of retaliation.

Reporting obligations should be set out clearly in the organization's compliance policy and procedures and reinforced by other methods, such as informal reinforcement by managers during their day-to-day work with employees.

【对应的中文表达】

治理机构、管理层和合规团队应确保他们能够及时有效地并持续充分地了解合规管理体系的绩效，包括所有相关的不合规事项，并及时和积极地推动一项原则：组织鼓励和支持充分和坦诚报告的文化。内部报告制度的安排应：

（a）设定适当的报告准则和义务；

（b）确立定期报告的时间；

（c）建立便于对新出现的不合规进行特别报告的异常报告系统；

（d）建立合适的系统和过程，以确保信息的准确性和完整性；

（e）向组织的恰当职能部门或区域提供准确和完整的信息，以采取预防、纠正和补救措施；

（f）对向治理机构提交的报告的准确性进行签字确认，包括合规团队的签字。

除非法律另有规定，否则，组织应选择适合自己情况的内部合规报告的版式、内容和时间。

组织应把有关合规的报告融入组织的常规报告中。

组织应为重大不合规和新出现的问题单独编写报告。

组织需要对所有不合规做适当报告。尽管系统性和重复出现的问题特别重要，但是，如果一次性不合规事项非常重大或故意为之，则需要予以同等重视。即使是一个小缺陷，也可能表明当前过程和合规管理体系存在严重不足。如果不及时报告，可能导致人们认为该缺陷不重要，从而导致这样的缺陷成为系统性问题。

组织应鼓励员工反映并报告不符合法律和其他不合规的事件，并将报告视为积极的、不构成威胁的措施，且无须担心遭到报复。

组织应在合规方针和合规程序中清晰地设定报告义务，并通过其他方法加以强化，比如由管理者在日常工作中对员工进行非正式强化。

【内容解读及应用说明】

本标准用两小节专门描述合规报告，本小节介绍了对合规报告的管理，9.1.8 节则介绍了合规报告的内容。

☆ **risk-doctor 提示**：

（1）组织应鼓励和支持充分及坦诚报告的文化，并在合规方针和合规程序中清晰地设定报告义务。

（2）组织应建立关于合规的内部报告制度和外部报告制度。

（3）组织应该对所有不合规的事项都做适当报告，并为重大不合规和新出现的问题单独编写报告。

（4）组织应把有关合规的报告融入组织的常规报告中，以促进合规与组织的业务和管理的融合。

9.1.8　合规报告的内容

【标准原文】

Compliance reports can include:

(a) Any matters which the organization is required to notify to any regulatory authority;

(b) Changes in compliance obligations, their impact on the organization and the proposed course of action to meet the new obligations;

(c) Measurement of compliance performance, including noncompliance and continual improvement;

(d) Number and details of possible noncompliance(s) and a subsequent analysis of them;

(e) Corrective actions undertaken;

(f) Information on the compliance management system's effectiveness, achievements and trends;

(g) Contacts, and developments in relationships, with regulators;

(h) Results from audits, as well as monitoring activities.

The compliance policy should promote the immediate reporting of materially significant matters which arise outside the timelines for regular reporting.

【对应的中文表达】

合规报告包括以下内容：

（a）组织按要求向任何监管机构通报的任何事项；

（b）合规义务的变化及其对组织的影响，以及为了履行新义务而拟采用的措施方案；

（c）对合规绩效的测量，包括对不合规和持续改进的测量；

（d）可能的不合规的数量及其详细内容，以及随后对它们的分析；

（e）采取的纠正措施；

（f）关于合规管理体系有效性的信息，以及合规绩效和趋势方面的信息；

（g）与监管部门的接触和关系进展；

（h）审核和监视活动的结果。

合规方针应促进常规报告时间范围之外的实质性重大事件的立即报告。

【内容解读及应用说明】

合规报告可大可小，"大"指的是公司级别的合规管理报告、合规工作报告或合规经营报告；"小"指的是专项合规报告、部门合规报告、个人年度合规总结，或者是对某个合规隐患或违规事件的报告等。合规报告不必拘泥于某种特定的形式，能真实、准确地反映本标准中列示的内容即可。

从报告的频次和计划性来看，合规报告还可以分为常规报告、例行报告、重大合规事件紧急报告等。组织需要兼顾各种合规报告，为不同合规报告提供流程和机制。

另外，本标准还特别强调了常规报告时间范围之外的实质性重大事件的报告，对于重大和重要的合规事件，组织应立即报告，绝不能谎报、瞒报、漏报。这需要组织建立一套针对重大突发合规事件的报告机制和响应机制，以保证组织持续合规。

9.1.9　记录

【标准原文】

Accurate, up-to-date records of the organization's compliance activities should be maintained to assist in the monitoring and review process and demonstrate conformity with the compliance management system.

Record-keeping should include recording and classifying complaints, disputes and alleged noncompliance and the steps taken to resolve them.

Records should be stored in a manner that ensures they remain legible, readily identifiable and retrievable.

These records should be protected against any addition, deletion, modification, unauthorized use or concealment.

The organization's compliance management system records can include:

(a) Information on compliance performance, including compliance reports;

(b) Complaints, their resolution and communications from interested parties;

(c) Details of noncompliance and corrective and preventive actions;

(d) Results of reviews and audits of the compliance management system and actions taken.

【对应的中文表达】

组织应维护对合规活动的准确、及时的记录，这有助于监视和评审合规过程，并证明相关活动与合规管理体系的一致性。

记录应包括对投诉、争议、宣称的不合规，以及解决它们的步骤的记录和分类。

组织应确保以清晰、容易辨认和可检索的方式保存记录。

组织应保护这些记录，使其免于被增加、删除、修改、未经授权而使用或隐藏。

组织的合规管理体系记录一般包括：

（a）合规绩效信息，包括合规报告；

（b）来自相关方的投诉解决方案和沟通情况；

（c）不合规及其纠正和预防措施的详细内容；

（d）对合规管理体系及所采取的措施的评审和审核的结果。

【内容解读及应用说明】

本小节介绍了记录的意义、目的和用途，并对记录的保存提出了要求。记录属于文件化信息，对记录的管理，包括对记录的保密管理、权限管理和全生命周期管理，围绕这些方面，组织应建立适当的制度加以规范。

记录包含的内容有很多，记录的形式也多种多样。记录是文件化信息的一种，是把说的话、做的事写下来，甚至是把所见、所闻、所思、所想通过一定的手段保留下来，然后予以保存。它不仅仅是纸质文件，还可以是电子文档、录音或录像等。组织保存记录，不仅仅是为了记载和保存相关信息，而是为了把记录作为信息适当地传递出去，用于分析、评价、决策、改进等活动。

9.2 审核

【标准原文】

The organization should conduct audits at least at planned intervals to provide information on whether the compliance management system:

(a) conforms to:

(1) The organization's own criteria for its compliance management system;

(2) The recommendations of this International Standard.

(b) Is effectively implemented and maintained.

Additional audits can also be conducted as required.

The organization should:

— Plan, establish, implement and maintain an audit programme(s), including the frequency, methods, responsibilities, planning requirements and reporting;

— The audit programme(s) should take into consideration the importance of the processes concerned and the results of previous audits;

— Define the audit criteria and scope for each audit;

— Select auditors and conduct audits to ensure objectivity and the impartiality of the audit process;

— Ensure that the results of the audits are reported to relevant management;

— Retain documented information as evidence of the implementation of the audit programme and the audit results.

【对应的中文表达】

组织应在计划时间内安排审核，以提供信息确定合规管理体系是否符合以下内容：

（1）组织自身的合规准则；

（2）本标准的建议。

有效实施和维护。

有需要时，也可以进行附加或额外审核。

在实施审核时，组织应：

——策划、建立、实施和维护审核方案，包括审核的频率、方法、职责、策划要求和报告；

——应考虑相关过程的重要性和前期审核的结果；

——界定审核准则和每次审核的范围；

——选择审核人员并进行审核，以确保审核过程的客观和公正；

——确保将审核结果报告给相关管理层；

——保留文件化信息，以作为实施审核方案和审核结果的证据。

【内容解读及应用说明】

在本书第 3 章已介绍过"审核"这一术语，这里所说的"审核"，一般是对合规管理活动和合规管理体系而言的。在实践中，往往用"合规审计"来表达，就像"风险管理审计""内控评价"一样，通常由内部审计部门（或具有独立性的类似部门）负责实施。

本小节的标题是"审核"，但本标准中只讲了合规管理体系审核的目的，以及制定合规审核计划、报告审核结果、保存合规审核信息的相关建议，并没有介绍该如何审、用什么方法审。因为后两者与审核对象密切相关，不同的合规事项，所采用的审核方法会有所不同。

"审核"包括三种类型，这里所讲的审核属于"第一方审核"。关于内部审核的具体步骤和相关的审核方法可以参考"内部审计"的相关过程和方法，这里不再赘述。

9.3 管理评审

【标准原文】

Top management should review the organization's compliance management system, at planned intervals, to ensure its continuing suitability, adequacy and effectiveness. The actual depth and frequency of such reviews will vary with the nature of the organization and its policies.

The management review should include consideration of:

(a) The status of actions from previous management reviews;

(b) The adequacy of the compliance policy;

(c) The extent to which the compliance objectives have been met;

(d) Adequacy of resources;

(e) Changes in external and internal issues that are relevant to the compliance management system;

(f) Information on the compliance performance, including trends in:

— Nonconformities, corrective actions and timelines for resolution;

— Monitoring and measurement results;

— Communication from interested parties，including complaints;

— Audit results.

(g) Opportunities for continual improvement.

The outputs of the management review should include decisions related to continual improvement opportunities and any need for changes to the compliance management system.

It should include also recommendations on:

(a) The need for changes to the compliance policy，its associated objectives，systems，structure and personnel;

(b) Changes to compliance processes to ensure effective integration with operational practices and systems;

(c) Areas to be monitored for potential future noncompliance;

(d) Corrective actions with respect to noncompliance;

(e) Gaps or lack in current compliance systems and longer term continual improvement initiatives;

(f) Recognition of exemplary compliance behaviour within the organization.

The organization should retain documented information as evidence of the results of management reviews and a copy should be provided to the governing body.

【对应的中文表达】

最高管理者应按计划定期评审组织的合规管理体系，以确保其持续的适用性、充分性和有效性。此类评审的实际深度和频率将随组织的性质和方针的变化而变化。

在管理评审时组织应考虑：

（a）以前管理评审相关措施的状态；

（b）合规方针的充分性；

（c）合规目标实现的程度；

（d）资源的充分性；

（e）与合规管理体系相关的内外部问题的变化；

（f）不合格、纠正措施和解决的时间表；

——监视和测量的结果；

——与相关方的沟通，包括投诉；

——审核的结果。

（g）持续改进的机会。

管理评审的输出应包括与持续改进机会相关的决定和合规管理体系所需要的任何改动。

还应包括以下方面的建议：

（a）合规方针及与它相关的目标、体系、结构和人员等所需要的改变；

（b）合规过程的改变，以确保与运行实践和体系的有效整合；

（c）需监视的未来潜在的不合规区域；

（d）与不合规相关的纠正措施；

（e）当前合规体系和长期持续改进的目标之间的差距和不足；

（f）对组织内模范合规行为的认可。

组织应保留文件化信息作为管理评审结果的证据，并向治理机构提交副本。

【内容解读及应用说明】

"管理评审"是 ISO 管理体系标准特有的概念，从 ISO 9000 发布至今，一直沿用。在 ISO 9000 中，"评审"是术语，是指为了确保主题事项的适宜性、充分性、有效性和效率，以达到规定的目标所进行的活动，包括管理评审、设计与开发评审、顾客要求评审和不合格评审等。

由此可以得到合规管理评审的定义：为了确保合规管理的适宜性、充分性、有效性和效率，以达到规定的目标所进行的活动。

了解了管理评审的基本含义，再看本标准的相关内容就容易得多了。

本小节的第一句话就是"最高管理者应按计划定期评审组织的合规管理体系，以确保其持续的适用性、充分性和有效性"，紧接着便给出了实施管理评审应考虑的事项，以及实施管理评审后，管理评审的输出应该包括哪些内容。图 9-4 展示了管理评审的过程，方便读者对管理评审建立更直观的认识。

本节对"管理评审"的实施没有具体介绍，有兴趣的读者可以参考 ISO 19011：2018 进行操作，也可以访问微信公众号"risk-doctor"获得更多操作性指导。

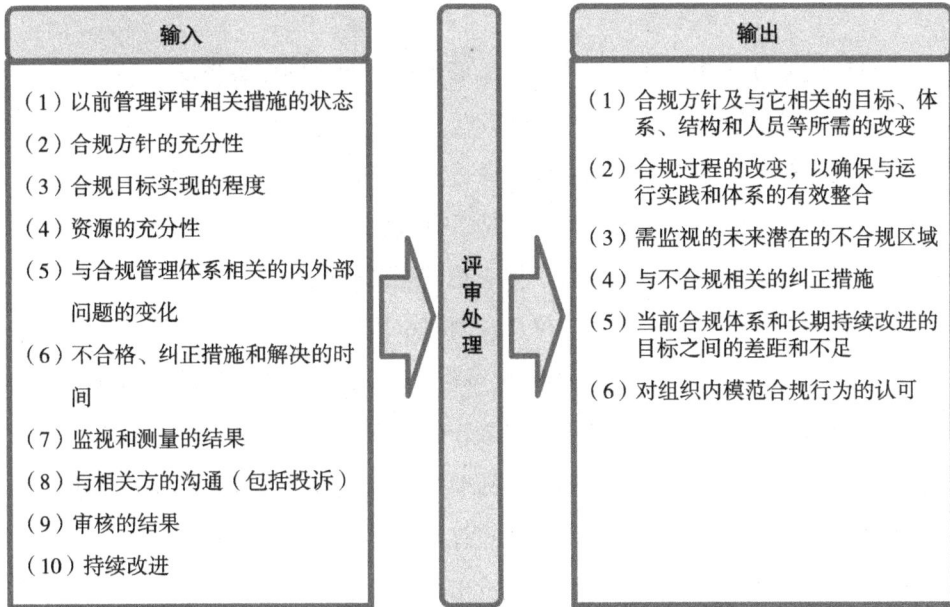

输入		输出

（1）以前管理评审相关措施的状态

（2）合规方针的充分性

（3）合规目标实现的程度

（4）资源的充分性

（5）与合规管理体系相关的内外部问题的变化

（6）不合格、纠正措施和解决的时间

（7）监视和测量的结果

（8）与相关方的沟通（包括投诉）

（9）审核的结果

（10）持续改进

评审处理

（1）合规方针及与它相关的目标、体系、结构和人员等所需的改变

（2）合规过程的改变，以确保与运行实践和体系的有效整合

（3）需监视的未来潜在的不合规区域

（4）与不合规相关的纠正措施

（5）当前合规体系和长期持续改进的目标之间的差距和不足

（6）对组织内模范合规行为的认可

图 9-4　合规管理评审的基本过程

本章小结

绩效评价是对合规管理体系建立并运行后的绩效、体系有效性评价，对于查找可能存在的问题、后续改进合规管理体系等具有重要意义。本章对如何开展合规管理体系绩效评价做出了规定：一是监视、测量、分析和评价合规管理体系的绩效和有效性；二是有计划地开展内部审核；三是定期开展管理评审。为了便于操作，本标准还给出了一些具体的参考建议。虽然在可操作性方面有些不足，但作为通用"指南"，已经很不错了。

本章在 9.1 节中花了较大的篇幅来介绍合规信息，具体包括"信息收集方法"和"信息分析和分类"，其原因是信息是我们认识事物的基础。ISO 在 ISO Guide 73 中对"风险"的定义是不确定性对目标的影响，"不确定性"是对事件及其后果或发生的可能性缺乏信息或了解的一种状态。由此可见，缺乏信息可能导致不确定性，进而产生风险。因此，基于风险的合规管理对"信息"特别予以关注就成了必然。夸张一点说，有了信息，我们才能开展合规工作。

在实践中，risk-doctor 对合规管理体系的有效性评价有如下认识。

1. 对合规过程的评价是合规管理体系评价的基础

在实践中，组织在评价合规管理体系时，应对每一个被评价的过程都提出如下 5 个基本问题。

（1）该过程的业务活动和合规义务是否已被识别，并得到适当规定？

（2）相关的合规职责是否已被合理分配？

（3）该过程的执行程序是否得到实施和保持？

（4）在实现所要求的结果方面，该过程是否有效？

（5）该过程及其结果是否完全履行了相应的合规义务？

2. 对合规管理体系本身的审核不仅仅只有内部审核

"审核"对应"audit"，包括第一方审核、第二方审核、第三方审核，本章仅侧重第一方审核，即由组织的内部审计部门实施或聘请外部咨询机构来辅助实施的审核。

内部合规审核一般用于确定组织的业务活动与合规管理体系要求的符合程度，对应的审核发现则主要用于评价组织合规管理体系的有效性和识别改进的机会。

目前国家审计署和中国内部审计协会还没出台关于合规审计的专项指引，国家认证认可监督管理委员会也还未就 ISO 37301 的认证发文，与合规审核相关的工作多由企业法务部门承担。常见的第三方审核机构如表 9-2 所示。

表 9-2　目前常见的第三方审核机构

审核内容	第三方审核机构	备注
财务	会计师事务所	需具备 CPA 资格
内部控制	会计师事务所	需具备 CPA 资格
质量管理	质量认证机构	需具备 ISO 9001 审核员资格
风险管理	待定	目前由会计师事务所代理
合规管理	待定	可能安排律师事务所代理

3. 对合规管理体系的评审和审核不是一回事

组织最高管理者的任务之一就是根据合规方针和合规目标，对组织合规管理体系的适宜性、充分性、有效性和效率进行有规则的和系统的评价。这种评价对应的是管理评审，英文为"management review"，它可以包括考虑修改合规方针和合规目标的需求以响应相关方的需求和期望的变化，也可以包括确定纠正措施的相关需求。

合规管理体系的评审工作一般由最高管理者牵头，合规部（或法务部）负责组织实施。上述合规审核的报告和底稿，以及其他信息源将一同用于合规管理体系的评审。

组织对合规管理体系的评审或自我评定，是一种参照合规管理体系标准或优秀模式对组织的合规活动和结果所进行的全面和系统的评审。它有助于识别组织中需要改进的合规领域，以及需要优先开展的合规事项。

第**10**章 改进

本章对应 ISO 19600 标准中的第 10 部分——Improvement，具体包括以下内容：

（1）不合格、不合规和纠正措施；

（2）持续改进。

这一章与 ISO 37301 第 10 章的区别如表 10-1 所示。按照 ISO 管理体系的一般体例，ISO 37301 应该把 10.1 节和 10.2 节的顺序进行互换。

表 10-1　ISO 37301 与 ISO 19600 第 10 章内容对比

ISO 19600	ISO 37301
10.1 不合格、不合规和纠正措施	10.1 持续改进
10.1.1 总则	—
10.1.2 上报	—
10.2 持续改进	10.2 不合格和纠正措施

按照 PDCA 循环，这一章主要讲的是 A（Act），是合规管理体系建设的最后一个环节。按照合规管理体系的要素来看，"改进"在 ISO 19600 合规管理体系中的位置如图 10-1 所示（注：该要素在 ISO 37301 中的位置不变）。

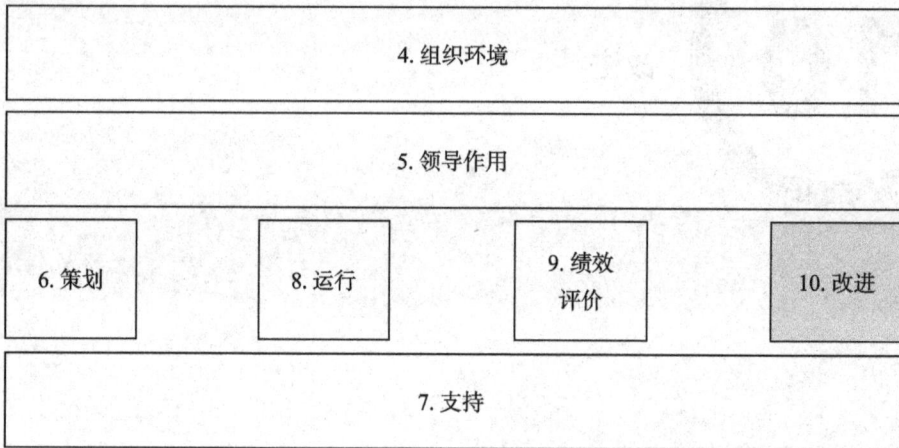

图 10-1　"改进"在 ISO 19600 合规管理体系中的位置

"Act"的原意是"行动、处理"，在 PDCA 循环里，它"处理"的对象是"Check"的结果，比如缺陷、不合格或不合规，通过对这些处理，实现合规管理体系的改进。

10.1 不合格、不合规及纠正措施

10.1.1 概述

【标准原文】

When a nonconformity and/or noncompliance occurs, the organization should:

(a) React to the nonconformity and/or noncompliance and, as applicable:

— Take action to control and correct it; and/or;

— Manage the consequences.

(b) Evaluate the need for action to eliminate the root causes of the nonconformity and/or noncompliance, in order that it does not recur or occur elsewhere, by:

— Reviewing the nonconformity and/or noncompliance;

— Determining the causes of the nonconformity and/or noncompliance;

— Determining if similar nonconformities and/or noncompliances exist; or could potentially occur.

(c) Implement any action needed;

(d) Review the effectiveness of any corrective action taken;

(e) Make changes to the compliance management system, if necessary.

The failure to prevent or detect a one-off noncompliance does not necessarily mean that the compliance management system is not generally effective in preventing and detecting noncompliance.

Corrective actions should be appropriate to the effects of the nonconformities and/or noncompliances encountered. The organization should retain documented information as evidence of:

— The nature of the nonconformities and/or noncompliances and any subsequent actions taken;

— The results of any corrective action.

Information from analysing nonconformity and/or noncompliance can be used to consider:

— Assessing product and service performance;

— Improving and/or redesigning products and services;

— Changing organizational practices and procedures;

— Retraining employees;

— Re-assessing the need to inform interested parties;

— Providing early warning of potential noncompliance;

— Redesigning or reviewing controls;

— Enhancing notification and escalation steps (internal and external).

【对应的中文表达】

当发生不合格和（或）不合规时，组织应做好以下工作。

（a）对不合格和（或）不合规做出反应，在适用情况下：

——采取措施控制、纠正它；

——管理这些后果。

（b）评价是否需要采取措施，消除不合格和（或）不合规的根本原因，以避免再次发生或在其他地方发生，其过程如下：

——评审不合格和（或）不合规；

——确定不合格和（或）不合规的原因；

——确定是否存在或发生潜在的类似不合格和（或）不合规。

（c）实施任何必要的措施。

（d）评审所采取的纠正措施的有效性。

（e）如果有必要，修改合规管理体系。

未能避免或发现一次性不合规，并不一定意味着合规管理体系的预防和发现不合规总体无效。

纠正措施应适用于发生的不合格和（或）不合规造成的影响。组织应保留文件化信息，以作为以下方面的证据：

——不合格和（或）不合规的性质和随后采取的纠正措施；

——纠正措施的实施结果。

分析不合格和（或）不合规的信息能用于考虑：

——评估产品和服务的绩效；

——改进和（或）重新设计产品和服务；

——改变组织的惯例和程序；

——对员工进行再培训；

——对通知相关方的必要性进行再评估；

——对潜在的不合规提供早期预警；

——对合规控制进行重新设计或评审；

——强化通知和上报步骤（内部和外部）。

【内容解读及应用说明】

本小节是对不合格、不合规及纠正措施的概述，主要讲了以下四个方面的内容。

（1）在组织的运行过程中，当发生不合格和（或）不合规时，组织应该怎么办？应对的思路是什么？应该具体做哪些工作？

（2）在组织的运行过程中，当发生不合格和（或）不合规时，要保留相关证据。

（3）要加强对不合格和（或）不合规信息的分析和应用，不能仅停留在应对已发生的不合格和（或）不合规事件上，要引以为戒，举一反三，防患于未然。

（4）一次性不合格并不一定意味着合规管理体系总体无效。

本标准详细描述了发现不合格或不合规后应采取的应对策略和应对步骤，为方便大家理解，risk-doctor 把这些步骤汇制成流程图，如图 10-2 所示。

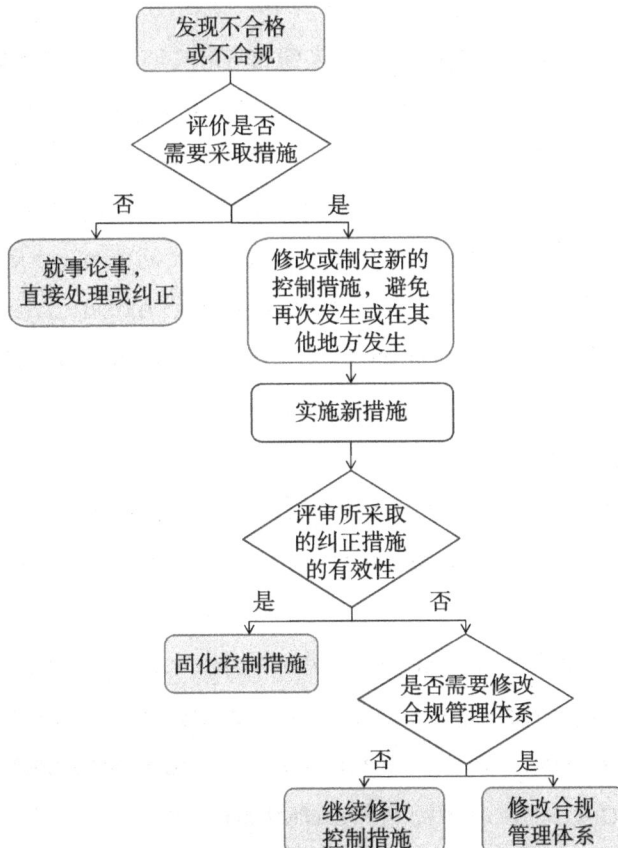

图 10-2　对不合格或不合规的改进流程

本标准还建议保留不合格或不合规的文件化信息，以作为合规或违规的证据，也可以作为整改的依据。这些信息包括不合格和（或）不合规的性质和随后采取的任何措施，以及纠正措施的实施结果。

纠正措施重在执行。为保证纠正措施获得有效执行，组织需要加以控制，包括明确实施纠正措施程序中有关人员的责任，比如谁负责纠正措施的管理、谁负责调查、谁负责提出纠正措施、谁负责实施纠正措施、谁负责监督实施、谁负责更改相应的文件化信息（程序和制度）等。

一旦发现确实发生了违规行为，应当立即停止，争取减轻法律责任。组织在受到合规调查（反垄断、反舞弊等）时，应当积极配合调查；同时，应该第一时间寻求专业人员（比如专业律师、业务专家等）的帮助，及时找到问题的根源，合理组织辩护，善用法律工具，通过申请宽大处理、中止调查等，寻求法律责任的减免。

10.1.2 上报

【标准原文】

A clear and timely escalation process should be adopted and communicated to ensure that all noncompliances are raised, reported and eventually escalated to relevant management, and that the compliance function is informed and able to support the escalation. Where appropriate, escalation should be to top management and the governing body, including relevant committees. The process should specify to whom, how and when issues are to be reported and the timelines for internal and external reporting.

When organizations are required by law to report noncompliance, regulatory authorities need to be informed in accordance with the applicable regulations or as otherwise agreed.

Even if organizations are not required by law to report noncompliance, they may consider voluntary selfdisclosure of noncompliance to regulatory authorities to mitigate the consequences of noncompliance.

An effective compliance management system should include a mechanism for an organization's employees and/or others to report suspected or actual misconduct or violations of the organization's compliance obligations on a confidential basis and without fear of retaliation.

【对应的中文表达】

组织应宣传并采用清晰、及时的上报流程,以确保所有不合规都能被指出、报告,并最终上报给相关管理层,还要确保合规团队得到通知并为上报提供支持。在适当的情况下,应向最高管理者和治理机构上报,其中包括相关委员会。报告过程应详细说明报告的对象、方式和时间,以及内部和外部报告的时间。

当法律要求组织报告不合规行为时,组织要根据适用法规或其他约定通知监管机构。

即使法律未要求组织报告不合规,组织也可考虑自愿向监管机构披露不合规,以减轻不合规的后果。

有效的合规管理体系应包括一种机制,使组织的员工和(或)其他人能够以保密的方式报告可疑的或实际的不当行为或违反组织合规义务的行为,而无须担心遭到报复。

【内容解读及应用说明】

本小节讲述了在发生或涉嫌发生不合格或不合规事件时应如何上报。

首先,组织应积极宣传合规文化,以确保所有不合规都能被及时指出、报告;其次,组织应明确报告的对象、路径、方式和过程;最后,报告者应说明不合规的内容和时间,以确保将重大不合规信息上报给最高管理层。

对于重大的不合规事件,应向组织最高管理者和治理机构上报,必要时,也要向外部监管机构报告。本标准特别提到,即使法律未要求组织报告不合规,组织也可考虑自愿向监管机构自我披露不合规,因为这样可以减轻组织不合规的后果。这一点对于已获得 ISO 37301 认证的组织来说尤其重要。

本标准还特别提到对报告人的保护要求。组织应建立一套有效的机制,使报告者能够以保密的方式报告可疑的或实际的不当行为或违反组织合规义务的行为,而无须担心遭到报复。该机制可以从以下几个方面着手考虑:

(1)设立专用的合规报告热线或信箱;

(2)指定专人收集和处理合规报告信息,对报告者的个人信息实施保密管理;

(3)严惩泄露报告者个人信息的人员和行为;

(4)严惩对报告者实施报复的人员和行为。

10.2　持续改进

【标准原文】

The organization should seek to continually improve the suitability, adequacy and effectiveness of the compliance management system.

The information collected, analysed and evaluated accordingly, and included in compliance reports, should be used as basis to identify opportunities for improvement of compliance performance of the organization.

【对应的中文表达】

组织应设法持续改进合规管理体系的适用性、充分性和有效性。

组织所收集、分析和评价的信息，以及纳入合规报告的信息，应作为识别该组织合规绩效改进的依据。

【内容解读及应用说明】

本标准用两句话就描述了持续改进，可谓言简意赅。

第一句，组织应设法持续改进合规管理体系的适用性、充分性和有效性。这里面有四层意思：一是组织需要改进自己的合规管理体系（原因是组织内外部环境和要求的变化）；二是要持续改进（因为变化是不断的）；三是从哪些方面改进（可从合规管理的绩效，合规管理体系的适用性、充分性或有效性入手）；四是要持续评价改进的效果（可从合规管理的绩效和合规管理体系的有效性入手）。

第二句，阐述了合规管理体系改进的"素材"来源，包括组织能收集到的各种信息，比如外部法规的改变、合规义务的改变、更新的合规风险清单、更新的合规风险评估报告，以及合规管理报告等信息。信息是识别合规义务和合规风险的基础，也是合规管理体系改进的依据，所以要特别注意对文件化信息的收集、保存和使用。

☆ **risk-doctor** 提示：

组织改进其合规管理体系是为了持续合规。但是，在持续改进时，也应该把提升组织的合规绩效作为改进的目标，即在合规的基础上，关注合规资源的使用效率和效益。

其实，不论是由于外界环境的变化（如法规要求、客户要求的变化）引起的，还是由于组织的目标和合规方针的变化引起的，合规管理体系总会产生各种持续改进的需求。持续改进是一项很重要的活动，它涉及对合规实现过程和合规管理体系现状的分析和评价、改进目标的建立、改进方法的提出，以及新过程的识别（也可能是对现有过程的变更、重组）等。持续改进活动不但要达到策划的结果，还要考虑实现同样结果所使用的资源情况，所以企业在持续改进合规措施和合规管理体系时，要不断探索用最佳成本去实现合规的有效性的方法。

本章小结

本章是 ISO 合规管理体系标准的最后一章，对合规管理体系的改进做了简单的说明。本章内容主要包括两个方面：一是对不合格或不合规的处理，二是持续改进。

组织要想对合规管理体系进行改进，第一步就是要解决经评价而识别出来的不合格或不合规，消除不合格或不合规的根本原因，以避免再次发生或在其他地方发生。做不好这一步，就很难有针对性地开展第二步的持续改进。

持续改进包括很多方面，但主要是持续改进合规管理体系的适用性、充分性和有效性。在本书第 9 章中谈到的"管理评审"就是要发现现有合规管理体系可能存在的一些未考虑的因素，包括在合规过程或其子过程中可能存在的一些不充分的情况，通过识别这些不充分性，使组织的合规管理体系得到改进。

至此，对 ISO 37301（原 ISO 19600）标准的解读就全部结束了。

读到这里，你对合规管理体系有了什么样的认识？脑海里是一幅合规管理体系的整体图画，还是支离破碎的合规要素或模块？如果是前者，那么祝贺你，你可以动手去建设合规管理体系了。如果是后者，那么也请你不要沮丧，后续章节会为你提供更接地气的说明。如果你想快点了解合规管理体系的建设方法和细节，那么可以跳过第 11 章，直接进入第 12 章。

组织建立合规管理体系的核心目的是防范合规风险，实现持续合规。虽然建立合规管理体系并不能杜绝不合规的发生，但如果组织依据 ISO 37301（原 ISO19600）建立并有效运行合规管理体系，满足合规管理体系的各项要求，就能够大大降低不合规发生的可能性或危害程度。

第 **11** 章 合规管理现状

前面 10 章解读了 ISO 37301（原 ISO 19600）合规管理体系的术语和相关要素，那么，该体系面临的国际和国内环境是什么样的呢，它能否适用于外部的合规监管要求，能不能适用于企业内部的合规承诺？带着这些问题，本章将介绍一些有影响力的国内外合规监管法案和指引，以帮助读者进行比较和选择使用。本章主要内容如下。

1. 国际合规监管现状

（1）国际合规监管概况；

（2）美国《反海外腐败法》的主要内容；

（3）英国《反贿赂法指引》的主要内容；

（4）巴塞尔委员会《合规与银行内部合规部门》的主要内容；

（5）世界银行集团《诚信合规指南》的主要内容；

（6）APEC《高效率公司合规项目基本要素》的主要内容。

2. 国内合规监管现状

（1）依法治国成为时代的主旋律；

（2）中国银监会对商业银行的合规风险管理要求；

（3）国家发改委等七部委对企业境外经营的合规要求；

（4）国务院国资委对中央企业的合规要求。

3. 我国企业合规管理现状

11.1　国际合规监管现状

11.1.1　国际合规监管概况

本节将按时间顺序介绍一些有代表性的合规监管法案、指南或标准（见表 11-1），供读者全面了解合规监管在国际上的演变历程。

表 11-1　国际上有代表性的合规法案或标准

年份	国家或机构	法规或标准
1977	美国	《反海外腐败法》（FCPA）
1997	OECD	《OECD 反贿赂公约》
2003	联合国	《联合国反腐败公约》
2010	世界银行集团	《诚信合规指南》
2010	英国	《2010 年反贿赂法》
2012	美国	《反海外腐败法资源指南》
2013	OECD	《商业机构反腐败道德及合规手册》
2014	ISO	ISO 19600《合规管理体系 指南》
2017	美国	《企业合规体系评估》
2021	ISO	ISO 37301《合规管理体系 要求及使用指南》

1. 美国《反海外腐败法》

1977 年 12 月 19 日，美国颁布了《反海外腐败法》（Foreign Corruption Practices Act，FCPA）并立即生效。该法案可以被视为现代第一部与"合规"紧密相关的法案。

虽然美国《反海外腐败法》因其域外管辖效力引起一些国家和组织的非议，但 FCPA 作为最主要的"禁止企业向外部人员，特别是公职人员行贿"的法律规定，其理念仍被许多国家认同。在 FCPA 之后，英国、法国等国家陆续出台了一系列反腐败法案，要求企业实施主动的反贿赂反腐败机制。联合国、世界银行、OECD（经济合作与发展组织）等也相继制定了一系列国际公约和指南，以指导跨国企业建立有效的反腐败、反贿赂内控系统。

1999 年 6 月，美国司法部颁布了《联邦商业机构检控原则》（The Principles of Federal Prosecution of Business Organizations）。作为美国的执法机构之一，美国司法部在针对企业进行 FCPA 执法时，对有关是否启动调查、是否撤销调查、是否延迟检控协议（DPA）或免予检控协议（NPA）等做了明确规定。

2004 年，美国又发布了《美国审判指南》（the U.S. Sentencing Guidelines，USSG）；2012 年，美国司法部在《反海外腐败法资源指南》中明确其在 FCPA 执法时将考虑《美国审判指南》第 8B2.1 条内容。《美国审判指南》为一套有效的合规体系，一共列出了七项要素，包括：（1）书面的合规文件；（2）领导层认可；（3）相应的合规培训机制；（4）合理的合规审计及风险测试；（5）奖善惩恶；（6）不良记录者禁入管理层制度；（7）发生违规行为时能够采取合理的补救措施进行修正。

2.《OECD 反贿赂公约》

1997 年，联合国政府间国际组织经济合作与发展组织通过了《关于打击国际商业交易中行贿外国公职人员行为的公约》（OECD Convention on Combating Bribery of Foreign Public Officials in International Business Transactions，以下简称《OECD 反贿赂公约》）。

该公约于 1999 年 2 月正式生效。《OECD 反贿赂公约》在很大程度上受到美国 FCPA 的影响，既有反贿赂条款，要求签署方通过立法将区域内向外国官员行贿的行为列为犯罪行为，进行刑事处罚；又有会计账目条款，要求签署方通过立法，明确禁止公司设立账外账或通过不实记账隐瞒行贿行为，并对此类行为给予民事、行政或刑事惩罚。

3.《联合国反腐败公约》

2003 年 10 月，第 58 届联合国大会全体会议审议通过了《联合国反腐败公约》（The United Nations Convention against Corruption，UNCAC），2005 年 10 月 27 日，中国全国人大常委会审议并批准了该公约。2005 年 12 月 14 日，《联合国反腐败公约》正式生效，至今已有 83 个国家或地区批准了该公约。有别于《OECD 反贿赂公约》主要针对向外国官员行贿的行为，《联合国反腐败公约》是全面的反腐公约，是联合国历史上通过的第一个用于指导国际反腐败斗争的法律文件，在腐败的预防性措施、刑事定罪、执法合作、国际追赃、引渡合作等方面形成了一套完整的制度。

4. 世界银行集团的《诚信合规指南》

世界银行集团（以下简称"世行"）长期以来颁布了一系列与其提供贷款的投资项目相关的采购规则，以及违反相应规则的制裁制度，如《世界银行制裁指引》等。受到制裁的企业将被列入世行"黑名单"，在一定期限内（通常为 3 年）被禁止参与由世界银行提供融资的项目。被制裁的范围覆盖被制裁企业的关联企业，包括该企业的母公司、子公司、兄弟公司等，不论其是否直接参与了被制裁的不当行为。

2010 年，世界银行集团、亚洲发展银行、非洲发展银行集团、欧洲复兴开发银行、美洲开发银行集团签订了《共同实施制裁决议的协议》，根据该协议，被世行制裁的企业将遭受上述机构的交叉制裁。

2010 年，世界银行集团颁布了《诚信合规指南》（Integrity Compliance Guidelines），该指南吸纳了当时被许多机构和组织认为是良好治理和反欺诈与反腐败的良好实践的标准、原则和内容，是一套有效的合规指南，具体包括明令禁止不当行为、合规职责明确、以风险评估为基础、详尽而明晰的内部合规政策、将业务伙伴纳入合规体系、内控制度、培训制度、奖惩激励机制、举报制度、补救措施及企业上下共同行动 11 项内容。

对于经常参与世行项目的企业，在建立其合规体系时，世界银行集团的《诚信合规指南》具有极其重要的参考意义。根据世行的制裁程序，在制裁决定做出前，被调查企业具有抗辩机会。此时，被调查企业可以聘请有经验的律师顾问，积极主动地与世行进行沟通，陈述企业合规体系建设情况，并积极采取纠正措施，这将使企业有可能避免被列入制裁黑名单或者被减轻制裁等级。如果已被列入制裁黑名单，企业就要切实按照上述 11 项规定，建立和完善合规管理体系，以尽快满足解除制裁的条件，争取提前从制裁黑名单中移除出去。

5. 英国《2010 年反贿赂法》

2010 年 4 月获得批准的英国《2010 年反贿赂法》（The Bribery Act 2010，UKBA）虽然只有短短 20 个条款，但其在立法体例上开创了一体化的贿赂犯罪治理立法模式。除涉及贿赂犯罪的一般规定外，UKBA 还包含了追诉程序、管辖范围、预防措施等方面的内容。这部法规是围绕"解决商业机构在经营环境中可能面临的贿赂问题"这一基本目标展开的，在实践中取得了良好的效果。与 FCPA 相比，UKBA 的主要特点在于覆盖面更广、惩治力更强，因此，被普遍认为是目前世界上最严厉的反贿赂法律。

UKBA 规定的主要罪行有四类：一是行贿，二是受贿，三是贿赂或企图贿赂外国公职人员，四是商业机构未能预防贿赂。

该法案的特色：一是将贿赂犯罪的法定最高刑期从 7 年提升至 10 年，并处以无上限罚金，同时还可根据《2002 年刑事法案》的规定没收财产，以及《1986 年公司董事不胜任法案》的规定剥夺公司董事资格；二是创设了商业组织预防贿赂失职罪（见法案第 7 条"failure of commercial organizations to prevent bribery"），将商业组织疏于构建行贿预防机制而导致行贿产生的行为犯罪化，提升了商业行贿的刑法治理能力。

UKBA 第 7 条明确规定，如果一家企业的关联人员（包括为该企业服务或者代表该企业行事的人员）为谋取该企业的不当利益而行贿，则该企业即触犯"商业机构未能预防贿赂罪"。但是，在同一法条下，UKBA 还规定，如果该企业能够证明其内部已经建立充分的内控程序，用以防止此类不当行为的发生，则可以以此为抗辩理由主张该企业自身免于承担刑事责任。

由此可见，UKBA 是通过创设"商业机构未能预防贿赂罪"，并且以成文法形式明确规定企业建立充足的内控合规管理体系可以作为免于承担刑事责任的法定抗辩理由，来明确鼓励企业建立并维持一套有效的内控合规管理体系，以防止贿赂行为的发生。

UKBA 明确授权英国司法大臣于 2011 年 3 月发布一份书面指引，指导企业如何才能建立一套足以预防贿赂的内部程序（Guidance about procedures which relevant commercial organizations can put into place to prevent persons associated with them from bribing，简称《UKBA 指引》）。

《UKBA 指引》指出，企业建立预防贿赂的内控合规管理体系应该考虑六大原则，具体包括程序应与风险相匹配、高层对反腐有承诺、风险评估制度、对第三方伙伴进行尽职调查、沟通和培训，以及监督和检查制度。

6. 美国《反海外腐败法资源指南》

2012 年 11 月，美国司法部和美国证监会联合颁布了《反海外腐败法资源指南》（A Resource Guide to the U.S. FCPA，以下简称《FCPA 资源指南》）。美国司法部和美国证监会作为 FCPA 的执法机构，在《FCPA 资源指南》中明确指出，执法机构在决定是否采取及采取何种执法行动时，除了要考虑违法行为是否由企业自报、企业是否配合及是否采取适当的补救措施之外，还应考虑企业合规体系的充分性（the adequacy of a company's compliance program）。合规管理体系存在与否以及充分与否，将影响执法机构决定是否通过延迟检控协议（DPA）或免予检控协议（NPA）的方式结案，是否降低 DPA 或 NPA 时长、公司缓刑期限、罚金金额，是否在企业内安放监督官，是否给企业添加自我报告义务等。

美国司法部和美国证监会对企业合规体系的具体形式并没有提出程式化的要求。两个执法机构在评估企业的合规管理体系时，秉持常识性与务实性的方法，通常通过三个问题进行考查：（1）企业的合规管理体系是否设计良好；（2）该合规管理体系是否被善意执行；（3）该合规体系是否有效。

美国司法部和美国证监会认为，并没有一个理想的合规管理体系可以适用于所有企业，一家企业的合规管理体系应当与其规模和业务固有风险相匹配。在此基础上，《FCPA 资源指南》列出了其认为的有效的合规管理体系应当具有的十项内容，具体包括高层反腐承诺、合规政策、充裕的资源令合规部门可做到自治、以风险评估为基础、对员工进行培训及持续指导、奖惩到位、将第三方伙伴纳入合规管理体系、秘密举报及内部调查、定期测试与审查合规管理体系的有效性，以及须对并购对象进行反腐合规尽调。

7.《商业机构反腐败道德及合规手册》

考虑到市面上存在大量针对商业机构的反腐败指南，对于资源有限的中小型企业，容易造成困惑。2013 年，OECD、UNODC 和世界银行集团三者联合发布了《商业机构反腐败道德及合规手册》（Anti-Corruption Ethics and Compliance Handbook），以为寻求合规建议的企业提供一份有用的务实性工具。《商业机构反腐败道德及合规手册》将主要的国际商业机构合规指引工具整合到一起，并展示了企业运用这些指引工具的真实案例，具有可操作性。

8. ISO 19600《合规管理体系 指南》

国际标准化组织（ISO）在 2014 年 12 月 15 日发布了世界上第一个关于合规管理的国际标准，即 ISO 19600《合规管理体系 指南》，简称为"ISO 19600"或"ISO 19600 标准"。ISO 19600 标准与 ISO 的其他标准一样，基于 PDCA 循环（Plan-Do-Check-Act Cycle），该标准为想要建设合规管理体系的企业或事业单位提供了标准的框架、要素和流程。

与合规相关的标准，还有 ISO 于 2016 年 10 月 15 日发布的 ISO 37001《反贿赂管理体系 要求及使用指南》（以下简称"ISO 37001 标准"）。ISO 出台 ISO 37001 标准，以指导企业设计其自身的反贿赂管理体系。ISO 37001 标准将近 200 页，其内容细致入微，企业可以对照该标准建设反贿赂管理体系，也可以聘请有资质的独立第三方，辅导企业建设有效的反贿赂管理体系，并在体系建设完成后争取获得认证，成为通过 ISO 37001 认证的企业。如今，在一些国际投标活动中，ISO 37001 标准的认证证书已开始作为投标资质的要求之一。

9.《企业合规体系评估》

2017 年 2 月，美国司法部发布了《企业合规体系评估》（Evaluation of Corporate Compliance Programs）。美国司法部认为不同企业所面对的腐败风险不同，因此其用于应对风险的解决方案也各有不同。《企业合规体系评估》通过在 11 个大类项下罗列数十个话题与问题样本清单的形式，让企业可以对照这份清单，对自身的合规管理体系的充分性和效能进行评估，从而达到增强自身合规管理体系建设的目的。在内容上，《企业合规体系评估》的 11 大类与《FCPA 资源指南》关于合规管理体系有效性的 10 项内容基本一致。

10. ISO 37301《合规管理体系 要求及使用指南》

该标准是 ISO 19600 的升级版，改了标准号，列入 ISO 37000 标准族，属于 ISO 的 A 类标准，可用于合规管理体系的认证。这是在 ISO 19600 发布 7 年之后，随着全球对合规的日益重视，ISO 结合新的合规要求和最佳合规实践修订而来的。将来，企业可以凭借 ISO 37301 证书获得客户的信赖，或者获得监管机构及司法机构在合规方面对企业的理解和认可。

11.1.2　美国《反海外腐败法》的主要内容

1977 年美国出台的《反海外腐败法》是美国当前惩治跨国公司对外国官员进行行贿行为的最主要的法律。该法案是惩治贿赂外国官员行为的全球第一部法律。

FCPA 分别在 1988 年、1998 年进行了修订，然而美国在 2006 年批准《联合国反腐败公约》后却未修订 FCPA，因此，《联合国反腐败公约》中规定的保护性管辖原则和普遍管辖原则在 FCPA 中并未体现。

《反海外腐败法》旨在改善美国公司的经营方式。《反海外腐败法》通过后，美国开始担心，相对于那些支付贿赂的外国公司，美国公司在经营中处于劣势，并且一些国家允许把贿赂金额作为经营费用在税金中扣除。因此，1998 年，美国指示行政部门与经济合作与发展组织谈判，以推动美国的主要贸易合作伙伴制定与《反海外腐败法》类似的法律。

《反海外腐败法》的反贿赂条款规定，美国人和某些外国证券发行人为获得或保留业务而去贿赂外国公职人员是违法行为。1998 年以后，这些条款同样适用于那些在美国有类似贿赂行为的外国公司和个人。

《反海外腐败法》还要求在美国发行证券的公司满足该法的会计条款。这些会计条款是为了配合《反海外腐败法》的反贿赂条款的运作而制定的，要求企业根据条款规定制作并保存准确和公正地反映该公司交易的账簿和记录，并制定和保持一套适当的会计内控体系。

FCPA 在"对跨国公司商业贿赂行使域外管辖权"方面率先进行探索，对我国相关法律的构建有借鉴意义。

下面介绍该法案中的反贿赂条款。

1. 执行

美国司法部负责根据反贿赂条款对国内相关者、外国公司和个人的刑事执法和民事执法。

美国证券交易委员会负责根据反贿赂条款对发行人的民事执法。

2. 基本禁令

《反海外腐败法》规定贿赂外国政府公职人员以获得回报或保留某些业务是违法行为。在基本禁令方面，要构成这一违法行为必须满足以下 5 项内容。

（1）犯罪主体。

《反海外腐败法》适用于任何个人、公司、公职人员、董事、雇员、企业代理人或代表公司行事的股东。如果个人或公司命令、授权、协助他人违反或密谋违反反贿赂条款，该个人或公司将受到惩罚。

根据《反海外腐败法》，美国在界定向外国官员行贿行为的司法管辖权时，取决于该违法者是发行人、国内相关人员、外国自然人还是外国公司。

发行人是指发行的股票在美国登记或被要求向证券交易委员会定期报告的公司。国内相关者是指美国公民、美国国民、美国长期居民，或者依美国法律成立或主营地设在美国的总公司、合伙制公司、协会、联合股份公司、信托、未合并组织或独资企业。

发行人和国内相关者依照属地管辖或者属人管辖原则，可由《海外反腐败法》追究责任。对于发生在美国境内的行为，如果发行人和国内相关者以美国邮件或者其他方式向外国官员进行贿赂，该发行人或国内利益相关者要对此行为负责。

转移手段或方式包括电话、传真、有线支付，以及国际旅行支付。另外，发行人和国内相关者也可能对在美国境外发生的任何行贿受贿行为负责。因此，美国公司或自然人可能对经授权在海外的员工或代理人用国外银行账户进行的行贿受贿行为负责，尽管并没有任何美国境内的人员参与该行为。

1998 年以前，除了那些有资格作为发行人的国外企业，该法的适用范围并不包括外国公司和外国自然人。1998 年，《反海外腐败法》的修订版将属地管辖权扩展到外国公司或自然人。目前，一家外国企业或个人在美国境内直接或间接的违法行为将受到《反海外腐败法》的制裁，不论该行为是否使用美国邮政系统或其他支付工具。

最后，美国母公司可能对海外子公司被授权、指示或者控制的引起争议的活动承担法律责任。同样，如果他们被海外子公司雇用或者代表海外子公司行事，美国公民、居民、国内相关者也可能承担法律责任。

（2）腐败意图。

支付或授权支付的人必须具有腐败的意图，并且支付的目的必须是引诱接受者错误利用他／她的职位将业务错误地交给支付者或其他人。

值得注意的是，《反海外腐败法》并不要求行贿行为的目的得逞，提供或承诺行贿即构成违法行为。《反海外腐败法》禁止任何行贿企图，无论是打算利用外国官员的官方身份影响行为或决定、促使官员做或不做任何违反其法定义务的行为、获取不正当利益，还是诱导外国官员利用其影响力来影响任何行为或决定。

（3）支付。

《反海外腐败法》禁止支付、提供、允诺支付（或授权支付或提供）金钱或任何有价值的事物。

（4）接收者。

《反海外腐败法》仅覆盖针对外国官员、政党、党务工作者或外国政府职位候选人的行贿行为。

外国官员是指外国政府、公共国际组织、外国政府部门或机构的官员和雇员，或以公务职位行事的任何人。

在应用《反海外腐败法》时应就特定的情况考虑"外国官员"的定义，比如外国的皇室成员、立法机构成员、国有企业的官员也同样视为外国官员。

《反海外腐败法》适用于针对任何公职人员的贿赂，无论职务的高低和立场。

《海外反腐败法》的重点在于贿赂的支付目的，而不是具体行贿行为的内容，例如，公务接待、提供或者承诺付款等。为加速日常政府行为而支付的方便费用不属于违法的行贿行为。

（5）商业目的的检验。

《反海外腐败法》禁止为帮助企业获取或保留、指导某项业务而进行的行贿行为。

"获取或保留业务"是美国司法部提出的广义概括，不仅仅指奖励、获得或延长某项合约。应当指出的是，这一业务本身并不必是与外国政府有关的业务。

3. 第三方支付

《反海外腐败法》禁止通过中介机构进行腐败支付。在知道全部或部分款项将直接或间接地支付给外国官员的情况下，付款给第三方的行为属于违法。

"知道"包括故意无视或者蓄意漠视。

第三方支付的违法判定如前文所述，但在收款方是中介并且付款行为是"官方外交"的必要条件下属于例外。

中介机构包括合资合伙人或代理商。为了避免被追究第三方行贿，美国公司被鼓励进行尽职调查并采取一切必要措施，以确保它们与合作伙伴和代理方形成良好的业务关系。

尽职调查是针对潜在外国代表及合资合作伙伴的调查，以确定他们是否合格，是否有在政府的个人或专业关系，顾客的数量和声誉情况，以及他们在美国大使馆或领事馆，以及当地银行、客户、商业协会的信誉如何。

此外，在商务关系谈判中，美国公司应该知道当地的商业环境是否会使美国公司违反《反海外腐败法》。例如，高度集权的董事会、缺乏透明度的费用支出和会计账册等，这样的环境显然没有资格和合资合作伙伴或代理方的资源，不论这些合资合作伙伴或代理方是否已正式成为政府的潜在客户。

4. 肯定抗辩

《反海外腐败法》明确规定，为加速"日常政府行为"而支付的"方便费用"合法，并且提供肯定抗辩用以辩护可疑的违规行为。

（1）日常政府行为的支付。

《反海外腐败法》明确规定，为加速"日常政府行为"而支付的"方便费用"合法。日常政府行为包括取得许可、执照或其他官方证件；处理政府文件，如签证和工作通知单；提供警察保护；邮件接送；与履行合同有关的列表检查、电信服务、水电服务、装卸服务、保鲜服务、越境运输等。

（2）肯定抗辩。

违反《反海外腐败法》的被告可以提出抗辩，并说明该费用是外国成文法律规定合法的，或者说明该花费用来展示产品或履行合同。

一项支出是否符合外国成文法律也许很难界定，面对这一情况，美国公司可征询律师或利用《反海外腐败法》程序审核该行为是否合法。

此外，由于此抗辩属于"肯定抗辩"，提出抗辩方必须在第一时间说明此项支出符合抗辩理由。如果辩方不及时反映，则此项支付不构成合法支付。

5. 法律制裁

（1）刑事责任。

违反《反海外腐败法》反贿赂条款将受到如下刑事处罚：对于犯罪的公司和其他商业实体，可处以最高 200 万美元的罚金；高级职员、董事会成员、雇员及代理人则会被处以最高 10 万美元罚金和 5 年以下监禁。

并且，根据选择性罚款法的规定，罚金的数额可能会高出更多，实际罚金可能会是行贿所图谋利益的两倍。应当注意的是，针对个人的罚金，不可以由雇主或负责人支付。

（2）民事责任。

美国司法部或美国证监会在适当的情况下可以对行贿者（高级职员、董事会成员、雇员，以及企业代理人或任何代表公司行事的股东）提起民事诉讼，处以最高 1 万美元的罚款。同时，在美国证监会提起的诉讼中，法院还可以判决追加罚款。

追加罚款的最高限额为：

（1）违法所得总额；

（2）违法情况严重时，对自然人，限额 5000 ～ 10 万美元；对其他人，限额 5 万 ～ 50 万美元。

美国司法部或美国证监会在适当的情况下，同样会对违规反贿赂条款的嫌疑者（高级职员、董事会成员、雇员，以及企业代理人或任何代表公司行事的股东）提起民事诉讼。

11.1.3　英国《2010 年反贿赂法》的主要内容

2010 年 4 月，英国颁布了史上最严格的反贿赂法案。下面介绍一下该法案的主要特点及六大原则。

1. 主要特点

（1）执行力度日趋严厉。

（2）该法案涉及的主要违法行为是与英国（公共官员及私人商业）有关的贿赂犯罪。具体表现为以下三种普遍的违法行为：

① 提供、许诺或给予贿赂；

② 要求、同意接受或接受贿赂；

③ 向外国官员行贿。

（3）针对企业，提出"没有预防贿赂"的新罪名。

该法案规定，要对那些没有足够的程序预防贿赂的商业机构进行处罚。因此，企业需要制定"足够的程序"来预防为了获取合同和许可证的贿赂行为，包括通过第三方（如顾问或分包商）实施的贿赂行为。

2. 六大原则

英国司法部专门解释了企业需要采取哪些程序来预防贿赂的发生，即遵循"以风险为依据"的六大原则。

原则 1：相称的程序。

企业要制定与其面临的贿赂风险相称的反贿赂程序，这些程序还要和企业活动的性质、规模及复杂程度相一致。程序本身要明晰、实用、易理解，并能被有效执行。程序是广义的概念，包括预防贿赂的政策及具体的执行政策的程序。

企业的反贿赂程序应包括但不局限于以下方面：

（1）提出反贿赂的承诺；

（2）提出预防贿赂风险的具体措施，比如好处费、政治捐助等；

（3）执行反贿赂政策的整体策略；

（4）获得企业高级管理层的支持；

（5）确定风险评估程序；

（6）对现在和未来的合作方进行尽职审查；

（7）对礼品、招待费、促销费、慈善和政治捐助等予以规定；

（8）对直接或间接的雇用进行规定，包括招聘、合同条款、记录处分、酬劳等；

（9）管理其他与企业有紧密关系的个人的商业关系；

（10）进行金融和商业控制，包括足够的记账、花费审批程序和审计；

（11）确保交易透明和信息公开；

（12）在决策程序方面，避免利益冲突；

（13）在执行程序方面，对违反反贿赂政策的行为，有详细的纪律和惩罚程序；

（14）确定对贿赂事项的举报程序；

（15）制订其他执行反贿赂政策的详细计划；

（16）进行企业政策和程序的沟通及培训；

（17）进行反贿赂程序的监控、审核、评价和改进等。

原则 2：高层的承诺。

企业高级管理层（董事会成员、企业所有者或任何其他同等地位的组织或个人）要承诺积极反贿赂，这将有利于在企业内部建立起反贿赂的文化。具体程序包括：

（1）传达企业的反贿赂立场，通过承诺宣言，向企业内外传达出企业对贿赂零容忍的坚定态度；

（2）高级管理层适当地参与制定反贿赂程序。

原则 3：风险评估。

企业需要评估它所面临的内外贿赂风险的性质和程度。评估要定期进行，用文件记录详细信息。

风险评估程序包括：

（1）高级管理层进行整体风险评估；

（2）进行适当的资源整合，这需要匹配企业的规模，以及评估相应风险的需要；

（3）确定内部和外部的信息源，以便为风险评估和审核提供便利；

（4）进行尽职审查（见原则 4）；

（5）准确、恰当地记录风险评估的过程和结论。

企业的外部风险主要包括：

（1）国家风险；

（2）行业风险；

（3）交易行为风险；

（4）商业机会风险，如高价值项目、多中间商的项目、没有明显市场价格的项目、没有明显合法目标的项目；

（5）商业伙伴风险等。

企业的内部风险主要包括：

（1）缺乏来自最高管理层的清晰的反贿赂承诺；

（2）缺乏员工培训，或员工缺乏相关技术和知识；

（3）红利文化：奖励极端的冒险行为；

（4）缺乏明确的财务控制；

（5）企业关于招待费、促销费用、政治和慈善捐助的政策和程序不明晰等。

原则4：尽职审查。

企业要采取恰当的态度和风险意识，对为企业服务或将为企业服务或代表企业的个人进行尽职调查，降低贿赂风险。

原则5：有效沟通（包括培训）。

企业要确保通过内部沟通和外部沟通（包括有效的培训），使其预防贿赂的政策和程序扎根于企业内部，让员工知晓并理解。

内部沟通需要传递企业高层的声音，强调对员工的要求，以及对政策和程序的执行。内部沟通包括对关键政策的沟通，如决策程序、财务控制、招待费、促销费、加速费、培训、捐助，以及对违规行为的惩罚等；建立安全、保密和可以获取的沟通渠道，让企业内外部的相关人士都能提出关于反贿赂的担忧或提供建议等。

外部沟通常通过"宣言"或"行为守则"的方式传递给现在和将来的合作方，并威慑那些试图进行贿赂的人。相关信息可以包括反贿赂政策、程序、惩罚措施、内部调研结果、招聘规则等。如果企业认为合适，还可以把反贿赂程序和承诺传播给更广的受众，如行业伙伴、其他行业的企业、公众等。

反贿赂培训可以和预期的风险相匹配，这有利于企业培育反贿赂文化。企业既要对新进员工和代理人进行培训，也要针对不同的风险领域进行特殊培训，比如高风险的采购、承包、分销和市场领域，以及高风险的国家。培训形式是多种多样的，但要持续，并且要定期评估。

原则6：监控、审核和评价。

企业需要定期监控和评价反贿赂政策和程序，并采取必要的改进措施。企业可以建立一系列的内部和外部的审核程序，如内部财务控制程序、员工调查、问卷调查、培训反馈等；也可以考虑采用定期正式的审核，汇报审核结果并上交给高级管理层；还可以寻求外部认证，但外部认证不是必需的程序，也不是作为证明企业反贿赂程序"合适"的必要抗辩。

11.1.4　巴塞尔委员会《合规与银行内部合规部门》的主要内容

巴塞尔银行监管委员会于 2005 年 4 月发布了《合规与银行内部合规部门》文件。该文件一共 49 条，明确了 10 项合规原则，相关内容如下。

一、引言

1. 巴塞尔银行监管委员会（以下简称"委员会"）一直关注银行监管问题和促进银行业机构的稳健经营的做法。作为其持续努力的一部分，委员会就合规风险与银行内部合规部门发布本文件。为满足监管机构的监管要求，银行必须遵循有效的合规政策和程序，在发现违规情况时，银行管理层能够采取适当措施予以纠正。

2. 合规应从高层做起。当企业文化强调诚信与正直，并且董事会和高级管理层做出表率，合规才最为有效。合规与银行内部的每一位员工都相关，应被视为银行经营活动的组成部分。银行在开展业务时应坚持高标准，并始终力求遵循法律的规定与精神。如果银行疏于考虑经营行为对股东、客户、雇员和市场的影响，即使没有违反任何法律，也可能会导致严重的负面影响和声誉损失。

3. 本文件所称"合规风险"是指银行因未能遵循法律、监管规定、规则、自律性组织制定的有关准则，以及适用于银行自身业务活动的行为准则（以下统称"合规法律、规则和准则"）而可能遭受法律制裁或监管处罚、重大财务损失或声誉损失的风险。

4. 合规法律、规则和准则通常涉及如下内容：遵守适当的市场行为准则，管理利益冲突，公平对待消费者，确保客户咨询的适宜性等。同时，还特别包括一些特定领域，如反洗钱和反恐怖融资，也可能扩展至与银行产品结构或客户咨询相关的税收方面的法律。如果一家银行故意参与客户用以规避监管或财务报告要求、逃避纳税义务等的交易或为其违法行为提供便利，该银行将面临严重的合规风险。

5. 合规法律、规则和准则有多种渊源，包括立法机构和监管机构发布的基本的法律、规则和准则，市场惯例，行业协会制定的行业规则以及适用于银行职员的内部行为准则等。基于上述理由，合规法律、规则和准则不仅包括那些具有法律约束力的文件，还包括更广义的诚实守信和道德行为的准则。

6. 合规应成为银行文化的一部分。合规并不只是专业合规人员的责任。尽管如此，如果一家银行设有符合下述"合规部门原则"的合规部门，该银行将能更有效地管理合规风险。本文件所称"合规部门"是指履行合规职责的职员，并不特指某一特定的组织架构。

7. 关于银行合规部门的组织方式，各银行之间存在着重大差异。在规模较大的银行，合规人员可能位于各营运业务线，有些国际活跃银行可能还设有集团合规官和当地合规官。在规模较小的银行，合规部门的职员可能被放在一个部门。有些银行还为数据保护、反洗钱及反恐怖融资等专业领域设立了单独的部门。

8. 一家银行应该以与自身风险管理战略和组织结构相吻合的方式组织合规部门，并为合规风险管理设定优先考虑的事项。例如，考虑到合规风险与操作风险的某些方面有着密切的关系，一些银行希望在操作风险部门内组建合规部门，其他银行则更愿意分设合规部门和操作风险部门，但银行要建立两个部门之间在合规事务方面密切合作的机制。

9. 不论一家银行如何组织其合规部门，该合规部门都应该是独立的，并有足够的资源支持。合规部门的职责应有明确的规定，内部审计部门应定期、独立地审查合规部门的工作。以下的原则 5 至原则 8 进一步阐明了这些高级原则，并在各原则之下阐释了与这些原则有关的稳健做法。各家银行可自行决定实施这些原则的最佳方式，但这些原则应适用于所有银行。银行也可采用有别于本文件的做法，只要这些做法是稳健的，并能从总体上表明该银行的合规部门的有效性。以何种方式实施这些原则将取决于多种因素，如银行的规模、业务的性质、经营的复杂程度和业务的区域分布，以及银行营业所在地的法律框架和监管框架。例如，一些规模较小的银行要完全实施本文件所建议的一些特定措施，也许并不可行，但该银行可能会采取能达到同样效果的其他措施。

10. 在提出有关原则时，本文件假定公司治理结构是由董事会和高级管理层组成。至于董事会和高级管理层的职能，不同的国家、不同类型的经济实体有不同的法律框架与监管框架。因此，银行在适用本文件所阐述的原则时，应依据其所在的国家和具体经济实体的公司治理结构。

11. 本文件所称"银行"主要是指银行、银行集团和附属机构主要是银行的控股公司等。

12. 在理解本文件时，应参阅委员会制订的其他相关文件。这些文件包括：

——《银行机构的内部控制体系框架》（1998 年 9 月）；

——《健全银行的公司治理》（1999 年 9 月）；

——《银行内部审计和监管当局与审计人员的关系》（2001 年 8 月）；

——《银行客户尽职调查》（2001 年 10 月）；

——《操作风险管理与监管的稳健做法》（2003 年 2 月）；

——《统一资本计量与资本标准的国际协议——修订框架》（2004 年 6 月）；

——《KYC 风险统一管理》（2004 年 10 月）。

13. 本文件在阐述银行合规部门应采用的原则之前，首先阐明了银行董事会和高级管理层在合规方面的特定职责。

二、董事会在合规方面的职责

原则1：银行董事会负责监督银行的合规风险管理。董事会应该审批银行的合规政策，包括一份组建常设的、有效的合规部门的正式文件。董事会或董事会下设的委员会应该对银行有效管理合规风险的情况每年至少进行一次评估。

14. 如引言所述，银行董事会应在全行推行诚信与正直的价值观念，只有这样，银行的合规政策才能得以有效实施。遵循适用法律、规则和准则应视为实现上述目标的一条基本途径。与其他类别的风险一样，董事会有责任确保银行制定适当政策以有效管理银行的合规风险。董事会还应监督合规政策的实施，包括确保合规问题都由高级管理层在合规部门的协助下得到迅速有效的解决。当然，董事会也可能将这些任务委托给适当的董事会下设的委员会（如审计委员会）。

三、高级管理层在合规方面的职责

原则2：银行高级管理层负责银行合规风险的有效管理。

15. 以下两项原则阐明了该一般性原则里最为重要的各项因素。

原则3：银行高级管理层负责制定和传达合规政策，确保该合规政策得以遵守，并向董事会报告银行合规风险管理。

16. 银行高级管理层负责制定一份书面的合规政策。该合规政策应包含管理层和员工应遵守的基本原则，并要说明全行上下用以识别和管理合规风险的主要程序。区分全体员工都要遵守的一般性准则与只适用于特定员工群体的规则，将有助于增加政策的清晰度和透明度。

17. 高级管理层有职责确保合规政策得以遵守，包括发现违规问题时采取适当的补救方法或惩戒措施。

18. 在合规部门的协助下，高级管理层应该：

—— 每年至少一次识别和评估银行所面临的主要合规风险问题以及管理这些合规风险问题的计划。这些计划涉及对现行合规风险管理中政策上的、程序上的、实施或执行中的任何缺陷进行处理，并针对年度合规风险评估中发现的新的合规风险，对政策或程序进行补充；

—— 每年至少一次就银行的合规风险管理向董事会或董事会下设的委员会报告，此报告应能够有助于董事会成员就银行是否有效管理合规风险问题做出有充分依据的判断；

—— 及时向董事会或董事会下设的委员会报告重大违规情况（例如，可能会导致法律制裁或监管处罚、重大财务损失或声誉损失等重大风险的违规情况）。

原则4：银行合规政策要求高级管理层负责组建一个常设和有效的银行内部合规部门。

19. 高级管理层应采取必要的措施，确保银行建立一个常设的、有效的并符合以下原则的合规部门。

四、合规部门原则

原则5：独立性。银行的合规部门应该是独立的。

20. 独立性的概念包含四个相关要素。第一，合规部门应在银行内部享有正式地位。第二，应由一名集团合规官或合规负责人全面负责协调银行的合规风险管理。第三，在合规部门职员特别是合规负责人的职位安排上，应避免他们的合规职责与其所承担的其他职责产生利益冲突。第四，合规部门职员为履行职责，应能够获取必需的信息并能接触到相关人员。

21. 独立性并不意味着合规部门不能与其他业务单元的管理层和职员共同工作。实际上，合规部门与其他业务单元之间相互合作的工作关系将有助于早期识别和管理合规风险。然而，不论合规部门与其他业务单元之间的工作关系如何紧密，下述各要素都应被视为有助于确保合规部门有效性的保障措施。实施这些保障措施的方式在一定程度上取决于各个合规部门职员的具体职责。

（一）地位

22. 合规部门应该在银行内部享有正式的地位，以使其具有适当的定位、授权及独立性。这可能在银行的合规政策或其他正式文件中予以规定。该文件应该传达给银行所有职员。

23. 以下与合规部门有关的事项应在该文件中予以规定：

—— 合规部门的功能和职责；

—— 确保合规部门独立性的各项措施；

—— 合规部门与银行其他风险管理部门和内部审计部门的关系；

—— 在合规职责由不同部门职员履行的情况下，这些职责如何在部门间进行分配；

—— 合规部门为履行其职责而获取必要信息的权利，以及在提供这些信息方面银行职员有给予合作的相应责任；

—— 合规部门对可能违反合规政策的事件进行调查，以及在适当情况下委托外部专家进行调查的权利；

—— 合规部门向高级管理层，必要时，向董事会或董事会下设的委员会自由陈述和披露其调查结果的权利；

—— 合规部门向高级管理层正式报告的义务；

——合规部门直接与董事会或董事会下设的委员会沟通的权利。

（二）合规负责人

24. 每家银行应该有一位执行官或高级职员全面负责协调银行合规风险的识别和管理，以及监督其他合规部门职员的工作。本文件使用"合规负责人"这一称谓来描述该职位。

25. 履行合规职责的职员与合规负责人之间报告路线的性质或其他职能关系，将取决于该银行合规部门的组织方式。各营运业务单元或各地附属机构的合规部门职员可能有一条向营运业务单元管理层或当地管理层报告的路线，只要该职员还有一条就其合规职责向合规负责人报告的路线，这种做法就不应被排斥。如果合规部门职员位于各个独立的支持部门（如法律部、财务控制部和风险管理部等），则没有必要为其另设一条向合规负责人报告的路线。但是，这些部门应该与合规负责人密切合作，以确保合规负责人能够有效地履行其职责。

26. 合规负责人未必一定是高级管理层成员。如果合规负责人为高级管理层成员，他不应直接负责银行业务线。如果合规负责人不是高级管理层成员，他应有一条向不直接负责业务线的高级管理层成员直接报告的路线。

27. 合规负责人就职或离任，以及离任理由，应告知银行监管机构和董事会。对于设有当地合规官的国际性活跃银行，该合规负责人在到任或离任时，同样应告知东道国的监管机构。

（三）利益冲突

28. 如果合规负责人和承担合规职责的其他职员的职位安排会使他们的合规职责与其他职责之间产生现实或是潜在的冲突，他们的独立性就有可能被削弱。委员会倾向于合规部门职员仅履行合规职责。但是，委员会认识到，在规模较小的银行、规模较小的业务单元或当地附属机构中，这也许并不可行。因此，在此情况下，合规部门职员可能从事合规以外的工作，前提是能够避免潜在的利益冲突。

29. 如果合规部门职员的薪酬与其履行合规职责的业务线的盈亏状况相挂钩，他们的独立性也有可能被削弱。但是，将合规部门职员的薪酬与整个银行的盈亏状况相挂钩通常是可以接受的。

（四）信息获取和人员接触

30. 合规部门应该享有与银行任何员工进行沟通，并获取便于其履行职责所需要的任何记录或档案材料的自主权。

31. 合规部门应该能够自主地对银行内部所有可能存在合规风险的部门履行风险管理的职责。合规部门应该有权对可能违反合规政策的事件进行调查，并在适当情况下请求银行内部专业人员（如法律或内部审计人员）的协助，或外聘专业人士履行该职责。

32. 对于调查所发现的任何异常情况或可能的违规行为，合规部门应随时向高级管理层报告，而不用担心来自管理层或其他员工的报复或冷遇。虽然合规部门通常的报告路线应该是向高级管理层报告，但在必要情况下，还应有权绕开通常的报告路线，直接向董事会或董事会下设的委员会报告。此外，董事会或董事会下设的委员会每年至少一次与合规负责人进行面谈也是有益的，这将有助于董事会或董事会下设的委员会评估银行有效管理合规风险的程度。

原则6：资源。银行合规部门应该配备能有效履行职责的资源。

33. 为合规部门提供的资源应该是充分和适当的，以确保银行内部合规风险的有效管理。特别是，合规部门职员应该具备必要的资质、经验、专业水准和个人素质，以使他们能够履行特定职责。合规部门职员应该能正确理解合规法律、规则和准则及其对银行经营的实际影响。合规部门职员的专业技能，尤其是在把握合规法律、规则和准则的最新发展方面的技能，应通过定期和系统的教育和培训得到维持。

原则7：合规部门职责。银行合规部门的职责应该是协助高级管理层有效管理银行面临的合规风险。银行合规部门的具体职责如下所述。如果其中的某些职责是由不同部门的职员履行，那么每个部门的职责应该界定清楚。

34. 合规职责未必都由"合规部"或"合规处"承担。合规职责可能由不同部门的职员履行。例如，有些银行分设法律部门和合规部门。法律部门负责就合规法律、规则和准则向管理层提出建议，并为员工制定指引；而合规部门则负责监测合规政策和程序的遵守情况，并向管理层报告。有些银行，合规部门的部分职责可能由操作风险小组承担，或是由更为综合的风险管理小组承担。如果这些部门之间存在职责分工，那么每个部门的职责都应该界定清楚。在各部门之间以及各部门与合规负责人之间应存在一种适当的合作机制（如相关意见和信息的提供和交流等）。这些机制应该是充分的，以确保合规负责人能够有效地履行职责。

（五）建议

35. 合规部门应该就合规法律、规则和准则向高级管理层提出建议，包括随时向高级管理层报告该领域的发展情况。

（六）指导与教育

36. 合规部门应该协助高级管理层：

—— 就合规问题对员工进行教育，并成为银行员工咨询有关合规问题的内部联络部门；

—— 就合规法律、规则和准则的恰当执行，通过政策、程序以及诸如合规手册、内部行为准则和各项操作指引等其他文件，为员工制定书面指引。

（七）合规风险的识别、量化和评估

37. 合规部门应该积极主动地识别、书面说明和评估与银行经营活动相关的合规风险，包括新产品和新业务的开发，新业务方式的拓展，新客户关系的建立，或者这种客户关系的性质发生重大变化所产生的合规风险等。如果该银行设有新产品委员会，该委员会内应有合规部门的职员代表。

38. 合规部门还应考虑各种量化合规风险的方法（如应用评价指标等），并运用这些计量方法加强合规风险的评估。评价指标可借助技术工具，通过收集或筛选可能预示潜在合规问题的数据（如消费者投诉的增长数、异常的交易或支付活动等）的方式来设计。

39. 合规部门应该评估银行各项合规程序和指引的适当性，立即深入调查任何已识别的缺陷，如有必要，系统地提出修改建议。

（八）监测、测试和报告

40. 合规部门应该通过实施充分和有代表性的合规测试对合规进行监测和测试。合规测试的结果应依照银行内部风险管理程序，通过合规部门报告路线向上级报告。

41. 合规负责人应定期就合规事项向高级管理层报告。这些报告应涉及：报告期内所进行的合规风险评估，包括基于运用诸如评价指标的相关计量方法所反映的合规风险状况的任何变化；概述所有已识别的违规问题和（或）缺陷，以及所建议的纠正措施；已经采取的各项纠正措施。该报告的格式应与银行的合规风险状况和各项合规活动相匹配。

（九）法定责任和联络

42. 合规部门可能承担特定的法定职责（如承担反洗钱人员的职责等）。合规部门也可能与银行外部相关人员保持联络，包括监管者、准则制定者以及外部专家等。

（十）合规方案

43. 合规部门应根据合规方案履行其职责，该方案确定了合规部门的行动计划，如具体政策和程序的实施与评审，合规风险评估，合规测试，以及就合规事项对银行职员进行教育等。合规方案应以风险为本，并受到合规负责人的监督，以确保对不同业务单元的适当覆盖以及各风险管理部门之间的协调。

原则 8：与内部审计的关系。合规部门的工作范围和广度应受到内部审计部门的定期复查。

44. 内部审计部门的风险评估方法应包括对合规风险的评估，并应制定一份包含合规部门适当性和有效性的审计方案，包括与认定的风险水平相匹配的控制测试。

45.本原则表明，合规部门应与审计部门分离，以确保合规部门的各项工作受到独立的复查。因此，重要的是，在银行内部对于两个部门之间如何划分风险评估和测试活动应有清晰的认识，并用文件形式（如银行的合规政策或诸如备忘录等相关文件）予以规定。当然，审计部门应该将与合规有关的任何审计调查结果随时告知合规负责人。

（十一）其他事项

原则9：跨境问题。银行应该遵守所有开展业务所在国家或地区的适用法律和监管规定，合规部门的组织方式和结构以及合规部门的职责应符合当地的法律和监管要求。

46.银行可能通过当地的附属机构、分行或在银行没有实体机构的国家或地区开展国际业务。法律和监管要求在不同国家或地区可能有所不同，也可能因银行开展的业务种类或所在地实体机构的形式不同而有所差异。

47.选择在特定国家和地区开展业务的银行应该遵守当地的法律和监管规定。例如，以附属机构形式营业的银行必须符合东道国的法律和监管要求。有些国家或地区可能对外国银行的分行有特定要求。当地业务单元有责任确保每一国家或地区所要求的特定合规职责，由具有适当的当地知识和专门技能的人员来履行，并由合规负责人与银行的其他风险管理部门共同监督。

48.委员会认识到，一家银行可能出于各种合理的理由在不同的国家或地区开展业务。尽管如此，如果该银行在特定国家或地区提供的产品或从事的活动，在该银行的母国没有得到许可，那么识别和评估该银行可能增加的声誉风险的程序就应该到位。

原则10：外包。合规应被视为银行内部的一项核心风险管理活动。合规部门的具体工作可能被外包，但外包仍必须受到合规负责人的适当监督。

49.联合论坛（即巴塞尔银行监管委员会、国际证券委员会组织和国际保险监督官协会）最近提出了被监管机构业务外包的高级原则，委员会鼓励各银行参照实施。

银行应该确保任何外包安排都不会妨碍监管机构的有效监管。无论合规部门具体工作的外包程度如何，董事会和高级管理层仍然要对银行遵循所有适用法律、规则和准则负责。

11.1.5 世界银行集团《诚信合规指南》的主要内容

世界银行集团（以下简称"世界银行"或"世行"）一直致力于完善其制裁体系。

世界银行的黑名单制度是很有名的，也是很严格的，上了黑名单的企业将被禁止承接由世行资助的项目。更为严重的是，国际上的银行和金融机构都是联网的，一家企业一旦上了世行的黑名单，像亚洲开发银行、美洲开发银行、欧洲复兴开发银行、非洲开发银行等国际金融机构也都会将该企业列入黑名单。对于企业而言，这无异于"自废武功"。企业的产品再好、工程能力再强，一旦因为违规而被世行列入黑名单，那么在制裁期间，就再也无法承接由世行或其他国际金融机构资助的项目了。

建立和执行世行认为满意的诚信合规计划，是世行解除取消资格制裁（或有条件解除取消资格制裁）的主要条件；对部分现行的制裁而言，也是提前解除取消资格制裁的主要条件。

2010 年 9 月，世行廉政副行长直辖部门任命"诚信合规监察官"，由其负责监督被制裁企业的诚信合规情况（或个人行为守则），以及判断由制裁委员会或世行"评估与暂停资格专员"设立的合规条件和（或）其他条件是否已经满足，这关系到对被制裁公司的取消资格制裁。

下面介绍一下世界银行集团《诚信合规指南》的主要内容，供有需要的读者参考。

1. 禁止不当行为

在行为守则或类似文件、信息沟通中明文规定和明确禁止不当行为（如欺诈、腐败、串通和强迫行为）。

2. 职责

创建和维护一种基于信任的包容性组织文化，鼓励道德行为和守法承诺，对不当行为绝不姑息。

（1）领导作用：企业高管、董事会或类似机构应全力、明确、公开、积极地支持和承诺推动诚信合规计划（以下简称"合规计划"）并贯彻执行，无论从形式上还是从实质上。

（2）个人责任：遵守合规计划是企业各级员工的强制性个人义务。

（3）合规职责：合规计划的监督和管理应由一个或多个企业高级官员负责，该官员应享有充分的自主权、足够的资源和有效的执行权。

3. 合规计划启动、风险评估及检查

要制订一个合适的合规计划，就应在综合考虑企业规模、业务领域、经营地点及其他特殊因素的基础上，首先对企业业务和经营过程中出现欺诈、腐败或其他不当行为的潜在可能进行初步的（或更新的）综合风险评估，然后定期并在必要之时对风险评估进行检查和更新，以适应现实情况的发展变化。高管人员应采用系统的方法监督合规计划，定期检查合规计划在预防、发现、调查和应对各种不当行为方面的适用性、充分性和有效性；同时也应考虑合规领域的相关变化，以及国际和行业标准的变化。如果发现合规计划存在缺陷，企业应采取合理措施避免此类缺陷进一步发生，这些措施包括对合规计划做出必要的修改。

4. 内部政策

制订实用有效的合规计划，明确阐述相关价值、政策和程序，用以预防、发现、调查和补救在公司或个人有效控制之下的任何形式的不当行为。

（1）雇员的尽职调查：调查目前或将来拥有决策权的员工，或能够影响经营结果的员工，包括管理层和董事会成员，确定员工是否有不当行为，或有其他与诚信合规计划相抵触的行为。

（2）限制与前政府官员的关系安排：前政府官员辞职或退休后，应限制同这些官员或与其有关联的实体和个人签订雇用合同或其他有报酬的协议，因为此类活动或雇用行为可能与这些官员在职期间的职能或监督的职能直接相关，或者这些官员曾经或仍然对该职能产生实质性影响。

（3）馈赠、接待、娱乐、旅行和开支：针对馈赠、接待、娱乐、旅行或其他费用支出，应建立控制手段和程序，确保开支合理，而且不会对商业交易的结果造成不正当的影响或由此产生不正当的利益优势。

（4）政治捐款：仅可根据适用法律向政党、政党官员和候选人提供捐款，而且应公开披露所有的政治捐款（除非出于合法保密的需要）。

（5）慈善捐款和赞助：在企业的权力范围内，采取措施以确保企业的慈善捐助未被用作不当行为的遮掩手段。除非出于合法保密的需要，否则所有的慈善捐款和赞助均应公开披露。

（6）好处费：企业不应支付任何好处费。

（7）记录保存：应对合规计划的各个方面进行适当的记录，包括根据上文所列事项或项目进行支付的任何款项。

（8）欺诈、串通和强迫行为：企业应采取特定的保障措施、方法和程序，发现和预防腐败以及欺诈、串通和强迫行为。

5. 针对业务伙伴的政策

对于那些与企业存在重要业务联系，或企业能够施以影响的业务伙伴，应尽最大的努力鼓励其做出对等承诺，以预防、发现、调查和补救不当行为（如果业务伙伴是受控的分支机构、合资企业、非公司社团或类似实体，应尽可能要求其做出对等承诺）。业务伙伴包括代理人、顾问、咨询专家、代表、经销商、承包商、分包商、供应商、合资方及其他第三方。

（1）业务伙伴的尽职调查：在与业务伙伴建立关系之前以及在后续过程中，应进行有适当记录的、基于风险的尽职调查（包括确认任何未记录在案的利益所有人或其他受益人）。应避免同从事不当行为或被怀疑从事不当行为的承包商、供应商和其他业务伙伴发生关联（除非是在特殊情况下，但也需要采取适当的缓解措施）。

（2）向业务伙伴告知诚信合规计划：将企业的合规计划告知所有的业务伙伴，同时明确声明，所有代表企业进行的业务活动都应遵守该计划。

（3）对等承诺：要求企业的业务伙伴对等承诺遵守诚信合规计划。如果业务伙伴尚无诚信合规计划，则应鼓励其根据自身业务活动和具体情况制订健全有效的计划。

（4）适当文件：完整记录企业与业务伙伴之间的关系。

（5）适当报酬：确保对任何业务伙伴所支付的任何款项都是对该伙伴合法提供的货物或服务的适当和正当的报酬，而且款项支付渠道是合法的。

（6）监测 / 监督：企业作为其中一方的合同，其履行过程均应受到监督，以尽可能地杜绝履行过程中的不当行为。作为对业务伙伴关系定期检查的一部分，企业同时应对业务伙伴的合规计划和履约情况进行监督。

6. 内部控制

（1）财务制度：建立并维护有效的内控体系，通过财务和组织结构制衡机制，对企业的财务、会计、记账及其他业务活动进行制约。企业的内控体系，尤其是会计和记账，应定期接受独立的内部和外部审计，为内控体系的设计、执行和效果提供客观保证，并揭露任何与合规计划相抵触的行为。

（2）合同义务：雇用合同和业务伙伴协议中应明确约定关于不当行为的合同义务、补救和（或）惩罚措施（在业务伙伴协议中，应针对业务伙伴的不当行为制订退出计划，比如终止协议的契约权利）。

（3）决策程序：建立决策程序，使决策过程和决策人的资历与业务的重要性和各种不当行为的认知风险相对称。

7. 培训与交流

采取切实合理的步骤，定期宣传合规计划，同时根据不同的需求、情况、职位和职责，为企业各级员工（尤其是从事高风险活动的员工）提供有效培训并予以记录，适当时也可为业务伙伴提供培训。企业管理层须在年度报告中对合规计划进行说明，或公开披露 / 宣传合规计划的相关知识。

8. 激励机制

（1）奖励措施：对于企业各级遵守合规计划的行为，应通过适当的激励机制予以鼓励和积极扶持，使合规计划在企业内得以全面推广。

（2）惩戒措施：对于有不当行为或有其他违反合规计划行为的个人，包括高级管理者和董事等各级人员，应给予适当惩戒（包括终止劳务合同）。

9. 报告制度

（1）上报义务：应告知全体员工，如遇任何与合规计划相关的问题，无论是本人行为还是他人行为，均有义务立即上报。

（2）指导建议：采取有效的措施和机制，为管理层、员工及业务伙伴提供关于遵守企业合规计划的指导建议，包括当其在外国管辖区遇到困难时，为其提供紧急建议。

（3）检举 / 热线：对于受到上级指示或压力却不愿违反合规计划的个人，或有意检举企业内部违规行为的个人，应为其提供沟通渠道（包括秘密渠道）及保护。企业须根据检举内容采取适当的补救措施。

（4）定期验证：对于拥有决策权或能够影响业务结果的所有相关人员，应要求其定期（至少每年一次）提供书面证明，说明其已经参阅企业行为准则并严格遵守合规计划，而且已就企业其他员工或业务伙伴可能的违规行为，向企业内部负责诚信事宜的专职人员报告。

10. 不当行为的补救措施

（1）调查程序：企业应执行相关程序，对所报告或发现的不当行为和其他违反合规计划的行为进行调查。

（2）应对措施：一旦不当行为得以确定，企业应按照合理的步骤，采取适当的纠正措施，以防止出现类似甚至更为严重的不当行为或其他违反合规计划的行为。

11. 集体行动

在适当的情况下，企业应积极与商业组织、工业团体、专业协会及民间社会组织合作，鼓励并协助其他实体制订预防不当行为的相关计划，特别是那些尚未制订完善合规计划的中小企业和其他实体、已经制订合规计划的大型企业，以及自愿合作的贸易协会和类似机构。

☆ **risk-doctor 提示：**

世界银行集团《诚信合规指南》中规定的标准、原则和内容是众多机构、实体普遍认可的良好治理和反欺诈、反腐败实践措施。

世行指出，该指南并非包罗万象的唯一规范性文件，企业应根据自身情况决定是否予以采纳或做出相应调整；该指南的适用对象主要为受制裁方，但也欢迎其他各方参考采纳。

11.1.6　APEC《高效率公司合规项目基本要素》的主要内容

2014 年 11 月，亚太经济合作组织（APEC）领导人会议在北京召开。作为会议的成果之一，会议发布了《北京反腐败宣言》，各成员方同意充分利用反腐败合作机制与平台，加强合作与协调。该会议与反腐败主题相关的文件有三个，分别是：《北京反腐败宣言》《亚太经合组织预防贿赂和反贿赂法律执行准则》《亚太经合组织高效率公司合规项目基本要素》。

下面介绍《高效率公司合规项目基本要素》的主要内容。

一、序言

有效的合规项目表现在其合理的设计和有效的执行，并有助于实现最终的目标：发现、制止和教育。设计合理和执行有效的合规项目有助于确保企业维护自己的价值、资产、诚信和声誉。

不过，需要注意的是，任何一个合规项目都不可能适合所有的企业。一家企业的合规项目取决于它的规模、法律结构、业务经营的地域和行业领域以及它所面临的风险的性质，最后一项尤为重要。合规项目应当遵守企业经营所在地的与打击贿赂和腐败有关的各项法规。企业的责任需要延伸到其所控制的国内外分支机构的行为，合规项目也应当如此。最后，无论书面设计多么合理，若是在实践中没有得到各级管理人员的有力支持，那就不会是高效率的。

二、开展风险评估

旨在发现和制止腐败行为的有效的合规项目，应当以风险评估作为基础，考虑企业的具体情况，其中包括贿赂及其他腐败风险。

1.企业应当持续监控自身风险，评估是否需要修改合规项目，以确保项目的有效和高效。应当考虑的风险因素包括：

（1）生产经营的场所；

（2）行业领域；

（3）商业机会；

（4）潜在的业务合作伙伴；

（5）政府监管程度，包括开展国际商业活动时与海关和移民当局的接触，以及与政府官员的其他互动点。

2.企业需要分配资源妥善应对风险最高的领域，向业务风险程度最高的领域分配更多的资源。

（1）第三方代理人的可疑支付或折扣；

（2）然而，各个第三方产生的风险不尽相同，对所有第三方给予同等程度的尽职调查并不合理；

（3）同理，虽然尽职调查很重要，但是，对于相对常规和低水平的招待和礼物花费来说，风险相对较低，只需分配较少的资源。

三、管理团队的全力支持和参与

合规项目的各个要素需要得到高级管理人员和企业内部各个层面的管理人员的全力支持和参与。管理层对合规项目的完全信守和支持，表明企业上下对合规文化的承诺。

1.合规项目必须在企业内部的各个层面得到贯彻和执行，企业需要持续采取措施确保全体员工对合规的认知。

2.高级管理人员必须以身作则，认真打击腐败行为。如果一家企业的高级管理人员不遵守合规项目的要求，员工们也不会遵守。

四、制定和遵守书面的公司行为准则

企业董事、管理人员、员工和代理人不遵守国内外反腐败和反贿赂法规的，可能会给自身和企业招致刑事、民事或行政责任。

1.企业行为准则通常包括一套明确的便于全体员工以及代表企业开展业务的人员理解和查阅的法规和道德准则。

2.全面而明确的行为准则、明确的反腐败政策，以及寻求指导和信息披露的政策和程序，能够降低员工和第三方发生不当行为的可能性。

3.行为准则应当关注的事项之一就是与外国政府之间交易的性质和程度，包括向外国官员和相关第三方付款，或者协助向外国官员和相关第三方付款；使用第三方代理人；礼物、旅游和招待费用；慈善和政治捐款。

4.需要牢记的是，由于企业可能需要为员工的行为承担责任，因此，企业应当将行为准则分发给每一位员工；如果需要，还应当将行为准则翻译成海外经营所在地的语言。

5.企业还可以考虑是否应当将行为准则分发给业务伙伴和代理人，包括中介机构、咨询师、代表机构、分销商、承包商、供货商、财团和合资伙伴等。企业还可以在行为准则中加入针对业务伙伴和代理人的具体合规措施和期望。

6.制定行为准则只是合规过程的起点，而不是终点。行为准则必须始终得到高效持续的实施和执行。企业应当明确，合规是强制性的，员工拒绝提供贿赂，即便导致企业失去业务，也不会因此受到降职、处罚或其他不利后果。

五、建立合规管理组织架构

根据企业的规模大小，执行合规项目的可以是单个人或者一个由合规 / 道德官组成的团队。

1. 为了明确责任，应当由企业的高级管理人员执行合规项目并对项目负责。企业（根据自身规模的大小）应当选取一位或多位高级管理人员负责监督合规项目，并给予必要的自主权、资源和权限。

2. 监督合规项目必须包括有权直接向企业董事会下设的内部审计委员会或者监事会（或等同的机构，根据企业自身规模的大小）等独立的监督部门报告事项。

3. 重要的是，企业应当按照自身规模大小、结构和风险状况为合规项目配备适当的人员和资源。

4. 企业合规人员和委员会在起草行为准则以及向员工或者其他业务伙伴提供合规程序培训和教育方面能够发挥关键性的作用。合规委员会的成员包括分管市场营销和销售、审计、经营、人力资源等关键职位的高级副总裁。

5. 历史经验表明，授权合规人员接触高级管理人员，使其有能力影响企业关于诚信经营的总体政策，这一点可谓至关重要。

六、提供培训、教育讲座和持续指导

合规项目的全面成功取决于在企业内部各个层面以及针对业务伙伴推动法律和道德培训和认证。

1. 定期向包括董事会成员、高级管理人员和代理人在内的全体员工提供道德和合规培训项目。向高风险领域工作的员工提供专门的法律和道德培训。在适当的情况下，企业还应当考虑向承包商和供货商提供这类培训。

2. 合规项目应当向企业各个层面的员工介绍相关的国内外反腐败和反贿赂法规。

3. 应当根据受众情况提供培训和相关资料，包括使用当地的语言。企业应当考虑将培训项目的重点放在企业面临的各类风险上，并结合员工在各自的工作岗位上可能遇到的情形。

4. 具有互动性、方便查阅和成本效率特点的培训资料有助于推动员工支持合规项目，其中包括网络培训和现场培训。

5. 必须定期评估培训活动的有效性，根据员工可能遇到的新的风险做出必要的修改。

6. 最为重要的是，对合规问题的讨论和关注不应当只限于培训课堂和合规团队；合规应当作为企业文化和经营方式的组成部分。

七、开展基于风险和详细记录的尽职调查

为了确保合规项目的高效率和有效性，企业需要基于风险开展迅速全面的尽职调查并予以详细记录。尽职调查能够防止企业声誉的潜在损害。

1. 自行监控、定期内审以及向董事会（或等同机构，根据企业规模大小而定）报告等措施都能够很好地确保合规项目得到遵守。

2. 合规项目的尽职调查还应当延伸到代理人和其他业务伙伴等第三方，包括中介机构、咨询师、代表机构、分销商、承包商、供货商、财团和合资伙伴等，并考虑它们的具体风险因素。上面说过，代理人和业务伙伴的风险状况各不相同，并不需要施行同等水平的审查。从新员工、代理人或业务伙伴的审查到国际商业交易（例如，并购或合资，包括并购之前或之后的尽职调查）的风险评估和定期监控和审查，尽职调查可以帮助发现不合规的行为，将责任控制在一定范围之内。

3. 企业应当考虑第三方的资质以及与第三方之间的关系，特别是与政府官员的业务和私人关系。

（1）企业应当考虑第三方的需要和作用，通过合同约定由第三方提供的服务。这类评估不仅有助于降低合规风险，还能够确保聘用第三方是出于真实的业务需要。

（2）企业应当确保第三方开展的工作有详细记录，并且按照所在行业和地域通行的薪酬标准向第三方支付服务报酬。

（3）企业应当持续监控与第三方之间的关系，包括更新尽职调查、行使审计权利、提供培训、要求第三方提供证明等。

（4）企业应当确保第三方业务伙伴收到与其合规项目有关的信息，并争取获得第三方通过证明等方式做出的互惠承诺。

八、审计和内部会计控制

对企业内部会计控制体系进行控制有助于提早发现错误和不当行为（如贿赂、欺诈或其他违法行为），推动建立高效的合规项目。

1. 企业应当设立财务和会计程序，包括内控机制，确保账册和记录的公允和准确，确保这些文件没有用于贿赂以及掩盖贿赂或其他腐败行为。

2. 企业应当制定一项简单明了的会计政策，禁止账外项目或没有充分确认的交易。

3. 企业应当监控账目是否存在错误，以及用于掩盖企业自己或由他人代为支付的非法贿赂及其他腐败款项的模糊和欺骗性项目。

九、合规机制和报告要求

企业行为准则的执行是很关键的。合规人员应当平易近人，这样员工就能够自如地与其讨论合规问题。

设立安全方便的报告机制，制定适当的保密和禁止报复政策，以及与报告有关的其他保障机制，这一点极为重要。举报保护机制包括报告项目的独立管理，以及确保可以匿名举报、提供意见箱或"热线电话"等措施，这有助于发现和报告有问题的行为。

1.企业应当认真对待举报人的举报，根据内部或外部举报人提供的情况采取措施，在适当的情况下应当向有关部门报告。

2.企业应当确保提供开放的建议和沟通渠道，以便改进和跟进合规项目。企业应当考虑公布自己的合规项目，让所有的利益相关者都能够有所了解。

3.企业应当确保建立适当的机制，及时指导并向员工和代理人反馈如何处理和解决各种困难及紧急状况。这类指导和辅导对员工或代理人及企业本身来说都是一种保护。

十、激励措施

企业应当确保在企业的各个层面提供合规激励，积极鼓励和支持员工遵守和维护反腐败（包括贿赂）项目。

企业可以通过不同方式在多个层面提供激励：聘用认同企业价值的员工，为维护合规项目的员工升职和加薪，承认其满足培训要求和认证，包括绩效评估，以及向为合规工作做出贡献的人员提供其他形式的承认和奖励。

十一、惩罚措施

企业应当确保各级员工都明白，违反合规政策、程序和反腐败法规会受到轻重不等的纪律处罚。例如，按照相关法律的规定，可能会内部通报纪律处分，甚至可能被解除劳动合同。

1.企业应当设立适当的、明确的纪律程序，确保其在企业内部得到公平、一致和迅速的执行。纪律处罚的轻重必须与违规程度相符。

2.遇有不合规的情形，企业应当采取必要的解决措施，确保将来不会发生类似情形。

十二、定期评审和测试

随着企业业务的发展和变化，合规项目必须随之发展和变化。企业必须不断地评审、更新和改进自己的合规项目，确保合规项目能够高效率地应对企业不断变化的风险状况。

1.企业高级管理人员应当监督合规项目，定期评审项目的适当性、充分性和有效性，并根据需要进行适当的改进。企业应当评审和测试内控机制，识别最优方法和新的风险领域。评审结果应当定期报告给审计委员会或董事会（或等同机构，根据企业规模大小而定）。

2.审计委员会或董事会（或等同机构，根据企业规模大小而定）应当独立地评估项目的持续性和充分性，并在年报中向股东披露评估结果。

☆ **risk-doctor 提示:**

亚太经济合作组织各经济体建议企业在制定或补充合规项目时应当参考上面给出的企业自愿和有效的合规项目基本要素。企业在采用这些要素时，要注意以下两点。

（1）应以亚太经济合作组织各经济体批准通过的亚太经合组织《反腐败商业行为准则》和《私营部门商业诚信与透明度准则》为基础。

（2）上述各基本要素只是制定或加强合规项目有效性的一般性建议，不同企业随其业务产生的风险不同，其重点关注的具体要素也会有所不同。企业应当征求法律顾问或其他合格的合规专业人士的意见，深入了解哪一种合规项目最适合自身的业务特点。

11.2 国内合规监管现状

11.2.1 依法治国成为时代的主旋律

如今，各国关于综合国力的角逐日趋激烈，我国完备治理体系和提升治理能力的任务愈发紧迫。我国正在经历现代化进程中具有决定性的深刻变革时期，越是社会结构深刻变动、利益格局深刻调整、思想观念深刻变化的改革攻坚期、矛盾凸显期、发展关键期，越需要发挥法治的引领和推动作用，确保在法治的轨道上推进改革，更好地统筹社会力量、平衡社会利益、调节社会关系、规范社会行为，把治理体系和治理能力的整体提升转化为现代化建设的巨大推力，让深刻变革中的中国社会既井然有序又生机勃勃。因此，党和国家不断加强依法治国的理念，不断完善依法治国的法制建设。

2014 年 10 月，中国共产党第十八届中央委员会第四次全体会议首次专题讨论了依法治国问题。会上通过了《中共中央关于全面推进依法治国若干重大问题的决定》，并于 10 月 28 日正式发布。该决定为实施全面、具体、有针对性的依法治国方针提供了清晰的路径图。全面推进依法治国，其总目标是建设中国特色社会主义法治体系，建设社会主义法治国家。这就是，在中国共产党领导下，坚持中国特色社会主义制度，贯彻中国特色社会主义法治理论，形成完备的法律规范体系、高效的法治实施体系、严密的法治监督体系、有力的法治保障体系，形成完善的党内法规体系，坚持依法治国、依法执政、依法行政共同推进，坚持法治国家、法治政府、法治社会一体建设，实现科学立法、严格执法、公正司法、全民守法，促进国家治理体系和治理能力现代化。

2017 年 10 月 18 日，成立中央全面依法治国领导小组，加强对法治中国建设的统一领导。

2018 年 3 月，中共中央印发《深化党和国家机构改革方案》，组建中央全面依法治国委员会，中央全面依法治国委员会办公室设在司法部。

如今，"依法治国""依法治企"的理念不断深入人心。下面列举一些有代表性的法律法规，供大家在合规实践中参考。

《中华人民共和国计量法》

《中华人民共和国计量法实施细则》

《中华人民共和国标准化法》

《中华人民共和国监察法》

《中华人民共和国反洗钱法》

《中华人民共和国反垄断法》

《中华人民共和国反不正当竞争法》

《中华人民共和国环境保护法》

《中华人民共和国食品安全法》

《中华人民共和国安全生产法》

《中华人民共和国产品质量法》

《中华人民共和国农产品质量安全法》

《中华人民共和国动物防疫法》

《中华人民共和国突发事件应对法》

《中华人民共和国道路交通安全法》

《中华人民共和国民用航空法》

《中华人民共和国铁路法》

《中华人民共和国国境卫生检疫法》

《中华人民共和国国境卫生检疫法实施细则》

《中华人民共和国进出口商品检验法》

《中华人民共和国进出口商品检验法实施条例》

《中华人民共和国进出境动植物检疫法》

《中华人民共和国进出境动植物检疫法实施条例》

《中华人民共和国认证认可条例》

《中华人民共和国工业产品生产许可证管理条例》

《中华人民共和国农业转基因生物安全管理条例》

《中华人民共和国矿山安全法实施条例》

《中华人民共和国监控化学品管理条例》

《国务院关于特大安全事故行政责任追究的规定》

《国务院关于预防煤矿生产安全事故的特别规定》

《中央企业安全生产监督管理暂行办法》

改革开放以来，为加强对各行各业的监管，全国人民代表大会和国务院各部委在不同时期陆续发布了各种法律、条例、管理办法和指引，包括反腐败、反洗钱、反垄断、安全生产、环境保护、质量管理、食品安全、知识产权保护等各个方面。但是，同人民群众期待相比，同推进国家治理体系和治理能力现代化目标相比，我国的法治建设还存在许多不适应、不符合的问题，主要表现为：有的法律法规未能全面反映客观规律，针对性、可操作性不强，立法工作中部门化倾向、争权诿责的现象，有法不依、执法不严、违法不究的现象，执法体制权责脱节、多头执法、选择性执法的现象，执法司法不规范、不严格、不透明、不文明的现象仍然存在；一些社会成员（组织或个人）遵纪守法、依法维权的意识依然不强，甚至知法犯法等。这些现象与"依法治国"的理念相违背，既不利于依法治国，也不利于依法治企。合规是企业的责任和义务，也是政府机关的责任和义务。法治国家和法制企业建设任重道远。

11.2.2　银监会对商业银行的合规风险管理要求

为加强商业银行合规风险管理，维护商业银行安全稳健运行，中国银监会于 2006 年发布了《商业银行合规风险管理指引》。这是我国首个专门针对合规管理发布的文件。该指引共五章三十一条，主要内容如下。

第一章 总则

第二章 董事会、监事会和高级管理层的合规管理职责

第三章 合规管理部门职责

第四章 合规风险监管

第五章 附则

该指引明确提出，合规风险是指商业银行因没有遵循适用于银行业经营活动的法律、行政法规、部门规章及其他规范性文件、经营规则、自律性组织的行业准则、行为守则和职业操守可能遭受法律制裁、监管处罚、重大财务损失和声誉损失的风险。

该指引指出合规管理是商业银行一项核心的风险管理活动，合规是商业银行所有员工的共同责任，并应从商业银行高层做起。该指引要求商业银行加强合规文化建设，董事

会和高级管理层应确定合规的基调，确立"全员主动合规""合规创造价值"等合规理念，在全行推行诚信与正直的职业操守和价值观念，提高全体员工的合规意识，促进商业银行自身合规与外部监管的有效互动。

该指引要求商业银行建立与其经营范围、组织结构和业务规模相适应的合规风险管理体系，并建立《合规绩效考核制度》《合规问责制度》和《诚信举报制度》三项基本制度。

该指引规定了商业银行董事会、监事会、高级管理层的合规管理职责。董事会负责审议批准合规政策和合规风险管理报告，评价合规风险管理的有效性，并授权董事会下设的风险管理委员会、内部审计委员会或专门设立的合规管理委员会，对商业银行的合规风险管理工作进行日常监督。监事会应监督董事会和高级管理层合规管理职责的履行情况。高级管理层应制定和贯彻合规政策，任命合规负责人，明确合规管理部门及其组织结构，识别商业银行所面临的主要合规风险，审核批准合规风险管理计划，每年向董事会提交合规风险管理报告，及时向董事会或其下设的委员会、监事会报告重大违规事件。

该指引要求合规管理部门在合规负责人的管理下，协助高级管理层有效识别和管理商业银行所面临的合规风险；规定了合规管理部门的九项基本职责，包括：（1）向高级管理层提供合规建议；（2）制订并执行以风险控制为本的合规管理计划；（3）审核评价各项政策、程序和操作指南的合规性；（4）开展员工合规培训和教育；（5）识别和评估新产品或新业务的开发，以及新业务方式的拓展等产生的合规风险；（6）开展合规风险的监测和测试；（7）保持与监管机构的日常联系；（8）根据业务内容、业务规模和分支机构的经营范围设立相应的合规管理部门；（9）明确合规风险报告路径等。

该指引要求商业银行的合规管理职能应与其内部审计职能分离，合规管理职能的履行情况应受到内部审计部门定期的独立评价，并要求内部审计部门负责商业银行各项经营活动的合规性审计。

该指引还规定了商业银行合规政策、合规管理程序和合规指南等内部制度的报备要求，《合规风险管理计划》和《合规风险评估报告》的报送要求，以及重大违规事件的报告要求，还明确了监管部门对商业银行合规风险管理进行非现场监管和现场检查的重点。

☆ **risk-doctor 提示：**

在 2006 年前后，银行风控从业人员还在争论"合规"与"内部控制"的区别，以及"内部控制"与"操作风险管理"的区别时，银监会及时发布了《商业银行合规风险管理指引》。该指引明确了合规风险管理的内涵和外延，是银行业风险监管早期的一项核心制度。该指引的颁布对银行业加强公司治理、培育合规文化、完善流程管理、提高合规风险管理的有效性，起到了较好的引导作用，促进了监管者与被监管者的和谐，维护了银行业金融机构的安全稳健运行。

11.2.3　国家发改委等七部委对企业境外经营的合规要求

中央一直关注走向世界的中国企业加强规范化管理的问题。中兴事件成为推动中国企业强化合规管理的标志性事件，该事件使国内企业强化合规经营管理进入新阶段。

在 2017 年 5 月 23 日，中央全面深化改革领导小组第三十五次会议讨论了中国企业面临合规挑战的新问题，并审议通过了《关于规范企业海外经营行为的若干意见》，提出"加强企业海外经营行为合规制度建设"。会议指出，"规范企业海外经营行为，要围绕体制机制建设，突出问题导向，落实企业责任，严格依法执纪，补足制度短板，加强企业海外经营行为合规制度建设，逐步形成权责明确、放管结合、规范有序、风险控制有力的监管体制机制，更好服务对外开放大局。"

2018 年 12 月 29 日，为推动"走出去"的企业增强境外经营合规管理意识，提升境外经营合规管理水平，国家发改委、外交部、商务部、人民银行、国资委、外汇局、全国工商联七部委在参考国际规则和国家标准（等同采用 ISO 19600）的基础上，联合印发了《企业境外经营合规管理指引》（发改外资〔2018〕1916 号）。该指引为中资企业在境外投资与运营的合规管理提供了有益的指导。

《企业境外经营合规管理指引》一共八章三十条，主要内容为：

第一章 总则

第二章 合规管理要求

第三章 合规管理架构

第四章 合规管理制度

第五章 合规管理运行机制

第六章 合规风险识别、评估与处置

第七章 合规评审与改进

第八章 合规文化建设

其详细内容可访问国家发改委官方网站。

该指引在第一条中明确指出，该指引"参考 GB/T 35770—2017《合规管理体系指南》"。国家标准 GB/T 35770—2017 是对 ISO 19600 标准的等同采用。ISO 19600 是全球合规管理最佳实践的结晶，发改委参考该标准，把 ISO 成熟的管理体系方法应用到中国企业的合规管理实践中，是一个非常有益且高效的选择。

从该指引的内容来看，它覆盖了 ISO 19600 的大部分条款和要求，有些条款在某些方面甚至比 ISO 19600 更加明确、具体，比如第六条至第九条的相关合规管理要求，以及第十条合规治理结构、第十一条合规管理机构、第十二条合规管理协调、第十四条合规管理办法、第二十条合规信息举报与调查等内容；该指引对合规管理的原则（独立性、适用性、全面性）也进行了明确说明。这些都是该指引的优点。但从整体上看，因缺乏具体操作指南，该指引仅适用于企业搭建合规管理体系的基本框架。如果企业想让该框架落地，最好参照 ISO 37301 的附录执行。

11.2.4　国务院国资委对中央企业的合规要求

中国企业海外经营行为的根基在国内，因此，要求企业海外经营行为合规必然连带要求企业在国内的经营也要合规。

早在 2014 年，国务院国资委就正式提出了中央企业加强合规管理的号召，并发布了《关于推动落实中央企业法制工作新五年规划有关事项的通知》。该通知指出，"合规管理是深化企业法制工作的新要求，也是提升依法治企能力的新抓手"；在未来五年，各中央企业应"大力加强企业合规管理体系建设"。

2015 年，国务院国资委发布了《关于全面推进法治央企建设的意见》，对中央企业提升合规管理能力提出了具体要求。该意见要求："加快提升合规管理能力，建立由总法律顾问领导，法律事务机构作为牵头部门，相关部门共同参与、齐抓共管的合规管理工作体系，研究制定统一有效、全面覆盖、内容明确的合规制度准则，加强合规教育培训，努力形成全员合规的良性机制。探索建立法律、合规、风险、内控一体化管理平台。"

2016 年 4 月，国务院国资委又印发了《关于在部分中央企业开展合规管理体系建设试点工作的通知》，确定中国石油、中国移动、中国中铁、招商局集团和东方电气五家中央企业为合规管理试点企业，开始探索开展合规管理体系建设的实践经验。

为推动中央企业全面加强合规管理，加快提升依法合规经营管理水平，着力打造法治央企，保障企业持续健康发展，在总结试点经验的基础上，2017 年，国务院国资委相关部门开始进行中央企业合规管理指引工作。经过长期充分的研究论证，于 2018 年 11 月 2 日正式发布了《中央企业合规管理指引（试行）》。risk-doctor 认为，该指引的发布，可能类似 2006 年国资委发布的《中央企业全面风险管理指引》的作用，它将成为推动中央企业合规管理乃至中国企业合规管理的里程碑式事件。

该指引一共六章三十一条，主要内容为：

第一章　总则

第二章　合规管理职责

第三章　合规管理重点

第四章　合规管理运行

第五章　合规管理保障

第六章　附则

其详细内容可访问国务院国资委官方网站。

该指引提出了加强对市场交易、安全环保、产品质量、劳动用工、财务税收、知识产权、商业伙伴等一系列重点领域的合规管理；明确了中央企业董事会、监事会、经理层的合规管理职责，提出有条件的中央企业可设立合规委员会，与企业法治建设领导小组或风险控制委员会等合署，具体承担合规管理的组织领导和统筹协调工作，定期召开合规会议，研究决定合规管理重大事项或提出意见建议，指导、监督和评价合规管理工作。

根据该指引，中央企业要强化海外投资经营行为的合规管理，深入研究投资所在国的法律法规及相关国际规则，全面掌握禁止性规定，明确海外投资经营行为的红线、底线；健全海外合规经营的制度、体系、流程，重视开展项目的合规论证和尽职调查，依法加强对境外机构的管控，规范经营管理行为；定期排查梳理海外投资经营业务的风险状况，重点关注重大决策、重大合同、大额资金管控和境外子公司治理等方面存在的合规风险，妥善处理，及时报告，防止扩大蔓延。

该指引要求中央企业根据本指引并结合实际制定合规管理实施细则；地方国资监管机构可参照本指引，积极推进所出资企业的合规管理工作。

目前中央企业在集团公司层面皆已完成合规管理组织职能体系建设工作，一些中央企业已按照该指引建立了合规管理体系，但是在体系落地及合规管理有效性方面仍处于探索阶段。

risk-doctor 提示：

该指引参照了 ISO 19600 标准的要求，对中央企业及国有企业构建合规管理体系、加快提升依法合规经营管理水平具有较强的指导意义；对打造法治央企，保障企业持续健康发展也有很好的保护作用。

该指引既是指引，也是规范。它不仅可以指导企业从各个方面着手建立合规管理体系，而且可以用于评价企业合规管理体系是否健全。具体评价可以从以下几个方面入手：

（1）合规管理体系是否全面覆盖到企业的所有分子公司、分支机构、全体员工、所有业务单元和业务活动；

（2）企业主要负责人是否以身作则地履行合规职责，合规责任是否落实到具体部门、具体业务和具体人员；

（3）合规管理是否保持一定的独立性，是否与企业的风控、监察、审计等功能协同联动；

（4）合规资源是否满足企业的合规需要；

（5）合规培训是否及时、有效；

（6）合规报告途径是否畅通；

（7）对不合规事件的处理是否及时、合理、有效等。

在国务院国资委发布《中央企业合规管理指引（试行）》之后，一些省市也陆续发布了地方国企的合规管理指引，比如上海市国资委于 2018 年 12 月印发了《上海市国资委监管企业合规管理指引（试行）》，江苏省国资委于 2019 年 12 月印发了《省属企业合规管理指引（试行）》，广东省国资委于 2020 年 3 月印发了《广东省省属企业合规管理指引（试行）》等。这些指引的发布较好地规范了中央企业和地方国企的合规管理工作，对法制企业建设，以及国有企业的合规经营起到很好的促进作用。

11.3　我国企业合规管理现状

"合规"对我国企业来说是个舶来品。在合规管理方面，我国商业银行走在了时代的前列。中国银监会在 2006 年就参考相关标准发布了《商业银行合规管理指引》，于是各商业银行便依据该指引开始了全面、系统的合规管理工作。合规管理及风险控制成了商业银行开展业务的助推器。

其实，早在 2002 年，中国银行就已经参考其香港分行的合规管理制度，改革其"法律事务部"为"法律合规部"，设立了首席合规官员；并按照巴塞尔咨询文件的相关内容，结合自身实际，起草完成了《中国银行合规政策》，明确了与新公司治理结构相配套的法律合规风险控制框架，对董事会、行长及高级管理层、各级管理者乃至全行员工的合规责任提出了明确的要求，对全行控制法律合规风险也提出了具体的控制流程要求。中国建设银行在 2005 年设立了合规部门，并于 2006 年发布了《中国建设银行合规政策》。截至目前，为满足监管的要求，金融行业内的各类企业均结合自身实际，陆续建立了自己的合规管理部门，制定了相应的合规管理政策和方案，并在此基础上逐步完善企业合规文化的建设。

对于非银行企业，尤其是国有大中型企业和上市公司，国务院国资委、中国证监会、上交所和深交所等也陆续颁布了一些公司层面的合规指引及专项业务方面的合规指引，指导相关企业去合法经营、合规操作某项具体业务。现在回过头来看，这些指引都较好地培育了相关企业的合规意识，也促进了相关企业的合规行为。

2016 年年初，国务院国资委发布了《关于全面推进法治央企建设的意见》，并于 2016 年 4 月印发了《关于在部分中央企业开展合规管理体系建设试点工作的通知》，同时指定中国石油、中国移动、中国中铁、招商局集团和东方电气五家中央企业为首批合规管理试点企业，开始在中央企业层面探索开展合规管理体系建设的实践经验。

2016 年，在《关于全面推进法治央企建设的意见》发布后，各中央企业迅速行动，多措并举以落实有关要求。各中央企业成立了推进法治工作的领导小组，召开了法治工作会议，对法治工作提要求、做部署，同时制定了自己的法治建设实施方案，与其"十三五"规划同步实施，同步推进。中国石油、中国移动、中国中铁、招商局集团和东方电气五家合规管理体系建设试点企业均制定了自己的合规管理体系建设方案。招商局集团专门成立了由主要领导担任负责人的合规管理委员会，中国中铁在全系统推行合规管理体系建设并明确将合规管理纳入依法经营考核体系，有力提升了各级领导干部的合规意识。中国联通、中煤集团等不在试点范围内的中央企业，也按照通知要求，大力推进合规管理体系建设。

五年过去了，中央企业在集团层面皆已完成合规管理组织职能体系建设工作，不少企业也已按照《中央企业合规管理指引（试行）》建立了合规管理体系基础架构，但是在合规管理体系落地及合规管理有效性方面仍处于探索之中。

从国务院国资委的巡视结果来看，各中央企业在合规方面还存在以下突出问题：落实党风廉政建设责任制不到位，对违纪违规问题查处不及时；有的企业领导人员利用职权为亲属和朋友谋取利益，收受贿赂或进行商业贿赂；有的违规向民营企业盲目投资，向关联企业输送利益；有的下属企业负责人在招投标、物资采购、工程结算中搞权钱交易、贪污受贿、弄虚作假、骗取工程资金，给企业造成巨额亏损；有的企业工程建设领域违规问题突出，大量工程建设项目应公开招标而未公开；个别领导人员大操大办子女婚事，收受礼金；有的企业领导人员在薪酬外领取交通、住房补贴；有的企业公务用车和办公用房超标，存在公车私用现象等；有的企业违反"三重一大"决策制度，导致投资决策失误，部分项目亏损严重，国有资产面临严重损失；有的企业执行选人制度不到位，工作程序不规范，考核不够严格，存在"裸官"问题等。这些问题中，很多都是中央"八项规定"中明确禁止的，但时至今日，仍有个别管理人员顶风违纪。这说明中央企业的合规治理和合规管理工作依然任重道远。

在上市公司方面，由于各主要证券交易所对合规和信息披露的重视，许多上市公司也在上市过程中和上市之初便开始了合规管理体系的建设工作。例如，完善自身的公司治理结构，保障股东大会、董事会、监事会和经营管理层依法合规运作；设立独立董事制度，董事会下设专门委员会履行合规工作；聘请专门的合规顾问；勤勉履行信息披露义务等。这些工作对上市公司的合规治理和合规经营起到了较好的保护作用。

对于开展跨境业务或"走出去"的企业，由于面临的国内外监管更为复杂，不少企业已在合规方面付出了代价。比较突出的问题是环保问题、不正当竞争问题等。2015 年之后，为了降低合规风险，这些"走出去"的企业也在逐步建立自己的合规制度和合规管理体系，并针对特定国家、地区或领域的合规问题进行专项研究。

综上所述，虽然不少企业现在已经启动了合规管理，有的甚至在合规管理实践方面还取得了一定的成效，但它们的合规管理在很大程度上都是与相关领域的强制合规立法密切相关的。这也从侧面说明，当前企业的合规管理工作大多是出于监管压力才开展的，包括国内监管，以及跨境业务中所面临的境外监管。

对民营企业和中小企业而言，其合规管理整体起步较晚，水平更是参差不齐，并且在以下几个方面存在一些共性问题。

第一，合规意识整体薄弱，大多是迫于监管要求而被动开展合规管理的。

第二，对于合规问题，头痛医头，脚痛医脚；重视违规事件的解决，轻视合规制度的制定；亡羊补牢的情况多，未雨绸缪的情况少。

第三，合规制度设计不科学，执行力度不足。有些企业在设计合规制度时脱离自身的业务和实际情况，生搬硬套相关监管规则和指引；有些企业在整章建制方面缺乏系统布局，导致企业内部合规规则十分繁杂；还有一些企业的合规制度流于形式，缺乏有效的执行、监督、问责或优化机制。

第四，合规人员数量少，且专业水平有待提高。

risk-doctor 认为，造成上述局面的根本原因有两个：一是高级管理层对合规管理工作不重视，二是合规人员的专业能力不足。因此，企业在推动合规管理工作时，要重点加强对合规文化的建设，重点加强对合规人才的培养和发展。如今，国家已经发布了"企业合规师"这个新职业，希望未来有一大批合格的企业合规师诞生，为企业和其他社会机构提供更专业、更全面的合规服务。

合规本是由企业法律部门管理，但由于法务工作人员知识面的限制，合规管理职能渐渐向风控部门、体系管理部门或审计部门转移。"企业合规师"新职业的出现，将更加挑战持证的律师队伍。法务人员需要快速补充业务、财务、税务、风控等方面的知识，以在全面合规管理中胜出。

本章小结

"规"多种多样，企业也多种多样，所以"合规"必然有其多样性。本章在前 10 章重点解读 ISO 37301 之后，主要介绍了一些重要的国内外合规管理方面的法规、指引和规范，以及我国企业合规管理的现状。下面从 10 个方面对这些法规和指引进行比较，以加深读者对各合规管理体系要素的理解（见表 11-2）。

表 11-2　不同法规对合规要素的要求

合规要素 ＼ 法规和指引	ISO 37301 (ISO 19600)	美国《反海外腐败法》(FCPA)	英国《2010 年反贿赂法指引》	OECD《商业机构反腐败道德及合规手册》	《中央企业合规管理指引（试行）》
1　领导重视	√	√	√	√	√
2　合规制度化	√	√	√	√	√
3　合规文化	√	√	√	√	√
4　培训与教育	√	√	√	√	√
5　合规风险评估	√	√	√	√	√
6　合规报告	√	√	√	√	√
7　合规举报	√	√	√	√	√
8　合规监督	√	√	√	√	√
9　合规激励与惩罚	√	√	√	√	√
10　持续改进	√	√	√	√	√

本章所列的"规"有些是通用的，比如一些国际准则、国家法律；有些则是分行业的，比如银行业特有的"规"、建筑行业特有的"规"、化工行业特有的"规"等。企业在合规实践中，应该根据自己的实际情况选择适合的"规"来指导业务的开展。

在我国，企业性质的不同，导致合规的内容也不完全一致。一般来讲，国有企业合规的内容比民营企业多一些，上市公司合规的内容比非上市公司多一些。图 11-1 列示了不同性质的企业对应的主要监管机构，读者可以从中找到与自己所在企业对应的监管机构。

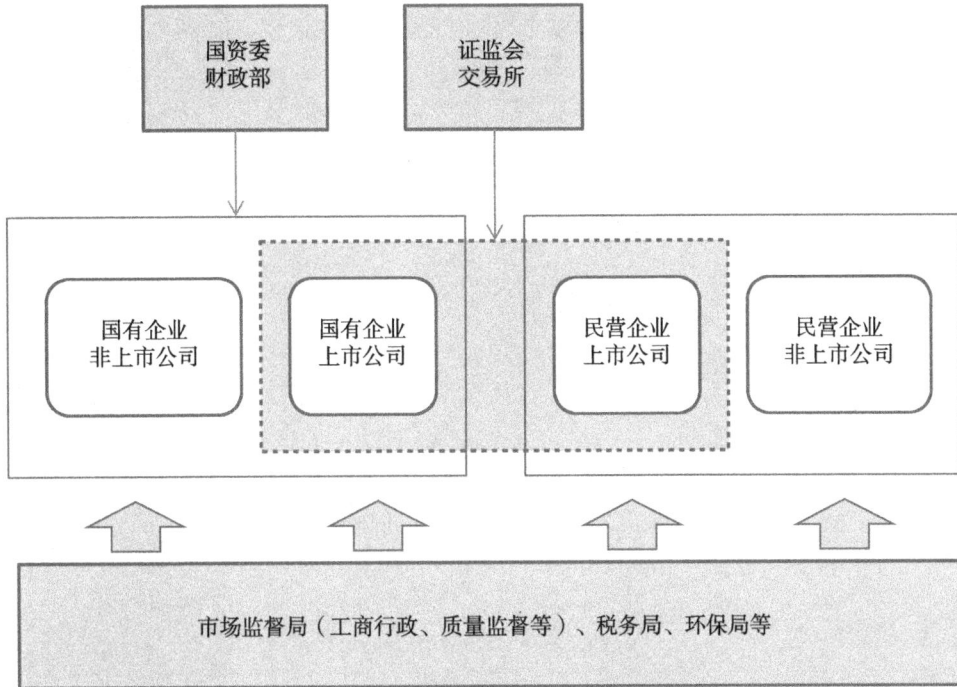

图 11-1　中国企业境内被监管的格局

为了满足外部的监管要求，企业需要把自身的需求转化成内部的规章制度，然后嵌入各项业务活动和管理活动中去。在这方面，中国石油天然气集团公司已积累了一些经验。为了有效防控合规风险，保障公司依法经营、健康发展，中国石油天然气集团公司制定了"中国石油天然气集团公司合规管理办法"，要求集团公司和所属企业在开展经营管理活动时，必须严格遵守所适用的法律法规、规章制度及职业道德规范，必须将落实合规管理要求作为业务开展的前提条件，并融入生产建设和经营管理全过程，纳入考核、严格兑现，确保依法经营管理；同时，还明确指出集团公司和所属企业主要领导是合规管理的第一责任人，对合规管理工作负责；明确人事部负责将合规培训纳入培训计划，将合规评价结果作为干部任免、考核奖惩的依据之一。这些经验值得学习和借鉴。

另外，通过对相关法规的介绍我们还可以看出，合规管理正从传统的专项合规（反腐败、反贿赂等）向全面合规（包含隐私保护、知识产权保护、环境保护、安全生产等）转变，从单独的行业合规和专项合规向"行业合规与专项合规相结合"转变。同时，世界各国在增加合规广度的同时也在不断加强合规的针对性，比如 2019 年 8 月国务院商务部等19 个部门发布的《关于促进对外承包工程高质量发展的指导意见》，又比如 2019 年初国务院反垄断委员会制定的《关于汽车业的反垄断指南》，就是将行业合规与专项合规结合起来的典型代表，这些合规指引将合规管理推向一个新的发展阶段。

第 **12** 章 合规管理体系建设和运行实务

结合第 1 章到 10 章对 ISO 37301（原 ISO 19600）合规管理体系各要素的解读，本章将对如何建设合规管理体系及如何运行合规管理体系进行详细介绍。希望通过本章的介绍，读者能搞清楚合规管理体系建设的具体过程及相关运行机制。本章的主要内容如下。

1. 合规管理体系建设的内容和路径描述

（1）合规管理体系建设概述。

（2）合规管理体系的架构。

（3）合规管理体系建设的基本工作内容。

（4）合规管理体系建设的基本路径。

2. 合规管理体系建设过程详解

（1）搭建合规管理组织体系。

（2）成立合规体系建设项目组。

（3）开展合规培训。

（4）诊断合规现状。

（5）制定体系建设方案。

（6）梳理合规义务。

（7）评估合规风险。

（8）制定合规应对措施。

（9）优化合规流程。

（10）完善合规制度。

（11）编制合规手册。

（12）宣贯合规手册。

3. 合规管理体系运行概述

4. 建立合规管理体系运行机制

（1）建立合规培训机制。

（2）建立合规审查和检查机制。

（3）建立合规报告机制。

（4）建立合规举报机制。

（5）建立合规调查机制。

（6）建立合规考核评价机制。

（7）建立合规奖惩机制。

（8）建立持续改进机制。

5. ISO 37301 合规管理体系认证

6. 合规管理信息系统

如果你是一家企业的合规管理负责人，那么请先抛开 ISO 37301（原 ISO 19600）推荐的合规管理体系的架构、要素和过程，闭目想一想，你该如何策划、设计所在企业的合规管理体系建设？设计完后，又该如何在企业运营过程中持续运行它呢？

12.1　合规管理体系建设的内容和路径描述

12.1.1　合规管理体系建设概述

本书前面 11 章讲了很多与合规管理体系要素相关的"技术性"内容，本章将介绍如何建设合规管理体系。企业在着手建设合规管理体系的时候，难免还是要自问：为什么要建设合规管理体系，不建不行吗，如果建，该从哪方面入手呢？

如今，对国有企业、商业银行、保险公司、证券公司等来说，不建设合规管理体系肯定是不行的。至于为什么要建，除了监管要求外，更重要的是建设合规管理体系可以帮助企业减少违法、违规的行为，提升相关方对企业的信任，甚至可以减轻或免除一些连带处罚。例如，企业因员工违法违规行为而被指控时，企业可以凭借已建设的合规管理体系申请免于被起诉；如果已建设的合规管理体系被证明有效，则涉事企业仅需要"交出"具体的违法责任人，而企业的最高管理者和企业自身则可以因此而得到"免除或减轻"处罚，这在实践中已有不少成功案例。

那么，应该从哪儿开始建设合规管理体系呢？是不是像你想象的那样：构建合规管理组织架构、分配合规管理职责和权限，然后识别合规义务、评估合规风险，再根据合规风险评估结果制定防控措施，制定一系列合规管理制度和专项合规操作指引，最后汇编成一本《合规管理手册》呢？形式上可能是这样的，但这一连串的操作和合规管理体系是什么关系呢？难道《合规管理手册》就是最终要建立的合规管理体系吗？

合规管理体系应该像一棵树，或者像一栋房子，应该是有型、有结构、有生命的。前面章节虽然比较详细地介绍了 ISO 37301 合规管理体系的各个要素，但它们如何变成树或房子呢？这需要结构，需要纽带，需要有东西把这些要素连接起来、组合起来。

基于风险导向的合规管理，其目标是防控合规风险。

合规风险是企业风险的一种，是因企业及其员工没有遵循合规要求或没有履行合规义务而产生的风险，是各种不确定性对组织合规目标的影响。在实践中，可以把合规义务看作"规"，进行合规管理的目的就是让企业主动履行这些义务，遵守这些"规"，而不触犯这些"规"。

合规管理是企业管理中的一种，它与其他管理，如财务管理、人力资源管理、营销管理等类似，都是把企业和员工的行为作为管理对象，不同点是它们管理的侧重点不同，财务管理侧重于管理企业及其员工的财务行为，而合规管理则侧重于管理企业及其员工的合规行为。

　　企业合规管理体系建设和其他管理体系（如质量管理体系、内部控制体系）的建设一样，也是一个从零散、散乱到规范，从局部、专项到系统化，从被动到主动的过程。

12.1.2　合规管理体系的架构

　　组织作为一种人、财、物、信息的集合体，有利益追求和欲望指使，对各项"规"的遵守不会是必然地和自动地去执行和满足，需要有意识地建立一些机制给予保障和约束，并督促组织及其内部所有人员去遵守。ISO 发布合规管理体系标准的目的就是帮助组织建立一套有效且能及时响应的合规管理体系，然后加以运行、维护、评价和改进，以保证组织及其员工的行为合法合规。

　　如前 10 章的介绍，ISO 推荐的合规管理体系模型可用图 12-1 来表示。

　　为了便于组织（包括企业）设计和运行合规管理体系，在 ISO 19600《合规管理体系指南》中，ISO 为各种组织推荐了合规管理体系流程图，如图 12-2 所示；在 ISO 37301 中，ISO 对合规管理体系的构成要素又做出明确要求，如图 12-3 所示。这两张图虽然表现形式有所不同，但其本质是一致的，组织可以应用这两张图中的任何一张来设计和运行自己的合规管理体系。

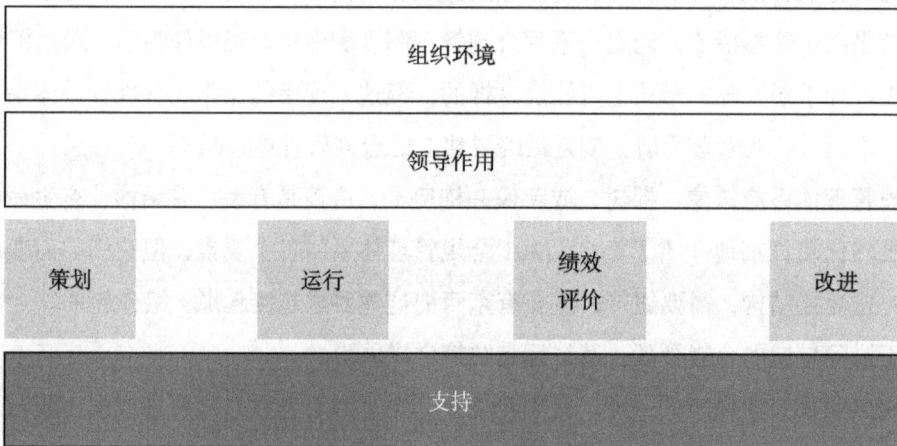

图 12-1　ISO 推荐的合规管理体系的基本要素

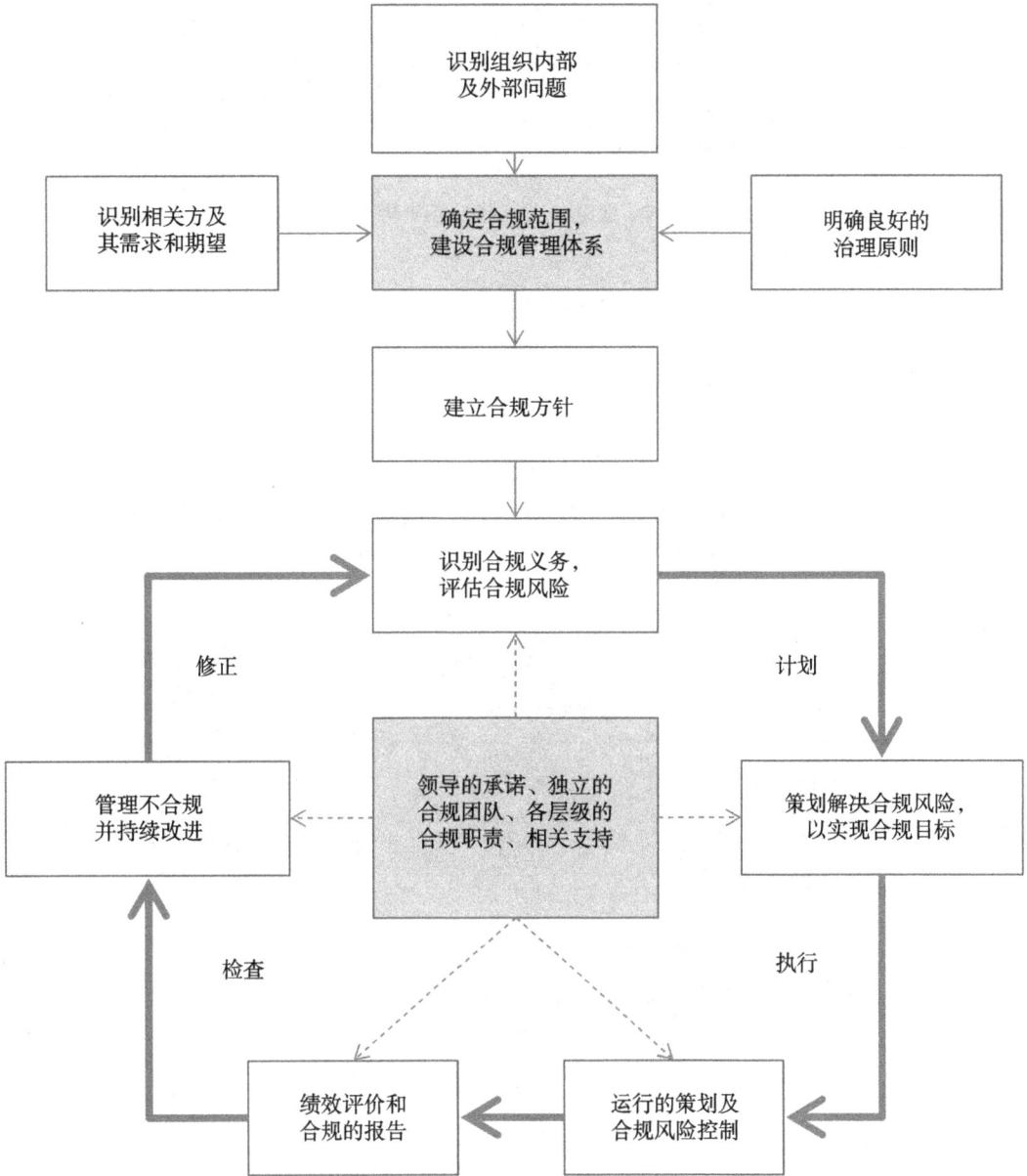

图 12-2　ISO 推荐的合规管理体系流程

目标
诚信、文化、合格、声誉、价值、道德

原则
诚信、良好治理、适应性、透明性、问责制、可持续性

合规方针
角色和职责
义务和风险
各层级的承诺
明确合规范围

管理不合规
持续改进

修正

建立

改进

制定

计划

领导
治理
文化

检查

评价

执行

执行

维护

支持
运行
能力和意识
沟通和培训
控制和程序
文件化

内部审核
管理评审
监视和测量
提出关切
调查过程

组织及其环境
法律、社会、文化、数字化、财务、架构、环境、利益相关方

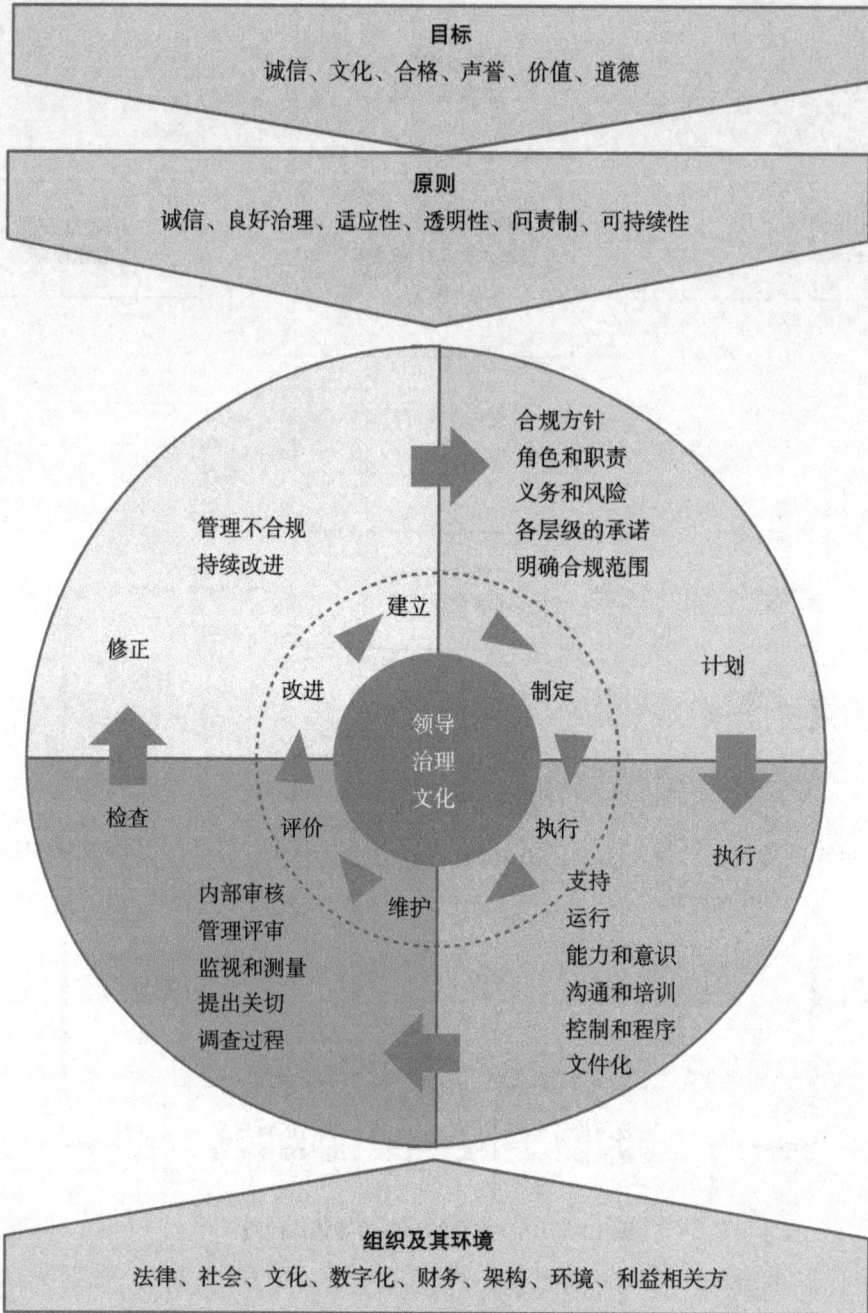

图 12-3 ISO 37301 合规管理体系构成要素

12.1.3 合规管理体系建设的基本工作内容

在《中央企业合规管理指引（试行）》中，合规管理被定义为：以有效防控合规风险为目的，以组织及其员工经营管理行为为对象，开展包括合规培训、合规制度制定、合规

风险识别、合规审查、合规风险应对、合规责任追究、合规考核评价等有组织、有计划的管理活动。因此，合规管理体系建设应该围绕这些目标、对象和活动来展开。

为方便读者理解，risk-doctor 把图 12-1、图 12-2、图 12-3 中的内容概括为合规管理体系建设的九个基本方面，它们分别是：

（1）建立合规方针；

（2）明确合规领导者与组织机构，以及其角色和职责；

（3）梳理并确定合规义务；

（4）识别并评估合规风险，确定组织合规管理的重点领域、重点环节和重点岗位；

（5）策划和制定合规风险应对措施；

（6）完善合规管理制度和机制；

（7）监测并评价合规效果；

（8）管理不合规并持续改进；

（9）建立合规工作运行的资源保障机制等。

以上九个方面是构建合规管理体系的核心工作内容，可用图 12-4 表示。

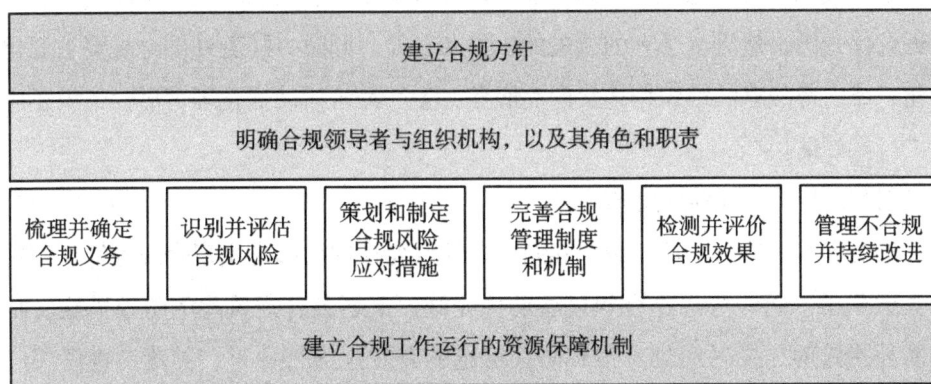

图 12-4　合规管理体系的核心工作内容

结合本书第 4 章到第 10 章的描述，下面再分别对它们做简单说明。

1.建立合规方针

合规方针是组织实现合规生产经营管理的原则和合规行动的承诺，对应本书的第 5.2 节。组织确立合规方针应基于组织的合规义务，并与组织的核心价值观、目标、战略保持一致，然后以通俗易懂的语言表达出来，便于所有员工都能够容易地理解它。合规方针是组织合规管理体系建设要实现的总体目标，是合规管理体系的纲领性文件，后续各方面均为达成此目标而设计。

2. 明确合规领导者与组织机构，以及其角色和职责

这项工作对应本书的第 5.1 节和第 5.3 节。明确合规领导与组织机构、职责分工，关乎组织合规管理体系的领导力和执行力。建立有效的合规管理体系离不开组织的治理机构和最高管理者的直接领导和积极承诺。组织的合规职责应覆盖全员，从治理机构、最高管理者、合规管理部门，到业务部门和各位员工，都需要有明确的合规角色和合规职责。

3. 梳理并确定合规义务

这是组织建立合规管理体系的最基础的活动，对应本书的第 4.5 节。组织应从外部监管和内部的发展战略、产品服务、市场范围等方面去梳理和识别需要履行的合规义务，并且能够根据外部监管要求的变化或组织合规承诺的调整，与时俱进地动态维护组织需要履行的合规义务。这种梳理应涵盖组织的所有业务领域和分支机构。

4. 识别并评估合规风险

对合规风险的识别、分析和评价是制定合规风险应对措施的前提。这方面的内容对应本书的第 4.6 节。组织通过对合规风险的评估，可以确定组织合规管理的重点领域、重点环节和重点岗位。组织把合规义务与生产经营活动、产品、服务、资源等相关方面联系起来，识别不合规或潜在不合规的来源、场景，分析其原因、后果和发生可能性，确定合规风险处理的优先级，然后给予有的放矢的应对和管控。同时，随着外部合规要求变化、第三方变化，或内部战略、组织结构、产品服务、生产经营活动变化等情形，组织还应对合规风险进行再评估。

5. 策划和制定合规风险应对措施

该工作对应本书的第 6 章。策划和制定合规风险控制措施是实现合规方针、控制合规风险的关键步骤。组织应根据合规风险的优先级，策划各合规风险的防控措施。制定合规风险防控措施时，要对策划方案和防控措施的有效性进行评审，并落实责任部门和责任人。

6. 完善合规管理制度和机制

建立控制程序与运行机制是组织履行合规义务、控制合规风险的基本保障，这部分内容对应本书的第 8 章。为保证组织生产经营管理行为满足合规要求，组织需要将合规义务转化成内部的规章制度，然后把这些规章制度（包括控制目标、控制程序、控制措施等）整合到业务运行流程之中，并被执行起来，以实现预期的合规目标。

7. 监测并评价合规效果

这部分内容对应本书的第 9 章。合规效果监测和评价包括监视、测量、分析、评价、审核及管理评审等内容，其目的在于让组织时刻了解其合规管理的效果。组织应设定与合

规方针一致并可测量的合规目标，然后动态地监视、测量、评价合规管理的绩效，看看其实现合规目标的程度，以此来评价合规管理体系的有效性。

8. 管理不合规并持续改进

这是 ISO 管理体系的精髓，是组织合规管理体系持续有效的重要工作方法，对应本书的第 10 章。在业务活动和管理活动中，组织应针对发现的不合格和不合规现象或事件，及时采取纠正措施，并在组织内部保持畅通的报告机制，该机制向上可以报告至合规管理委员会、最高管理者、治理机构。

持续改进可以及时识别合规效果的改进机会，从而帮助企业持续保持合规管理体系的适用性、充分性和有效性。

9. 建立合规工作运行的资源保障机制

这部分内容对应本书的第 7 章。组织开展合规管理，需要准备与之相应的资源及配套的资源保障机制。组织的合规资源保障包括组织实现合规的所有支持，比如资金、人力资源、专业技能、组织基础设施、合规知识、合规资料、外部建议、最高管理者的支持等；同时，也包括组织开展合规能力建设和合规培训，以及内外部合规沟通与合规宣传；还包括制定必要的合规管理制度文件、保存必要的合规管理记录等。

12.1.4　合规管理体系建设的基本路径

上一节介绍了合规管理体系建设的主要内容，接下来看看该如何完成这些内容。risk-doctor 把合规管理体系建设分为 12 个步骤，取名"合规体系建设 12 步法"，如图 12-5 所示。

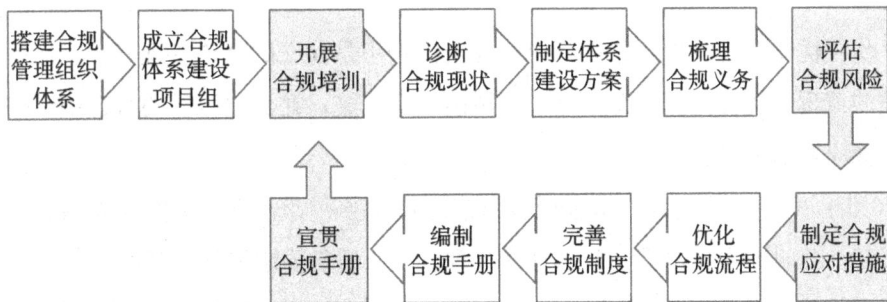

图 12-5　risk-doctor 合规管理体系建设路径（合规体系建设 12 步法）

组织的运行离不开人。因此，"合规体系建设 12 步法"的第一步就是搭建合规组织机构，第二步就是成立合规项目组，有了人、有了合规团队、有了合规组织机构，接下来就可以按部就班地开展相关工作了。

图 12-5 中有四个步骤是灰色背景的，这不是说它们可以忽略或不重要，恰恰相反，它们很重要。下面简单介绍一下图 12-5 中各步骤的主要工作内容。

第 1 步：搭建合规管理组织体系。该步骤要完成从治理层到一线员工的合规职责分配及授权，明确每个层级在合规管理中的职责。

第 2 步：成立合规体系建设项目组。合规管理体系建设一般以项目的形式进行，所以光有常态的合规组织体系是不够的。在短时间内建立企业的合规管理体系，需要一批有经验的专业人员相助。

第 3 步：开展合规培训。这是普及合规文化的重要方式，通过培训，让全员知道合规管理的重要性和必要性，知道违规的代价，以此提升全员的合规意识。合规体系建设项目启动会也是合规培训的一部分，需要认真对待。

第 4 步：诊断合规现状。企业开展合规体系建设，首先要搞清楚当下的合规管理水平怎么样，有哪些短板？只有充分了解这些现状，在合规管理体系策划和设计时，才能有针对性，有的放矢。

第 5 步：制定体系建设方案。根据外部要求和合规现状诊断结果，制定合规管理体系建设方案，明确合规管理的目标、方针、总体规划、详细计划等内容。

第 6 步：梳理合规义务。这是很关键的一步。只有明确了合规义务，才知道去承担什么、遵循什么。

第 7 步：评估合规风险。合规义务是客观的，合规风险则有可能是主观的，所以需要全面识别合规风险，然后加以分析、评估，确定哪些风险是重大或重要的合规风险。

第 8 步：制定合规应对措施。根据风险评估结果，针对相关合规风险制定应对措施，加以防控。

第 9 步：优化合规流程。这里所说的合规流程不是狭义的合规管理流程，而是所有业务和管理的流程。优化流程本身也是一种风险应对措施。在优化流程的过程中，需要把上一步的合规应对措施整合进去。

第 10 步：完善合规制度。待合规应对措施在业务和管理流程中发挥作用后，可以把它固化下来。此时要看看是要调整已有的管理制度，还是要增加新的制度。

第 11 步：编制合规手册。《合规管理手册》是合规管理体系建设集大成的代表性成果，类似企业内部控制建设中的《内部控制手册》。

第 12 步：宣贯合规手册。这一步非常关键。很多合规项目都是"虎头蛇尾"，忽视宣贯，导致的结果是《合规管理手册》被束之高阁。合规管理体系建设不是建在纸上和电脑里，而是建在全体员工的脑海里、潜意识里。

本章接下来将对这 12 个步骤进行详细介绍。

12.2　合规管理体系建设过程详解

12.2.1　搭建合规管理组织体系

之所以把搭建合规管理组织体系作为一个阶段，是因为合规管理组织体系是企业合规管理的最基本的保障，它承载了企业合规管理的可行性和可运行性。搭建合规管理体系需要人，执行合规管理措施需要人，离开人和组织，合规管理体系就是一个空架子。

合规管理组织体系建设是一个系统性工程，需要结合企业的治理结构和管理模式来设计，要以合规义务为导向，将各项合规要求和合规承诺落实到企业各项业务活动的各个环节以及各层级的各个关键岗位。

企业在设计合规管理组织体系架构时，可以参照风险管理的"三道防线模型"来设计，如图 12-6 所示。其具体工作内容包括调查研究组织的权力配置；明确各个层级的合规角色和合规职责；建立内部权力制约与监督机制，特别是对管理层不当行为的监督；同时，要对合规团队进行充分授权并确保合规团队的工作具有一定的独立性。

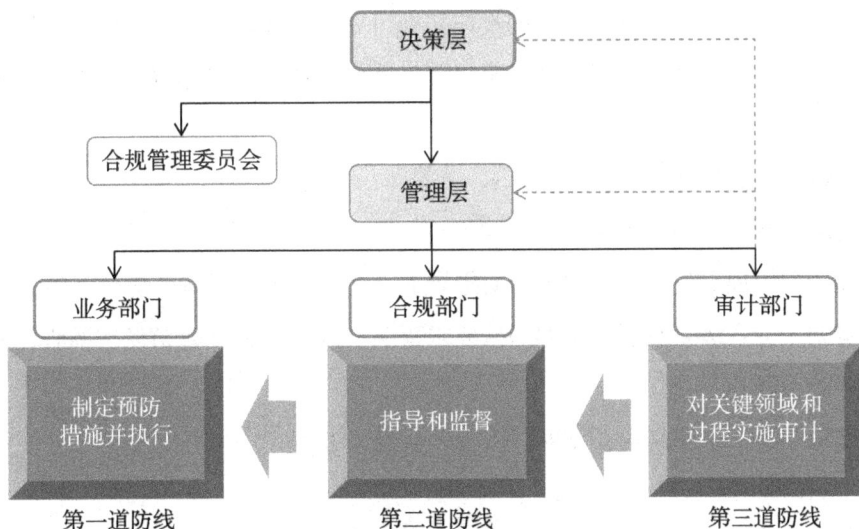

图 12-6　合规管理组织体系示意图

关于合规管理组织体系中不同角色的职责和权力，请回看本书第 5 章的内容。除第 5 章的描述之外，下面再补充几点说明。

（1）各业务部门和其他职能部门与合规部门并行的，在建立合规管理组织体系时要区分合规职责的牵头部门和主责部门。例如，牵头部门是合规管理的直接归口管理部门，各业务部门是合规管理的责任部门；在合规风险自查工作中，必须由业务部门定期执行，并将结果向合规部门报送；而审计部门则负责对合规风险自查工作的开展情况进行审计。

（2）在合规部门内，有时需要细分各专业合规岗位，比如负责反腐败的合规岗位、负责合规检查的岗位、负责数据合规的岗位等。若企业规模很大，且合规义务多而杂，则可以对同一个合规岗配置多名合规主管或合规专员；反之，若企业规模不大，则可以考虑一人兼任多个合规岗位。

（3）合规管理组织体系是企业合规管理过程中所涉及的组织安排和人力资源安排，各层级机构或人员的合规职责必须明确化、书面化、制度化。

（4）合规管理组织体系是自上而下设计的，从企业最高决策层到企业的业务一线，包括董事会、监事会、经理层、业务部门、职能部门、下属单位、业务岗位等，都应有明确的合规职责说明。

12.2.2　成立合规体系建设项目组

企业合规管理体系建设一般以项目的形式展开，所以需要成立项目组。项目组作为项目的具体执行团队，要亲自参与项目的具体实施。如果企业内部有足够的人力资源，那么就以内部人员为主，咨询机构等外部专家仅负责提供专业的技术建议，协助设计合规工作方案等。

1.项目组的主要职责

项目组的主要职责一般包括：

（1）在合规管理委员会及合规部门的指导下，开展合规管理体系建设工作；

（2）协调企业各级管理层、各部门按要求落实合规要求，配合访谈、调研、流程梳理及合规自评等工作；

（3）梳理业务、组织结构、制度、流程、合规义务等；

（4）组织讨论和评估合规风险；

（5）制定风险应对方案和措施，明确整改主责部门；

（6）监督应对措施的落实情况；

（7）对重大合规风险或重要合规风险建立合规风险预警指标；

（8）编写合规管理手册；

（9）组织实施合规培训，培育合规文化；

（10）宣讲合规管理体系建设成果；

（11）协助建立合规管理信息系统等。

2.组建项目团队

项目团队成员来自企业和咨询机构，企业内部的合规牵头人和咨询机构人员的选择是项目成功的关键因素，尤其是咨询机构的项目经理。有人表示，项目经理选择对了，项目就成功了一半。这一点在招标时一定要特别注意。既不要被低价蒙蔽了，也不要被咨询机构的方案蒙蔽了，方案再好，如果缺少有经验的人在现场指导，都将是"水中月、镜中花"。

3.培养项目组成员

企业对合规的认识和理解需要一个过程，需要随项目的推进及时开展一些相应的培训，包括合规理念的培训、合规基础知识和技能的培训等。

在合规管理体系建设过程中，咨询机构（或合规管理部门）应结合企业实际情况对企业合规团队开展注重实效的培训和指导，通过有效的培训，实现知识转移，帮助企业培养出一支有合规专业能力的队伍，从而保证合规项目的顺利开展。

除了对项目团队成员进行培训外，咨询机构还应适时对非项目组人员进行培训。

4.明确项目沟通机制

合规管理组织体系的各层级需要充分的信息共享与沟通。为确保相关信息能够及时、准确、有效地在组织内进行传递，使相关管理层级能够及时了解和把握合规体系建设的总体情况，及时了解项目进度，项目组需要明确项目的内部及外部沟通机制，具体包括拟沟通的内容、沟通方式、沟通频率等。

12.2.3　开展合规培训

1.如何开展合规培训

合规培训对于宣传合规文化和强化合规意识很重要，包括对全体员工的"普法式"合规意识培训，也包括对合规部门人员的合规技能培训，以及对重点岗位或特定领域人员（比如境外工作人员）的专项合规培训等。

在实践中，合规培训需要常态化、制度化，至少应该包括以下内容。

一是要导入企业的合规价值观。好的合规价值观有益于企业及其员工培育好的合规理念。

二是要详细介绍合规管理组织体系以及各层级、各部门、各岗位的合规职责，通过解读合规文件（比如合规管理制度、合规指引、合规运行机制等），使员工清楚自己的合规职责及合规报告路线，帮助员工了解合规部门在合规管理工作中的定位与价值。

三是要加强对企业中高管层的合规培训，通过培训为他们传授一些法律、法规等合规知识，以便他们在决策时有能力将合规风险纳入考量因素之中。

四是要加强对合规专业人员的培训，不断提高他们的合规管理技能，尤其是各种专项合规技能，如合规调查、合规信息和证据的收集等。

五是要针对不同岗位提供不同的合规技能培训。

通过这些合规培训，有助于企业员工从"要我合规"向"我要合规"转变。

2. 利用项目启动会，开展合规培训

在项目开展初期，以合规培训开头，更多的是宣传合规文化。其中，项目启动会是一个很好的机会。除了安排领导讲话，介绍项目的计划和安排外，还要利用这个契机，宣传合规文化，传播合规知识。

下面介绍一些合规项目负责人在项目启动会上向与会人员和全体员工传递的基本信息。

（1）介绍合规"是什么"。着重介绍合规的基本概念和内容，以及合规与企业战略、业务之间的关系。

（2）介绍合规工作的必要性。明确合规工作的意义和重要性，说明合规工作既是外部监管的要求，也是企业内部规范管理、防范各种经营风险的需要。

（3）说明合规工作该"如何做"，包括开展合规工作的依据、方法论、程序、计划安排等，让相关人员和单位了解并意识到自己未来要参与合规工作，明白自己的职责和需要发挥的作用。

（4）详细介绍项目的计划安排。明确告诉与会人员合规体系建设的近期安排和中长期安排，尤其是近期工作的具体安排，比如具体的工作内容、人员、进度、需要相关部门配合的事项，以及相关要求等。

3. 合规培训的方式

除了开会、办班之外，还可以通过以下方式开展合规培训。

（1）利用网络做线上培训，比如开发合规网络培训视频，或者把培训资料放在企业网站上，这样员工可以根据权限阅读和下载合规宣传资料和培训资料。

（2）举办专项合规培训，比如反腐败培训、反洗钱培训、反垄断培训、安全生产培训、隐私保护培训、环境保护培训等。

（3）开通合规热线，受理和解答员工的合规问题。

（4）设立年度和季度合规日，集中沟通合规问题。

（5）举办年度合规知识竞赛、年度合规论文评选活动等。

12.2.4　诊断合规现状

成立项目团队，召开项目启动会后，接下来要对企业的合规现状进行诊断。

1.合规现状诊断的基本步骤

（1）以企业业务和合规要求为出发点，梳理企业的合规义务。

（2）全面调研企业的合规管理现状，识别并评估企业的各项合规风险，对标合规要求和同行业优秀企业的最佳实践，明确合规建设和优化提升的方向。

（3）从制度和流程入手，识别和诊断企业现有的业务流程和关键控制标准，分析其是否合规、有效。

（4）从合规目标出发，调研企业合规管理的有效性，分析企业的合规管理是否实现了闭环。

（5）编制《合规现状诊断报告》。

2.合规现状诊断的方法

要对企业的合规现状进行诊断，就需要对其进行调研和分析。常用的方法有实地考察、调查问卷、现场访谈、电话访谈等。

通过问卷调查、人员访谈、资料阅读等方式，项目组对企业合规管控模式现状进行扫描，对公司组织架构以及合规管理的现有职责进行分析、诊断，明确与合规相关的管理体系之间的分工与衔接，梳理已有的法务、合规、内控及风险管理等方面的制度。同时，通过访谈、问卷、核对等方式，对公司的业务流程进行梳理，形成以合规风险为导向的业务流程图或业务流程描述。

12.2.5　制定体系建设方案

体系建设方案是企业搭建合规管理体系项目的指导性文件，可以由企业合规部门制定，也可由外部咨询机构协助制定。在制定体系建设方案时，主要有四个方面的工作需要明确：一是确定搭建合规管理体系的标准或依据，二是明确合规管理体系搭建的范围，三是要明确体系建设方案的具体内容，四是要明确体系建设责任。

一、确定搭建合规管理体系的标准或依据

通过本书第 11 章可以知道，除 ISO 推荐的 ISO 19600 和 ISO 37301 合规管理体系外，还有其他组织推荐的合规管理体系。不同合规管理体系的构成要素可能相同，也可能不完全一致。目前国内中央企业和国有企业参考最多的合规管理文件是《中央企业合规管理指引（试行）》，其次是 ISO 19600 标准。如今，由于 ISO 37301 是可认证的标准，因此会在市场上掀起一股合规认证热潮。

在《中央企业合规管理指引（试行）》中，国务院国资委规定了中央企业合规管理的 14 项内容，分别是：

（1）合规管理原则；

（2）合规管理职责；

（3）合规管理的重点领域与环节；

（4）合规管理制度；

（5）合规风险识别及预警机制；

（6）合规风险应对；

（7）合规审查；

（8）违规问责；

（9）合规管理体系有效性评估；

（10）合规考核评价；

（11）合规管理信息化；

（12）合规培训；

（13）合规文化；

（14）合规报告。

ISO 19600 标准推荐的合规管理体系要素包括 7 项：

（1）组织环境（包括合规体系范围、合规治理原则、合规义务、合规风险评估等）；

（2）领导作用（包括领导合规承诺、合规方针、合规职责等）；

（3）策划（包括合规风险应对措施、合规实施策划、变更的策划等）；

（4）支持（包括资源、能力和培训、合规意识、合规文化、沟通、文件化信息等）；

（5）运行（包括运行策划、控制策划、提出关切、实施调查等）；

（6）绩效评价（包括监视、测量、合规评价、合规报告、合规评审、合规审计等）；

（7）改进（包括不合规纠正、持续改进等）。

我国的标准化管理委员会也发布了 GB/T 35770—2017《合规管理体系 指南》，虽然它是对 ISO 19600 标准的等同采用，但在国内企业合规管理实践中，其影响力远不如《中央企业合规管理指引（试行）》，因此，本书不对它进行单独说明。《中央企业合规管理指引（试行）》侧重于监管要求，特别强调了"合规风险预警、合规审查、违规追责，以及合规管理信息化"等方面的要求。

不管哪个标准或指引，对于合规管理，关键是要关注其体系或机制运行的有效性。在这方面，美国司法部于 2020 年 6 月公布的新版《企业合规体系评估》（Evaluation of Corporate Compliance Programs）具有一定的借鉴意义。该合规管理文件从"合规体系设计、合规体系实施、合规体系有效性"三个方面进行规定，具体包括 13 项内容：

（1）风险评估；

（2）政策与程序；

（3）培训和沟通；

（4）举报和调查机制；

（5）第三方管理；

（6）并购尽职调查；

（7）高中层管理人员的承诺；

（8）独立性和资源；

（9）激励和惩罚措施；

（10）持续改进；

（11）定期测试和审查；

（12）对不当行为的调查；

（13）分析和补救不当行为等。

世界银行集团一直致力于完善其制裁体系，其发布的《诚信合规指南》为很多企业所借鉴。该合规指南明确了 11 项合规管理工作内容，分别是：

（1）禁止不当行为；

（2）职责；

（3）合规计划启动与风险评估及检查；

（4）内部政策；

（5）针对业务伙伴的政策；

（6）内部控制；

（7）培训与交流；

（8）激励机制；

（9）报告制度；

（10）不当行为的补救措施；

（11）集体行动等。

世界银行集团比较严谨，在发布该合规指南时特别指出，"本指南的适用对象主要为受制裁方，但也欢迎其他各方参考采纳。该指南并非包罗万象的唯一规范性文件，各方应根据自身情况决定是否予以采纳或做出相应调整。"

☆ **risk-doctor 提示:**

这里再次把几个重要的合规管理指引和标准的要素向大家展示，其目的有两个：

一是说明合规管理体系建设之路有千万条，"条条大路通罗马"，企业可以根据自己的实际情况选择适合自己的合规标准和合规管理体系；

二是"合规实质"重于"合规形式"，不同的合规标准内容描述或侧重点虽然有差异，但其基本内容几乎都是一致的。

二、明确合规管理体系的建设范围

合规管理体系的建设范围关系到合规管理体系建设需要投入的人、财、物及时间资源。其中，人力资源最重要，它不仅包括企业内部的合规人力资源，还包括外部专家资源等。明确建设范围主要包括以下三个层面的范围。

1. 管理体系层面的范围

企业应明确是建设某一项或某几项"专项合规管理体系"（如反垄断合规体系、反腐败合规体系、数据保护合规体系等），还是建设包括所有专项的"全面合规管理体系"，抑或是建设范围更广的多位一体的"大合规体系"，比如整合法务、风险管理和内部控制的"大合规管理体系"或"大风控管理体系"。

如果是后面两种情况，就要考虑分阶段建设，然后明确每个阶段的建设重点。本章主要针对第二种情况"全面合规管理体系"的建设来说明。

2. 组织结构层面的范围

确定体系层面的范围之后，接下来要确定是要建立全集团层面的合规管理体系，还是某些或某个子公司层面的合规管理体系。其中，集团合规管理体系，可以在集团总部和集团各下属公司或特定下属公司内施行；单个公司的合规管理体系，则仅在该公司及其分支机构范围内施行。

3. 业务领域层面的范围

对大中型企业而言，很多企业都是多业务领域的，比如某集团公司有房地产业务、金融业务和能源业务等。企业准备在哪些业务领域展开合规管理体系建设，取决于本行业的监管要求和本企业在该领域的合规风险的大小。在人、财、物、时间有限的情况下，企业需要明确先在哪些或哪个业务领域开展合规管理体系建设工作，还是对集团所有业务同时开展合规体系建设。

三、确定建设方案的内容

建设方案的内容一般包括合规管理工作的基本思路、主要原则、工作目标、组织领导、主要任务、实施步骤、绩效考核、监督实施等。

建设方案取决于企业的业务情况和管理情况，对初建合规管理体系的企业而言，明确几项重要内容作为体系建设的抓手非常重要。比如，明确要求实施哪些方面的合规培训，输出哪些具体成果：合规义务库、合规风险库、合规联络员制度、合规审查机制、合规检查机制等。

四、明确建设责任

企业应根据实际情况，将合规体系建设工作任务落实到各层级、各部门、各岗位。在体系建设项目期间，各部门、各岗位的工作职责要具体，工作期限要明确，如果各项具体工作能与相关责任人的绩效考核挂钩，那更好。

12.2.6　梳理合规义务

合规义务包括合规要求和合规承诺，是企业落实"外规内化"的"桥梁"。梳理合规义务的主要工作内容包括对企业业务、对外部要求（法律法规等）以及对企业有关合规承诺的梳理，如图 12-7 所示。单对法律法规进行识别并不能自动地知晓企业需要承担的合规义务，只有把法律法规等合规要求作用于企业业务，才能识别企业应该承担的合规义务。

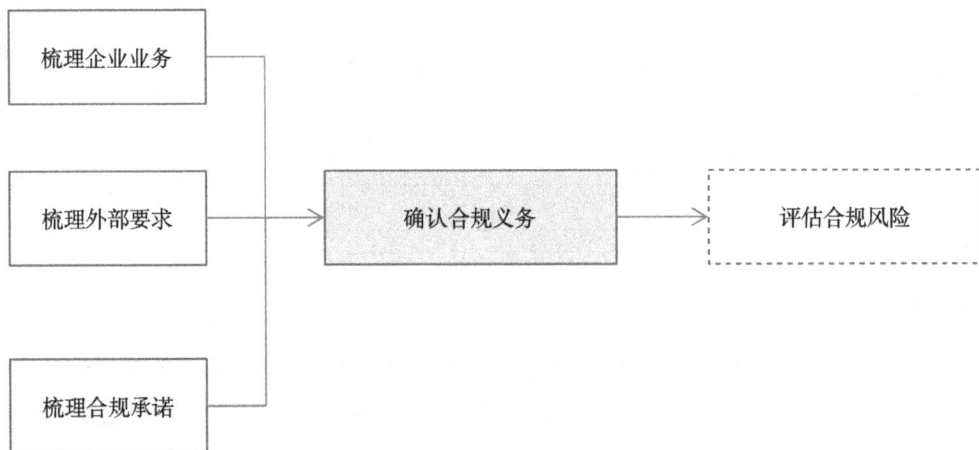

图 12-7　梳理合规义务

合规管理的对象是企业及其员工的经营管理行为，即企业的业务活动。这里的业务活动包括直接帮助企业创造利润的经营行为，如投资、采购、销售、运营等行为，以及致力于提高前述创造利润行为的效率和防范其风险的管控行为，如人力资源管理、财务管理、风险管理等行为。合规管理本质上是一种风险管理，面向投资、采购、销售等经营行为，同时也面向人力资源、财务、行政后勤等管理行为，甚至是内控、监察等风险管理自身的管理行为。

任何企业都是在层层"规"之下开展经营活动的。企业合规义务是企业业务行为的边界，包括法律法规、监管规定、道德规范、国际规则等。在法治经济、法治社会下，这些"规"的数量日益庞大，而且错综复杂，并一直处于变化之中，甚至有的"规"自身也不尽完善。这给合规义务识别和合规风险识别带来了较大的难度，需要从专业角度认真对待。

梳理本企业的合规义务，可以从两个方面展开。

一是从企业的业务流程展开。识别企业的研发流程、销售流程、营销流程、投资流程、人力资源管理流程、财务管理流程等，明确它们各自所应遵守的主要法律法规、监管规定、国际规则等有哪些，然后形成企业的合规义务清单，如表 12-1 所示。例如，在营销环节，企业要遵守《反不正当竞争法》的禁止混淆概念、不得实施商业贿赂、禁止虚假宣传等规定，遵守《广告法》的不得使用"国家级""最高级""最佳"等用语、不得发布虚假广告等规定，以及《价格法》的不得有不正当价格行为等规定。

表 12-1　基于业务流程的合规义务识别清单

业务流程	法律法规	具体要求	合规义务识别
营销流程	《反不正当竞争法》	不得实施商业贿赂	√
		禁止虚假宣传	√
		……	
	《广告法》	……	
投资流程	……	……	……
财务流程	……	……	……
税务流程	……	……	……
……	……	……	……

二是从企业应遵守的专项合规要求展开。专项合规要求包括反贿赂合规要求、反腐败合规要求、反洗钱合规要求、反垄断合规要求、数据与网络安全合规要求、环境保护合规要求、知识产权合规要求、劳动用工合规要求等。这些合规要求作用于企业的业务和管

理，形成企业需要承担的合规义务。

因为合规要求数量非常多且不断变化，所以我们很难一次性识别企业应遵守的全部合规要求。即使耗费大量人力和物力梳理得相对齐全了，我们可能也很难消化和应对。因此，合规要求、合规义务的梳理和识别，特别需要关注企业当下的业务。与企业所在行业、所采取的商业模式、所采用的运作流程密切相关的法律法规、国际规则，特别是行业监管规定，才是重点梳理对象。在实践中，企业可以先建立通用的或某行业的合规要求和合规义务库，然后针对企业自己的某项具体业务梳理合规义务，把梳理工作变成筛选和增补工作。

☆　**risk-doctor 提示**：

企业在初次梳理合规义务时，可从企业业务流程、专项合规要求、相关合规承诺等方面入手，并且随时关注其业务及流程的变化，以及内外部合规要求、内部合规承诺的变化。

12.2.7　评估合规风险

识别和确认合规义务后，接下来就要评估合规风险。

一、合规风险评估概述

合规风险并不直接来自法律法规，而是来自合规义务的不确定性或履行合规义务的不确定性。企业开展合规管理，如果不了解企业的合规状况，那么将无的放矢，甚至无从下手。要了解企业的合规状况，一项很重要的工作就是识别和评估企业所面临的合规风险。定期和不定期的合规风险评估有利于企业识别原有的和新出现的各种合规风险，然后根据风险评估结果，重点关注那些发生概率高、破坏性大的风险领域，合理分配资源并完善现有防范措施，为企业的健康可持续发展提供保护。企业在实施合规风险评估时要注意全面与重点相结合的原则，重点关注：

（1）重点业务领域，比如市场交易、安全环保、产品质量、劳动用工、财务税收、知识产权、商业伙伴等领域，尤其是政府审批监管密切的业务领域；

（2）重点业务环节，比如制度制定环节、经营决策环节、生产运营环节等，在礼品和招待、慈善捐助等环节也要特别注意；

（3）重点业务部门，尤其是财务、销售、采购等部门；

（4）重点人员，比如管理人员、重要岗位人员、海外工作人员等；

（5）重点业务地区，对"走出去"的企业来说，应重点关注那些高冲突或高腐败的国家。

在 ISO 31000 中，ISO 将风险评估定义为风险识别、风险分析与风险评价的全过程，这三个环节缺一不可。ISO 37301（或 ISO 19600）遵循该定义，把合规风险评估分为合规风险识别、合规风险分析以及合规风险评价三个基本环节，如图 12-8 所示。

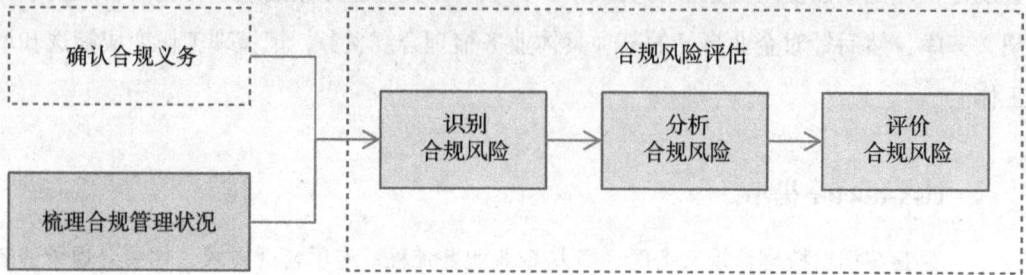

图 12-8　合规风险评估

二、合规风险评估的主要内容

合规管理的目的是防范和管控合规风险，而防范和管控风险的前提是识别和评估风险。因此，合规风险评估是合规管理体系建设过程中重要的基础工作之一。

与其他风险相比，识别合规风险难度相对较小，因为合规风险一般是明确的。但是由于合规风险的面很宽、很广且繁杂，所以需要企业采用一定的方法和机制，聘请适当的专业人员才能识别出合规风险。常用的合规风险识别方法包括头脑风暴法、法规推演法、流程推演法、案例整理法等。在实践中，企业可以通过部门自查、第三方专家协助或与通用合规风险库比对等方法来开展合规风险识别工作。

企业合规风险归根结底都是起因于业务行为，即来源于某个业务流程或制度的缺陷、缺失或错误。对业务流程进行梳理，是识别企业合规风险的一种重要手段。对大中型企业来说，它们可能有多个业务条线、多个业务流程，如果单靠法务人员来梳理其中的风险，那么可能会存在很大的难度。这里推荐一个比较好的参考工具，即美国生产力与质量中心（American Productivity and Quality Center，APQC）开发的流程分类框架（PCF）。最新版的 PCF 将企业的通用（跨行业）业务流程分为 13 项一级流程和 1855 项五级流程，企业绝大部分实际流程都可在这 1855 项流程中找到。合规管理人员可以比照这些通用业务流程，对本企业的业务流程进行查找、验证、补漏等，从而大大提高合规风险识别的效率和效益。

合规风险的分析和评价建立在合规风险识别的基础上，对风险发生的原因、来源、可能性，以及发生后的影响程度等做定性或定量的分析，然后根据风险的大小和重要性对风险进行排序或绘制合规风险分布图。risk-doctor 在《风险矩阵在企业风险管理中的应用》一书中对此做了详细说明，本书不再赘述。

合规风险评估的成果是形成一套完整的企业合规风险清单（合规风险库）、合规风险大小排序、合规风险重要性分级。这些成果是企业选择和制定合规风险应对措施的基础。

三、合规风险评估的注意事项

关于合规风险评估，还需要注意以下几个事项。

（1）在合规管理体系建设中，合规风险评估可作为一项独立的工作来做，也可与合规管理体系建设阶段的其他工作同步进行，如业务流程梳理、合规制度制定等。

（2）要进行合规风险评估，就需要先确定风险评估工作的负责人。在实践中，一般由业务部门先自行识别各自的合规风险，然后由合规管理部门进行辨别和汇总。

（3）合规风险评估虽然也有风险偏好之说，但在实践中并没有可以容忍的"低合规风险"，因为"规"是"红线"或"底线"，违规就意味着越过"红线"或"底线"，所以我们说"违规零容忍"。合规风险评估的分层分级只是用于描述合规风险的严重程度，用于提示或指导企业合理分配合规资源。在实践中，合规风险评估输出的结果通常是合规红线清单。

（4）合规风险清单或合规风险库应该是一个动态的清单或动态的库，需要及时更新、维护。初期至少要一年或半年更新一次。

risk-doctor 提示：

（1）在理论上，所有的合规风险都是不可接受的；

（2）合规风险库应该是一个动态库，需要及时更新、维护；

（3）我们只能管理我们有能力管理的风险。这里所说的能力包括认知、意识、技能等。

四、合规风险预警

合规风险评估是为合规风险应对服务的，但风险永远是动态的。现在被认为是风险，未来不一定仍是风险；现在被认为是安全的，未来很可能会发生实际的风险。为保障合规管理体系对风险变化的适应性，有必要设定一些指标，以保持对风险的动态关注。

合规风险指标的选择主要考虑三方面的变化：一是合规义务，主要是法律法规的变化带来的合规风险变化；二是业务流程发生变化带来的合规风险变化；三是外部环境或第三方带来的对企业经营管理产生影响的合规风险变化。

合规风险指标可以是定性的，也可以是定量的，比如在设计反腐败合规风险指标时，可以把企业发生的招待费、公关费、宣传费等是否严重超标，是否在相同时期内发生了明显的异常等作为监测对象。

企业在选择合规风险指标、设定风险阈值时要关注数据来源，不管是由人工收集的，还是由信息系统收集的。对无数据来源或缺数据来源的指标进行监控是没有意义的。

12.2.8　制定合规应对措施

合规管理是企业众多管理活动中的一种，因此，有关管理方面的一些措施和手段都可以应用于合规管理，包括培训、风险识别、风险评估、风险应对、制度制定、考核评价、审核审批、审计监督、责任追究等。在实践中，合规管理的手段往往需要综合运用，只有这样才能取得好的效果。

业务合规指引属于企业合规管理制度的一种，专指某一个业务领域的合规管控措施，主要解决在某个领域如何合规的问题。

业务合规指引与合规义务的归纳方法类似，也可按两条线来制定。

第一条线是按企业的业务流程制定合规指引。例如，采购合规管理指引也可称为"采购合规管理办法"，具体内容可包括采购部门或人员的合规职责、采购活动的禁止性规定、异常情况的报告义务、采购合规尽职调查、采购合规风险评级及其审批程序、采购活动记录规定等。其他类似的合规指引包括销售合规管理指引、投资合规管理指引、研发合规管理指引、合同合规管理办法、投标合规管理办法、工程建设合规管理办法、商业伙伴合规管理办法等。

第二条线是按合规管理的领域来制定合规指引，如反垄断合规管理指引、反不正当竞争合规管理指引、反洗钱合规指引、反腐败反贿赂合规指引、数据保护与网络安全合规管理指引、劳动用工合规管理指引、安全生产合规管理指引、出口管制与经济制裁合规指引、知识产权保护合规指引、环境保护合规指引等。

业务合规指引是指明企业应当遵守的合规义务，并给出如何不触犯的一些操作式指南。其形式是多样化的，如图文方式、文字方式、清单方式。在一些业务领域，如反腐败领域，甚至可单独制作成一个"反腐败合规手册"，把相关内容全部包含进去。例如，关于礼品招待的、关于慈善捐赠的、关于商务旅行的、关于销售代理人的、关于合作伙伴的以及关于海外 FCPA 反腐败的等相关规定，都可放在一起，形成该领域的一套完整手册。不少跨国公司为有效执行美国 FCPA 法案，就是如此操作的。

12.2.9　优化合规流程

前面基于业务流程梳理识别了合规义务、评估了合规风险、制定了合规风险应对措施，这些成果最后都将应用在哪里？当然是企业的业务活动流程和管理活动流程之中。深入结合业务是所有管理体系必须解决的问题，否则就会造成业务与管控"两层皮"。

基于业务流程的风险识别，是以单个或单项业务流程为对象来判断是否会发生风险的。对大中型企业来说这还不够，还要考虑流程调用和流程网络；对业务比较简单或处于初创阶段业务比较单一的企业来说，其风险比较集中，可不按流程分解来识别合规风险，直接以业务描述为基础来识别即可。

业务流程分解可按级、按层进行，最便捷的方式就是前面提到的 APQC 开发的流程分类框架（PCF）。企业可以参考它来优化自己的流程。一是在流程分类、分级上参考，二是在每个子流程的具体操作和控制上参考。例如，按标的物把企业的采购流程分为原材料采购、办公用品采购、固定资产采购、服务采购、媒体采购等；然后按招标采购的业务操作步骤，把各类采购细分为采购立项、编制招标文件、发布招标文件、组成评标小组、开标、评审、定标、采购前协议、收货、验收、入库等；每一个操作步骤，其实又都是一个小的业务流程，在此基础上进行标准化，即可得到标准作业程序（SOP）。SOP 中应该包含对合规风险、操作风险的控制。

12.2.10　完善合规制度

一、建立合规管理制度体系

合规制度是书面的以防控合规风险为目的的企业内部规定。合规管理涉及面很广，管控手段多样，这就导致合规制度也是多样的。在实际操作中，可以充分利用企业内部控制的成果来编制和完善合规制度。

企业内部控制制度体系一般分三个层级：第一个层级是基本制度或基本规定级，第二个层级是规范、指引级，第三个层级是操作指南级（类似 SOP）。对应合规管理体系，可以用表 12-2 表示。合规制度体系是合规管理体系中最为关键的一个子体系，它和"流程"一起构成合规管理工作中最为"有形化"的部分。因此，无论是咨询机构还是企业，都很重视它。

表 12-2　合规制度等级

层级	类别	说明	举例
第一个层级	合规管理基本制度	相当于合规管理工作的总则，是合规管理的一般性指导文件；二级文件和三级文件以它为基础	合规管理基本制度
第二个层级	合规管理办法	某一领域的管理办法，其特点是强调管理	合规检查办法 合规审查办法 合规奖惩办法 举报与合规调查办法 境外合规管理办法
第三个层级	实施细则	针对某一领域管理办法的实施细则或操作指南，其特点是强调操作	合规风险评估实施细则 合规风险预警实施细则 合规绩效考核实施细则 合规培训实施细则 合规报告实施细则 境外合规管理实施细则

二、合规制度不同层级文件的说明

在实践中，合规管理基本制度往往被视为企业内部控制制度的一个类别。

《合规管理办法》一般包括以下内容：

（1）本办法的制定目的和适用范围；

（2）相关定义和术语；

（3）配套的组织架构和岗位职责；

（4）相关的合规工作程序；

（5）相关的合规工作监督与评价；

（6）考核与问责等。

《专项合规指引》一般包括以下内容：

（1）本指引的制定目的和适用范围；

（2）相关定义和术语；

（3）相关的合规义务概述；

（4）合规义务来源；

（5）相关的合规风险说明；

（6）合规应对操作说明；

（7）典型的不合规行为举例说明；

（8）不合规的后果等。

实施细则主要是解决相关的合规管理办法该怎么做的问题。凡是合规管理体系建设过程中出现的管理操作，均可制定具体的实施细则。

对于合规管理体系的运行，除了要有静态的书面制度和规定外，还需要动态的实际的制度实施或制度所规定的管理举措获得执行，这就需要企业建立一些合规管理运行机制。从广义上看，运行机制也是一种制度。

risk-doctor 提示:

关于《合规管理办法》或《专项合规指引》，企业可根据实际情况，需要一个制定一个，成熟一个颁布一个。

记住：不要追求一次性就把所有的合规管理规章制度全部制定出来。愿望是好的，但这既不可能，也不现实，因为你根本不知道企业未来会需要哪些合规管理制度和办法，也不知道未来的监管要求或合规要求是什么。

三、SPRING 公司合规管理制度体系示例

如今，大部分国企都建立了内部控制体系，这些企业对相关流程和制度已不再陌生。合规管理在实践中一般体现为不同的制度、规定或操作指引，企业可以根据表 12-2 的内容对合规管理制度进行分级管理，也可以根据表 12-3 的内容对合规管理制度进行分类管理。

表 12-3　SPRING 公司合规管理制度体系（示例）

制度类别	制度名称
基本制度	《SPRING 公司合规管理制度》
基本制度配套规定	1.《SPRING 公司合规检查操作指引》 2.《SPRING 公司合规检查领域和对象的定性定量标准》 3.《SPRING 公司合规风险评估办法》 4.《SPRING 公司合规风险识别机制方案》 5.《SPRING 公司合规审查办法》 6.《SPRING 公司合规举报与调查管理办法》 7.《SPRING 公司合规有效性评价办法》 8.《SPRING 公司年度合规工作考核验收管理细则》 9.《SPRING 公司部门内部及跨部门合规管理工作标准化沟通流程图》 ……

（续表）

制度类别	制度名称
专项合规 管理制度	1.《SPRING 公司劳动用工合规管理办法》 2.《SPRING 公司商业伙伴合规管理办法》 3.《SPRING 公司捐赠与赞助合规管理办法》 4.《SPRING 公司环境保护合规管理办法》 5.《SPRING 公司纪念品与接待合规管理办法》 6.《SPRING 公司反洗钱合规管理指引》 7.《SPRING 公司海外项目法律合规工作指引》 8.《SPRING 公司反舞弊合规管理指引》 9.《SPRING 公司反商业贿赂合规管理指引》 10.《SPRING 公司数据保护与网络安全合规管理办法》 ……

12.2.11 编制合规手册

在完成合规流程优化及合规制度更新后，合规管理体系搭建的工作基本就算完成了。为了直观地展现合规管理体系建设的成果，方便全体员工阅读和检索相关合规制度，合规管理体系建设项目组或合规管理部门通常会对前 10 步的工作成果有选择地进行汇编，形成统一的《合规管理手册》。《合规管理手册》是一个汇编文件，是企业合规管理体系建设的标志性成果，就像企业的《内部控制手册》。

《合规管理手册》的内容一般包括：

（1）手册说明；

（2）关键术语和定义；

（3）合规管理框架概述；

（4）合规方针；

（5）合规管理的组织架构；

（6）合规管理角色与职责；

（7）合规行为准则；

（8）合规管理制度；

（9）合规风险评估；

（10）合规运行机制；

（11）合规保障机制；

（12）合规培训；

（13）合规文化等。

为了便于阅读和宣贯,《合规管理手册》一般还包括合规管理日常工作所需要的各种表单、图表、报告的模板,以及合规风险库、合规风险评估准则库、合规文件库清单等信息。

不同的企业对《合规管理手册》的内容有不同的安排。有的企业希望全一些,有的企业希望精简一些;有的企业希望详细一些,有更多的业务合规操作说明;有的企业则希望侧重合规理念和合规文化。因此,在实践中,虽然都叫《合规管理手册》,但其内容可能不完全一致。

《合规行为准则》一般是《合规管理手册》的一部分,也有单独成册的,用于对内、对外宣传。对内宣传时,通常作为《员工手册》或《员工守则》的一部分,向员工传播和强调企业依法经营、合规经营的原则;对外宣传时,主要是表明企业作为一个社会主体,遵循规则、强调法治、弘扬社会道德。如今,很多大中型企业、跨国公司都在极力宣传本企业的《合规行为准则》或《诚信手册》,以塑造良好的企业形象。企业发布《合规行为准则》时,一般需要企业最高领导者(党委书记或董事长)的亲笔签字。

《合规行为准则》可围绕行业惯例、企业合规文化等来制定,重点突出企业在诚信、反腐败、反贿赂、反垄断、反不正当竞争、知识产权保护、员工劳动权益保护、隐私保护、生态环境保护等方面的承诺和说明。其内容不仅包括对企业高管和员工的行为要求,还可以包括对商业伙伴的合规要求,以及全体员工的《合规承诺书》。

12.2.12 宣贯合规手册

企业合规风险的大小以及合规管理效果的好坏,取决于各种合规策略和合规措施的有效落地,而不是看《合规管理手册》有多厚、多详细。要想让《合规管理手册》发挥作用,企业应该在《合规管理手册》发布后,认真做好宣贯工作。

1.合规宣贯的主要工作内容

合规项目组或合规主管部门应结合公司各部门、各单位不同层次的需求,分层分批地对全员进行《合规管理手册》宣贯,同时分享各单位的合规工作动态,宣传合规知识、合规经验和典型案例,有条件的企业还可以开展合规理论和实践方面的研讨,通过这些举措,使各级管理人员和一线员工理解、掌握企业的合规理念、合规要求及合规应对措施,营造良好的合规氛围,为合规体系的有效执行奠定坚实的基础。

在实践中,合规项目组或合规主管部门要策划和准备针对不同层次人员的宣贯内容,比如针对决策层(包括党政领导),主要通过介绍合规案例来说明建立和完善合规管理体系的迫切性和重要性,明确决策层在合规管理体系建设中的关键地位和主导作用;针对管理层（包括业务、技术和生产部门的负责人，以及合规专职人员），由于他们是建设和完善合规管理体系的骨干力量，起着承上启下的作用，所以要对他们进行全面的合规知识和技能培训，在具体操作中可采取讲解与研讨相结合的方式；对于一线员工，主要讲解与其岗位活动有关的合规内容，包括在业务活动中应承担的合规义务、权限，以及造成过失应承担的责任等。

2. 落实合规宣贯工作职责

宣贯不仅仅是企业领导或合规项目组成员的事。为了把合规体系落到实处，企业可制定各部门、各下属单位的《合规宣贯工作执行方案及要点》，明确每个部门在合规宣贯中的职责；在宣贯执行层面，各单位要编制有针对性的宣贯教材和宣贯签到表，确保每个岗位、每位员工都了解、清楚自己的合规义务和合规职责，同时，还有能力应对合规风险。

3. 建立合规宣贯考核机制

企业应该将合规宣贯执行情况作为一项重要指标，纳入对部门或下属公司高管人员的绩效考核中。为落实合规宣贯考核工作，企业可以制定《合规宣贯执行考核办法》，明确考核标准，由合规管理部门执行考核。分、子公司要对合规宣贯考核指标进行层层分解，保证合规宣贯落实到部门、岗位和个人。

最后特别强调一下，《合规管理手册》发布一般会举行发布会。发布会的规模可大可小，也可邀请相关方（客户、合作伙伴、监管机构等）和媒体出席。《合规管理手册》发布会也是一种宣贯，并且是一种很好的宣贯。

12.2.13 合规管理体系建设小结

前面用 12 个小节详细介绍了 risk-doctor "合规体系建设 12 步法"每一步的工作内容、工作方法和工作成果，下面用表 12-4 来做个总结，供大家回顾和参考。

表 12-4 risk-doctor 合规管理体系建设各步骤的主要工作内容和输出成果

步骤	名称	主要工作内容	主要输出成果
第 1 步	搭建合规管理组织体系	建立合规管理组织职能体系，并对各角色进行分工和授权	合规管理组织机构 各角色职责和授权 报告路线等
第 2 步	成立合规体系建设项目组	成立合规体系建设项目组，其成员可来自企业外部	项目组成员名单及分工 项目组管理机制
第 3 步	开展合规培训	培训合规理念、合规案例、合规要求、合规工作内容、合规方法等	培训课件 培训签到表 培训考核与评价表等

（续表）

步骤	名称	主要工作内容	主要输出成果
第 4 步	诊断合规现状	了解公司业务、行业监管要求、公司制度、业务流程规范性、合规事件、案件等	合规诊断报告
第 5 步	制定体系建设方案	依据所选择的合规标准，设计合规管理实施方案，方案包含合规体系建设的各项内容，具体包括选择合规标准、确定合规方针、确定合规体系的要素，以及合规体系运行、维护、绩效评价、持续改进等方面的内容，还包括实施的进度安排、所需的资源安排等内容	选择的标准名称合规体系建设方案
第 6 步	梳理合规义务	基于组织的性质和业务情况，参照各种"规"，梳理并确定自己的合规义务	合规义务清单或合规义务库等
第 7 步	评估合规风险	基于公司的资源和合规义务，识别合规风险，然后分析、评价合规风险	合规风险列表或合规风险库合规风险排序合规风险评估报告等
第 8 步	制定合规应对措施	根据合规风险评估报告，对相关合规风险制定适宜的合规管控措施	相关合规风险的各种应对策略、方法或具体措施等
第 9 步	优化合规流程	把制定的合规管控措施嵌入相应的业务流程	优化后的流程框架、流程图及流程说明等
第 10 步	完善合规制度	基于上述优化措施和运行情况，完善相应的合规管理制度	完善后的各项合规管理制度
第 11 步	编制合规手册	固化优化后的合规流程和合规制度，形成公司的新合规手册	新的合规手册
第 12 步	宣贯合规手册	分期分批、分层分级、多种形式地宣传贯彻已发布的合规手册	宣贯人员名单宣贯程序及内容宣贯批次记录接受宣贯的人员名单等

上述 12 个步骤不仅适合企业建立统一的合规管理体系，也适合其建设专项合规体系，比如建立企业反腐败合规体系、安全生产合规管理体系、合作伙伴合规管理体系等。

12.3　合规管理体系运行概述

一、建立合规机制的必要性

合规管理体系一般以项目的形式进行设计和建设。企业调集人力、物力、财力，花费几个月甚至一年的时间来设计和建设自己的合规管理体系，并不意味着《合规管理手册》

一发布项目就结束了。体系好不好，适不适用，只有在企业内部运行后才知道。因此，体系建设只是第一步，在后续的漫长岁月里，如何让合规管理体系顺畅、有效地运行起来，才是合规管理体系真正建立起来的标志。

为了保证合规管理体系的正常运行，必须建立与之相应的管理机制，否则，体系将很难发挥其应有的作用。合规管理体系建设属于设计环节，其成果是静态的；合规管理要想取得效果，还需建成后的合规管理体系能够有效运行。合规管理体系的运行需要机制、需要磨合、需要持续不断地改进。理论上，只要企业存续，合规管理体系就会跟随运行。合规管理体系运行的效果如何，取决于两方面因素：一是合规管理体系建设时的设计水平，二是合规管理体系所包含的制度和机制的落实程度。

二、合规机制的表现形式

合规管理体系的运行，除了要有书面的制度规定以外，还需要有配套的运行机制。企业合规管理机制通常包括合规检查机制、合规尽职调查机制、合规风险评估机制、合规风险监测与预警机制、合规报告机制、合规问责机制、合规有效性评价机制、合规审计机制、合规联席会议机制等。这些机制可以形成一个书面的管理制度，也可以直接用实际的管理行动来付诸实践，还可以用一些工作表单、工作报告的方式来展现。

合规管理机制的大部分内容在拟定合规管理制度时就要考虑。比如合规审查，一般会先制定一个合规审查办法，然后再依据合规审查办法进行审查。当然，在没有制定书面的合规审查办法的情况下，也可以进行合规审查。

企业的合规管理机制是按需制定的，是个性化的，其他企业的机制未必适合照抄照搬。一般来说，以建立最迫切需要且见效快的合规管理机制为抓手，是新建合规管理体系的较好选择。

三、按事前、事中和事后对合规管理体系运行机制进行分类

设计合规管理机制的目的在于把合规管理制度和业务合规指引的举措落地，将合规风险的发现、预防、控制等责任落实到相关责任人，并建立事前、事中、事后多层级的合规风险防范机制。

合规管理体系的运行和管理涉及很多机制，在实践中，可以按事前事中事后三个阶段来规划和设计合规管理体系的运行机制，如表 12-5 所示。

表 12-5　合规管理体系运行的相关机制

事前	事中	事后
合规审查机制	合规检查机制	合规报告（名词）机制
合规咨询服务	合规风险监测机制	合规举报机制

（续表）

事前	事中	事后
合规提示机制	合规风险预警机制	合规绩效考核机制
合规尽职调查	合规报告（动词）	合规有效性评价机制
……	合规联席会议	合规问责机制
……	……	合规体系改进机制

限于篇幅，本书主要介绍一些通用的合规管理机制，分别是：

（1）合规培训机制；

（2）合规报告机制；

（3）合规审查机制；

（4）合规举报机制；

（5）合规调查机制；

（6）合规考核评价机制；

（7）合规奖惩机制。

欲知如何建立这些机制，请继续阅读下面的内容。

12.4 建立合规管理体系运行机制

本节将介绍如何建立以下合规管理体系运行机制：

（1）合规培训机制；

（2）合规审查和检查机制；

（3）合规报告机制；

（4）合规举报机制；

（5）合规调查机制；

（6）合规考核评价机制；

（7）合规奖惩机制；

（8）持续改进机制。

12.4.1 建立合规培训机制

合规培训是提高企业员工合规认知和合规意识的一种高性价比的方法，也是企业整体合规文化建设的必要组成部分。在企业内部，专门的培训管理机构（人力资源部等）及业务部门应承担合规培训的策划和组织协调工作。

一、建立合规培训的全流程管理机制

在培训之前，要做好培训的需求分析、培训内容设计、培训计划等工作。

在培训开展时，要做好培训登记；要结合受众群体的工作岗位、工作性质和特点，以及企业的合规要求，实施培训内容；培训的形式应最大化地减少受众群体二次消化的过程，做到有针对性且通俗易懂。

在培训之后，要做好培训的效果评价和跟踪记录；需要确认的，参训人员要签字确认；特别重要的，还可以在培训结束后进行测试或考试，对不合格者要进行二次培训。

衡量合规培训是否有效，不仅要看培训的内容是否贴合实际，而且要看培训内容是否深入人心，是否容易被受众接受和采纳。一个运行良好的合规培训机制需要一个持续改进的过程做支撑，培训实施者应根据企业最新的情况和要求，对合规培训的内容和形式进行持续更新。

二、建立系统全面的入职合规培训机制

在员工入职时，除与员工签订劳动合同外，还可以与员工签订遵守相关法律法规的合约协定，并发放《公司治理手册》或《员工手册》，介绍公司的愿景、价值观、原则和行为准则，然后由公司人力资源部或合规管理部门详细解释和介绍。同时，在新员工入职培训计划中，还可以特别安排内容更翔实的合规培训课程，再次强调公司的规章制度和行为准则，以及遇到合规问题时的处理方法。

三、建立多渠道的合规培训服务机制

除常规培训外，企业还可以在网站上发布相关合规资料，员工可以根据权限阅读和下载企业的规章制度文件及合规宣传资料。企业还可以开通合规热线，受理和解答员工遇到的合规问题。

另外，企业还可以利用网络和信息技术提供在线合规课程，甚至设计一些合规测试通关游戏，鼓励每位员工主动参与到合规学习中来，然后把合规意识融入自己的工作中。

四、建立合规培训相关记录的留存机制

合规培训记录是企业开展合规管理、履行合规义务的重要证明，也是 ISO 37301 的要求。在员工涉嫌违规时，该记录可以用于证明企业已向行为人开展了合规培训。在面对司法机构、监管机构提出的"违规"指控时，如果能证明合规培训记录有效，企业则可能只需承担较轻的处罚，相关高管人员甚至可能免于处罚。因此，企业务必要重视留存包括合规培训记录在内的合规管理活动资料。

五、建立合规培训与员工绩效相关联的机制

企业可记录部门人员参加合规培训的时间、课程、成绩等信息，对其培训效果进行打分，以作为其个人的绩效指标之一，并与其职务晋升和薪酬待遇挂钩；还可以把员工的合规培训情况关联到其所在部门的绩效考核之中，以此促进员工及其所在部门对合规的重视。

12.4.2　建立合规审查和检查机制

合规审查和合规检查是两个不同的概念，也是两个不同的工作。

一、合规审查

合规审查是合规管理体系运行过程中既频繁又重要的一类活动。它是对"待决策事项"进行审查，并出具正式书面意见的活动，一般由合规管理部门负责。合规审查不仅包括对企业所在地的法律法规及监管规定的审查，还包括对遵守企业内部规章、企业价值观、商业行为准则、职业操守等方面的审查。合规管理部门根据承办部门送审事项的具体情况及复杂程度，可以指派部门内的审查人员对送审事项展开独立审查，也可委托外部专家或机构出具审查意见。

在实务中，需要实施合规审查的事项有以下几个方面。

（1）重要或重大的决策事项：重大项目、新业务开发、新机构设立等。

（2）企业的规章制度和重要业务管理规定的变更。

（3）公司章程、合同及协议的起草、签订和变更。

（4）企业对外出具承诺或担保时，需要合规审查人员出具意见。

各业务中的专业性问题一般不列入合规审查范围，比如研发可行性判断、市场行情分析等。

risk-doctor 提示:

合规审查人员应依据法律法规或企业内部规定，对有关事项的程序和内容是否合法合规、是否存在合规风险等进行审查，务必做到有理有据。

二、合规检查

合规检查是一种事中或事后管控手段，其目的是检查合规制度的执行情况，然后根据发现的合规风险或合规问题进行提示或应对。合规检查一般也由合规管理部门牵头，在执行合规检查时，需要相关业务部门和职能部门配合，检查的内容包括各部门遵循法律法规及规章制度的情况、合规管理机制实际运行的有效性、违规事件的整改情况等。

合规检查包括常规检查和专项检查。常规检查是指根据年度合规工作计划开展的全面合规检查或某些例行合规检查。专项检查是根据企业经营管理工作的需要，按照年度合规工作计划对某项特定业务或重点领域进行的专题性合规检查。

合规检查可用现场检查和非现场检查等方式进行。现场检查是根据合规、内控或经营管理的要求，到被检查单位进行实地检查的方式。非现场检查是指要求被检查单位（或部门）报送各种资料或从被检查单位（或部门）调阅业务档案，或运用合规管理信息系统等工具进行远程检查的方式。

risk-doctor 提示:

在实践中，合规检查可采取与党委巡察、部门督导、内控评价、体系认证审核、安全环保检查等工作相结合的形式进行。

三、合规尽职调查

在合规审查和合规检查中有一类特殊的审查，那就是合规尽职调查，它是一种主动的合规管理方式。

合规尽职调查是指企业对商业伙伴的基本情况、资信状况、履约能力、过往合作情况、利益冲突、与政府官员的关系等进行调查和信息披露的一种活动；当然也可以对企业管理人员或重要岗位的员工进行合规尽职调查。

合规尽职调查一般由公司发起，然后交由公司合规管理部门或外部律师事务所实施。在投资项目前期，一般情况下，投资人会聘请专业律师来实施尽职调查，这种调查主要是从法律层面调查拟投公司的资质、架构、相关人员的情况，证明拟投公司经营的合法合规。其调查内容一般包括：（1）公司基本信息；（2）公司财务信息；（3）公司资产、知识产权和设备；（4）公司重大合同；（5）公司员工；（6）相关保险；（7）相关诉讼等。

合规尽职调查的流程和方法与一般的尽职调查差不多，可以通过口头交流、核对资料、从公开渠道获得信息、聘请中介机构获取信息等方式进行。尽职调查结束后，应由调查部门出具《合规尽职调查报告》，报告应对被调查方的合规风险进行评估、分级，并根据不同的风险等级给予不同的应对建议。

12.4.3 建立合规报告机制

"合规报告"做名词时，对应的是正式的书面报告；做动词时，对应的是报告方式和路径。企业在建立合规报告机制时，要考虑这两种情况。

对于名词的"合规报告"，可以根据需要发布定期的合规报告或不定期的合规报告。定期合规报告一般包括年度报告、半年报告或季度报告等，它们是对一段时间内企业合规情况的监测和总结。合规报告可以按监管部门的要求编制，也可以按公司的要求编制。

合规报告的内容一般包括：

（1）合规管理的基本情况；

（2）合规负责人及合规管理部门履行合规管理职责的情况；

（3）违法或违规行为；

（4）合规风险隐患的发现及整改情况；

（5）合规履职保障情况等。

对于动词的"合规报告"，要明确不同等级的合规风险的报告路线和报告负责人。合规举报可以看作一种特殊的合规报告。

12.4.4　建立合规举报机制

合规举报是合规管理的一部分，是一项特别的制度或机制。为保障合规管理体系的有效运行，企业应建立完善的合规举报机制。

合规举报是举报人用书信、电子邮件、电话、当面投诉等形式，向合规管理部门反映情况，提出意见、建议，或者举报违反合规义务事项的行为。为了保持合规举报渠道的畅通，企业应提供必要的举报设施和手段，采取相应的技术措施，建立安全的令员工放心的举报渠道和举报环境，这是保证合规举报体系有效运行的必要前提。

举报可以采取实名方式或匿名方式，企业应设置举报电话、举报邮箱，鼓励员工和利益相关方举报，同时要保护举报人。

合规管理部门接到举报之后，应积极调查、核实举报信息，并把核实结果及处理结果向实名举报人适当反馈。

对举报信息应进行保密管理，若需分享，则需按分享渠道和范围分送给"需要知道的人"，获得信息分享的人应承担保密义务。因此，企业还应建立配套的规避制度，严格限定或监督企业领导及具有相应权力的人员调取举报信息。

企业应制定激励政策，鼓励员工和利益相关方举报。对举报者给予奖金、职务升迁等奖励；对那些知道企业的制度规范被违反或可能被违反，但是故意视而不见，装作不知情，或任由违纪行为发生的员工，要采取相应的惩罚措施；对打击报复举报人的报复者予以严厉惩处，对于触犯法律的，坚决移送司法机关处理。

西门子公司在自己的官网上对合规举报的安排如下。

1. 合规举报渠道

为了不辜负客户、业务伙伴、股东及员工对西门子的信任，业务流程的诚信和透明是公司首要的努力方向。因此，西门子鼓励大家将自己身边的违规行为反馈给我们，尤其是违反西门子《商业行为准则》的行为。为了获得有关违反合规的情况，我们为内部和外部各方提供了各种报告方式。合规举报渠道"Tell Us"、全球特派调查官和会计投诉都是受保护的渠道，西门子员工和外部利益相关者可以使用这些渠道（如果需要，可以匿名）提出可能存在的违规问题。

2. 合规举报平台

合规举报平台"Tell Us"是西门子为其内部员工、外部客户、供应商以及其他西门子业务合作伙伴提供的一个全球性举报平台，可以每周7天、每天24小时地不间断工作，并且支持网络或多达13种语言的电话举报。为了使所有相关人员可以在安全、保密的基础上随时举报身边违反西门子《商业行为准则》的情况，"Tell Us"举报平台的呼叫中心和网站均由专业从事敏感信息和安全保密处理的外部供应商来运作，以确保每个问题都得到妥善处理。西门子内部举报人受到特别法规的保护，这些法规保护进行善意举报的举报人。请注意，许多国家/地区的法律禁止故意举报虚假信息。

12.4.5 建立合规调查机制

一、合规调查概述

合规调查分为内部合规调查和外部合规调查。外部合规调查一般由监管机构或检察机关发起实施；内部合规调查由企业发起实施。平常所说的合规调查是指内部合规调查。

内部合规调查是企业构建完善合规管理体系的重要部分。当企业存在以下情形时，会启动合规调查。

一类来自外界，比如：

（1）公司接到了关于员工违规行为的举报、第三人投诉等；

（2）在外部审计过程中发现的会计违规行为或其他违规风险；

（3）新闻舆论、媒体的宣传报道等。

另一类是企业自行发现，比如企业在生产经营或对外活动中发现或怀疑员工有不合规的行为。

合规调查一般由企业内部合规管理部门或内部审计部门实施。在面临检察机关或监管机构调查时，企业可以委托律师作为"外部法律专家"，与外部审计专家一起对企业进行合规调查，帮助企业诊断合规风险，提出合规管理的具体方案。在很多情况下，这种由律师独立完成的合规调查报告，还可以成为检察机关或监管机构对企业做出宽大处理，或者检察机关与企业达成暂缓起诉协议的依据。

二、企业内部的合规调查

如果你是合规管理部门的负责人，接到合规投诉或举报后，该如何实施合规调查呢？准备一次完整的内部合规调查一般需要以下七个基本步骤。

第一步，启动调查。

启动调查的原因有：公安、检察、工商等司法或执法部门需要调查；公司合规管理部门接到违规事件举报；在审计过程中发现会计违规行为或其他违规风险；在公司运营过程中发现违规行为；顾客投诉、竞争对手投诉、新闻报道等。

注意：启动调查应获得上级授权，如有必要，可向相关部门或人员发送调查指令。

第二步，确定调查策略与范围。

根据触发原因确定调查范围，包括对象、位置、事项，同时考虑合规环境、企业文化、内外部压力、领导或管理层重视程度、法律合规部门的话语权等，初步确定调查方式。在此过程中，要找准突破口，不能忽视系统性的合规风险。

第三步，确定调查团队。

确定调查团队包括确定合规调查的负责人和基本组成人员。

调查团队包括合规部 / 法律部、外部律师、内外部专家、调查公司等。选择调查团队人员时应综合考虑人力、成本、专业能力、独立性、保密性、利益冲突等多种因素。

第四步，制订合规调查计划。

合规调查计划包括时间、调查范围、步骤、调查方式、费用等内容。

第五步，确定调查手段。

调查手段包括文件审阅、员工访谈、电子数据审阅、法证审计、雇用调查公司等。对反商业贿赂合规调查而言，调查手段的确定应综合考虑决策程序、资金流向、内外部交流、其他重点证据获取等要素。

需要注意的是，在确定好调查手段后，还要考虑调查手段本身的合法性，要区分只有权力机关才可以获取的证据和内部调查可以获取的证据。如果操作不当，就会造成违法行为。

第六步，实施调查。

这个阶段的主要工作内容包括收集和核查相关资料、会谈和访谈、第三方核实、实地考察等。例如，反商业贿赂的调查可以从三个方面着手：员工、财务及外部合作伙伴；调查方式可以选择面访、账簿查询、查询员工的工作电脑及手机、向第三方发询证函等。

第七步，出具调查结果报告。

内部的合规调查报告应当对人、物、事进行完整的记录，并附上完整的证据材料，还要针对调查结果说明后续的行动措施。

完成上述七步调查后，剩下的就是等待企业高管层发布处理结果。

☆ risk-doctor 提示：

企业在进行内部的合规调查时应注意以下事项：

（1）重视个人隐私、保密性、合法性；

（2）不影响公司的正常经营秩序；

（3）重视数据安全，对于纸质证据，保存其原件，对于电子证据，封存其储存载体，避免被篡改；

（4）公司内部的面访最好安排在工作时间进行，并且不能使用拘禁等损害人身权利的方式获取信息；

（5）对于所有访谈和证据的获得，调查组成员必须有两人及以上人员在场。

三、如何应对外部的合规调查

企业在遭遇外部的合规调查时，相关员工会被调查。作为接受调查的员工，你该如何应对呢？risk-doctor 提供了一些注意事项，供读者在实践中参考。

1. 在整个调查过程中

（1）始终保持冷静，显示合作态度。

（2）回答问题应简明扼要，准确陈述事实。

（3）不主动给调查人员提供信息或建议，也不根据猜测或推断提供不准确的信息，避免对调查程序产生影响或干扰。

（4）不签署任何未经核实准确性的文件。

（5）必要时，与主要联系人或法务部门联系，并遵守相关保密原则。

2. 在调查结束后

（1）在被询问后，应如实记录被询问的问题及答案。

（2）立即向法务部门通报现场调查的情况，在相关员工的配合下，将被带走的所有物品清单的复印件提供给法务部门。

（3）如果调查部门在调查结束后要求就与现场调查有关的事项提供后续配合，那么应在法务部门的指示下采取应对措施。

（4）不能将与调查相关的信息通过邮件、微信或其他方式向同事、第三方或公众传播。

四、实施合规调查的注意事项

《中华人民共和国监察法》第三十三条第三款规定，以非法方法收集的证据应当依法予以排除，不得作为案件处置的依据。合规管理人员在实施合规调查时，要增强证据意识和程序观念，从思维模式、工作方式等方面主动遵循相关要求，精准把握取证行为与调查策略之间的关系，合理合法地使用自身职能。切忌使用暴力、威胁、刑讯逼供等非法方式收集信息。

12.4.6 建立合规考核评价机制

一、合规考核评价概述

合规管理体系建成并运行一段时间以后，有必要对其符合性和实施效果进行验证。这种按照规定的原则、方式、程序和标准对合规管理体系及合规管理相关人员和工作进行的检验、评价，就是合规管理评价。其目的是评估公司各个层面的合规管理工作，推动公司合规制度体系和管理机制的健全完善和有效执行，培育良好的合规文化。

合规管理评价一般一年至少应该执行一次。评估对象为公司董事会、监事会、高级管理人员、合规总监、合规管理部门以及各部门、各层级子公司和全体工作人员；评价内容包括合规管理环境的评价、合规管理职责履行情况评价和经营管理情况评价等。

年度合规管理评价的一般程序如图 12-9 所示，包括：

（1）成立评价小组；

（2）制定评价方案和评价计划；

（3）开展评价活动；

（4）评价小组与评价对象认定评价发现的合规管理缺失、遗漏或薄弱环节，并提出整改建议；

（5）编写年度合规管理评价报告；

（6）按规定的审批权限和程序向公司董事会、合规委员会提交年度合规管理评价报告。

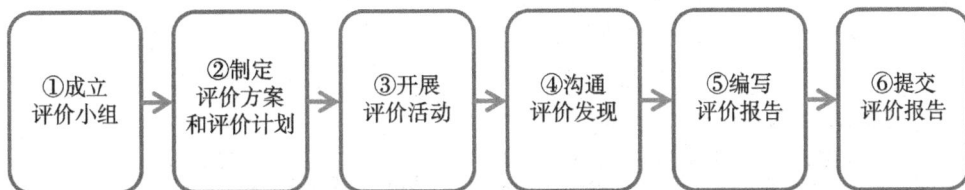

图 12-9 年度合规管理评价的基本程序

二、对企业合规管理体系符合性的评价

对大中型集团公司而言，在全集团开展合规管理体系建设工作不是一件容易的事，不仅需要一批合规专业人员和一定的时间，还要有相关配套机制，才能逐步建立和完善合规管理体系。在体系建立并运行一段时间后（一般为半年或一年），集团公司合规管理部门可以依据 ISO 37301（或者《中央企业合规管理指引（试行）》），使用表 12-6 来逐级检查二级公司和三级公司的合规体系建设情况。

表 12-6　企业合规管理体系符合性审查表

序号	合规管理体系要素	合规审计发现	缺陷描述	证据
一	合规领导与合规文化	基本要求：领导以身作则，将合规文化融入企业文化		
1	企业合规方针	□符合 □不符合		
2	企业董监高合规承诺书	□符合 □不符合		
3	企业董监高合规工作领导与合规示范行为准则	□符合 □不符合		
4	企业员工合规行为准则	□符合 □不符合		
5	企业合规文化建设与合规宣传管理	□符合 □不符合		
二	合规培训	基本要求：合规培训对应到各层级、各个员工及合作伙伴		
6	企业合规培训管理	□符合 □不符合		
7	企业合作伙伴合规培训管理	□符合 □不符合		
三	合规管理组织	基本要求：合规职责对应到各层级和各个岗位		
8	合规治理结构	□符合 □不符合		
9	合规管理机构的设置和工作情况（含合规管理委员会、合规部门等）	□符合 □不符合		
10	其他部门的合规职责（业务部门、职能部门、审计部门等）	□符合 □不符合		

（续表）

序号	合规管理体系要素	合规审计发现	缺陷描述	证据
11	岗位合规职责：在员工岗位职责描述中增加"合规职责"	□符合 □不符合		
12	企业合规管理专业人员队伍建设	□符合 □不符合		
四	合规义务管理	基本要求：合规义务对应到业务、岗位、人员		
13	企业合规义务识别及管理要求	□符合 □不符合		
14	企业合规义务与业务的匹配管理	□符合 □不符合		
15	企业合规义务与合规义务责任人管理	□符合 □不符合		
五	合规风险评估	基本要求：合规风险识别、分析、评价对应到业务、流程、岗位，以及合作伙伴		
16	企业合规风险识别、分析、评价管理	□符合 □不符合		
17	企业合作伙伴合规风险尽职调查	□符合 □不符合		
六	合规控制与策划	基本要求：合规管控对应到业务、流程、岗位，以及合作伙伴		
18	企业合规目标管理	□符合 □不符合		
19	企业合规风险与机会应对策划管理	□符合 □不符合		
20	企业重点业务、重点环节、重点岗位的专项合规管理指引，如采购合规操作指引、收购并购合规操作指引、海外投资合规指引、数据保护合规操作指引等	□符合 □不符合		
21	企业合作伙伴持续合规管理	□符合 □不符合		
22	企业合规问题投诉举报及调查管理	□符合 □不符合		
七	合规绩效管理	基本要求：绩效管理对应到单位、部门的绩效管理和员工个人的绩效管理		

序号	合规管理体系要素	合规审计发现	缺陷描述	证据
23	企业合规绩效监测管理	□符合 □不符合		
24	企业员工合规绩效考核管理	□符合 □不符合		
25	企业合规工作报表统计管理	□符合 □不符合		
26	企业合规报告与报告路线管理	□符合 □不符合		
27	企业合规审计管理	□符合 □不符合		
28	企业合规管理评审	□符合 □不符合		
八	**合规体系持续改进**	基本要求：持续有效地实现合规方针及合规目标		
29	不合规与纠正措施管理	□符合 □不符合		
30	企业合规管理持续改进管理	□符合 □不符合		
九	**合规文件化信息管理**	基本要求：相关记录和证据有效且受控		
31	企业合规制度管理	□符合 □不符合		
32	企业合规记录管理	□符合 □不符合		
33	企业合规证据管理	□符合 □不符合		

三、对合规管理体系有效性的评价

企业可以用定性或定量的方法对合规管理进行例行评价或年度评价，定性评价可以按优秀、良好、合格、不合格的等级来评价，定量评价可以用记分卡形式（1～5分）来评价，分数越高表示其合规程度越高；企业也可以按违规财务损失金额、人员伤残数量、违规案件数量等指标来进行定量评价。在实践中，企业一般采用定性或记分卡的形式来实施合规评价，如表12-7所示。

表 12-7　企业年度合规管理评价表

评价类别	评价项	得分（可以精确到小数点后面一位）				
		0~1（含）	1~2（含）	2~3（含）	3~4（含）	4~5（含）
合规管理环境	是否有明确的书面的合规方针					
	年度合规管理计划的制订情况					
	合规手册的全面性					
	合规手册的适用性					
	合规团队建设情况					
	合规管理制度建设情况					
	合规管理的履职保障情况					
	公司高层合规言行表率情况					
	年度合规计划完成情况					
	……					
合规管理职责履行情况	合规培训情况					
	合规咨询服务情况					
	合规检查情况					
	合规监测情况					
	合规审查情况					
	合规报告情况					
	与监管方沟通情况					
	……					
制度与机制建设情况	各项业务管理制度的健全情况					
	相关制度与法律法规的一致性情况					
	各项业务操作流程的健全情况					
	相关流程与法律法规的一致性情况					
	……					
制度与机制运行状况	制度的执行情况					
	操作流程的执行情况					
	年度合规事件情况					
	年度合规案件情况					
	制度与机制的修订和完善情况					
	……					

四、对业务活动流程合规性的检查和评价

企业除了对整体的合规有效性进行年度评价外，通常还会对具体业务活动的合规性进行评价。企业可以以业务流程为载体，逐项检查业务活动每一步的合规情况，包括合规制度的设立情况、合规责任的划分情况、合规制度的操作执行情况等，表 12-8 给出一份评价表，供读者参考。

表 12-8 基于业务流程的合规评价表

检查项 ＼ 流程步骤	业务步骤 1	业务步骤 2	业务步骤 3	业务步骤 4	……
责任部门					
责任岗位					
工作任务					
工作标准					
工作表单					
工作方法					
岗位培训					
培训记录					
活动策划					
工作记录					
风险识别					
风险评估					
业务指导					
绩效考核					
审计监督					
责任追究					
……					

表 12-8 是个次级表。在填写表 12-8 之前，首先要检查并填写业务流程及配套制度检查表，如表 12-9 所示。

表 12-9 业务流程及配套制度检查表

业务名称或业务活动	业务流程	管理制度	备注
业务活动 1	有 / 无	有 / 无	
业务活动 2	有 / 无	有 / 无	
业务活动 3	有 / 无	有 / 无	
……	……	……	

12.4.7　建立合规奖惩机制

这部分内容涉及合规问责、违规追责，以及对良好合规行为的激励和奖励。

一、合规奖励

合规奖励不仅是对合规举报行为进行奖励和激励，还应对积极传播合规文化、认真执行合规要求的员工进行奖励。奖励的方式除了口头嘉奖，还应与员工的福利、薪资、升职等相关联。

二、合规问责

合规问责是指对企业高管和员工的违法、违规、违纪行为进行责任追究的活动。涉及违反刑法或其他国家层面的法律法规的，应按规定将相关人员移交司法部门或相关政府部门。合规问责须坚持实事求是、有错必究、问责与整改相结合等原则。

合规问责的信息来源一般是合规检查或监测过程中发现的问题，或者是收到的举报、内部控告或申诉等。在实践中，要特别注意合规问责措施的合法性和合规性，问责程序要有相关的法律和内部制度做支撑。

企业对问责事项进行处理后，一般应形成合规问责决议。合规问责决议一般包括：

（1）违规事件；

（2）违规责任人或责任部门；

（3）违规事实；

（4）违规后果及影响；

（5）违规责任分析；

（6）问责依据；

（7）问责措施；

（8）问责处置等。

三、如何处理员工的违规行为

拥有完善的内控体系和合规管理体系，可以大大降低员工违规的风险，但是无法完全消除风险。因此，内部控制在其定义中明确指出自己是一种"合理保证"，而不是"绝对保证"；不管企业内部控制和合规管理做得多好，仍会发生员工违规违纪的情况。

很多企业对违反企业政策的违规行为和非法活动持有坚决的零容忍态度。其实，员工的违规行为多种多样，有不明事理的、有疏忽大意的，还有故意为之的，因此，在处理违规行为人时要特别注意以下事项。

（1）对违规行为人或未能对违规行为采取防范措施的人应该进行纪律处分。违规行为一经查实，企业应立即对违规行为人采取纪律处分。处理方式包括训诫、口头或书面警告、降级、调职或解雇。企业还可向执法部门报告违法情况，以及向违规者提起民事诉讼。

（2）企业应以一致的方式执行纪律处分结果。若员工发现在纪律处分时出现区别或歧视对待的情况，这对于维持有效合规损害极大。

（3）当违规行为人的不当行为影响到其主管的业绩表现时，要注意公平合理。

☆ **risk-doctor 提示：**

员工违规行为一旦被证实，企业就需要立即处理。因为处理员工违规行为的速度和方式直接反映了企业对待合规的态度。

四、某企业违规处罚规定示例

为了方便员工清楚地理解违规事项及违规代价，企业最好对违规行为进行分级管理。表 12-10 是某财富管理咨询服务有限公司的违规处罚规定，具有较好的实用性和可操作性。

表 12-10　某财富管理咨询服务有限公司的违规处罚规定

一级违规	违规行为	在工作中涉及政治、邪教、迷信、非法传销及其他违反国家法律法规的言行
		盗取、挪用、非法占有客户出借资金、还款资金或公司财产
		利用职权或职务便利索取、收受公司内外部人员的贿赂
		伪造、变造、擅自变更各类法律文件、客户信息、印鉴，或盗用公司、员工、外部机构的钥匙、密码、印鉴而非法获取相关文件、客户信息或从事相关业务活动；知道或应该知道他人是通过以上方式获取的法律文件、客户信息、印鉴、钥匙、密码而同其进行相关业务活动
		代签字或指使、授意、诱导他人代签字，或在空白文件上签字
		利用公司资源自行或怂恿其他员工销售、推广非公司业务，从事与公司存在利益冲突或有悖于商业道德、职业道德的其他营销活动
		未经公司允许在其他机构兼任与公司经营业务活动有利害关系或利益冲突的职务
		散播或做出不符合公司提供的服务内容、相关业务流程或内部管理规定的言论或行为
		对存在业务竞争关系的营销人员、检查人员、投诉人员及调查处理人员进行侮辱、威胁、恐吓、打击报复或侵犯其人身及财产安全
		违规行为造成或可能造成客户或公司的损失达 5000 元及以上（包含累计）

（续表）

处罚规定	违规者处罚	直接解除劳动合同
	上追一级	扣除被查处当月及随后两个月的业绩提成、绩效或奖金
		一年内不得晋升
		一年内不得在各类评奖、考评中获得优秀、良好评价
	上追二级	扣除被查处当月及随后一个月的业绩提成、绩效或奖金
		一年内不得晋升
		一年内不得在各类评奖、考评中获得优秀、良好评价
二级违规	违规行为	未如实向客户披露对其利益有重大影响的服务、业务等相关信息
		利用不正当手段诱导、强行推销或强迫、限制客户订立、变更、终止协议
		以公开方式向非特定对象推广、推销、宣传限制性产品
		私自保留或未妥善存管业务活动中获取的客户信息、公司商业信息及其各类媒介、载体，存在客户信息或公司商业信息遗失、泄露、毁损风险
		知道或应当知道是通过第三方渠道推荐的已被收取相关服务费用的客户，仍为该客户提供我公司服务，给客户或公司造成利益损失
		未取得相关从业资格而从事特定业务活动
		本人代客户接听或指使他人代客户接听公司回访电话
		本人或教唆他人采取虚构事实、隐瞒真相等方式进行恶意投诉
		对于重大事件未按公司规定进行上报或故意隐瞒事实真相；或虽然上报，但未按公司要求自行解决，有可能给公司造成不良影响或潜在风险
处罚规定	违规者处罚	试用期员工：被查处时违规员工在试用期内的，直接解除劳动合同
		正式员工：①扣除被查处当月及随后两个月的业绩提成、绩效或奖金；②一年内不得晋升；③一年内不得在各类评奖、考评中获得优秀、良好评价；④对于违规情节严重的，可同时处以降职、撤职或解除劳动合同
	上追一级	扣除被查处当月及随后一个月的业绩提成、绩效或奖金
		六个月内不得晋升
		六个月内不得在各类评奖、考评中获得优秀、良好评价
	上追二级	扣除被查处当月的业绩提成、绩效或奖金 六个月内不得晋升 六个月内不得在各类评奖、考评中获得优秀、良好评价

三级违规	违规行为	在工作过程中使用禁用词语
		本人挂单、换单、飞单，或帮助他人挂单、换单及飞单
		未经公司批准，针对公司业务擅自接受新闻媒介、网站、出版单位或个人作者的采访，或虽经授权但超出授权范围发表意见
		使用未经公司批准的辅销材料、物料或业务辅助手段（包括设立网站等）进行公司业务的宣传、推广和联络等活动
		未在公司规定时间内完整地向公司或客户转交文件、资料（无论是否为客户带来损失或是否引起投诉）
		擅自将业务系统操作密码、门禁密码等交由他人使用
		违反公司制度规范或操作流程的，违规行为造成或可能造成客户或公司损失在3000元以下（包括累计）的
处罚规定	违规者处罚	试用期员工：被查处时违规员工在试用期内的，直接解除劳动合同
		正式员工：①扣除被查处当月及随后一个月的业绩提成、绩效或奖金；②六个月内不得晋升；③六个月内不得在各类评奖、考评中获得优秀、良好评价；④对于违规情节严重的，可同时予以降职处罚
	上追一级	扣除被查处当月的业绩提成、绩效或奖金
		三个月内不得晋升
		六个月内不得在各类评奖、考评中获得优秀、良好评价
	上追二级	扣除被查处当月50%的业绩提成、绩效或奖金 三个月内不得晋升 六个月内不得在各类评奖、考评中获得优秀、良好评价
	备注	管理者所管辖团队的三级违规行为当月累计两次的，第二次违规按照二级违规处罚追究管理责任。管理者所管辖团队的三级违规行为当月累计三次（含）以上的，第三次（含）以上违规按照一级违规处罚追究管理责任
四级违规	违规行为	未经同意，进入他人住所、办公场所或公众场合强行进行推销、滋扰他人工作与生活
		利用其他政府部门文件、行政处罚决定书或法院的判决书、裁定书等恶意攻击同行业竞争对手或本公司同事
		在开展业务过程中贬损、诋毁、攻击其他职业、行业、公司、品牌、商品及其从业者的声誉
处罚规定	违规者处罚	试用期员工：被查处时违规员工在试用期内的，取消其提前转正资格
		正式员工：①扣除被查处当月业绩50%的提成、绩效或奖金；②三个月内不得晋升
	上追一级	当月累计两次（含）以上的，扣除被查处当月业绩50%的提成、绩效或奖金，并且三个月内不得晋升，不得在各类评奖、考评中获得优秀、良好评价

（续表）

五级违规	违规行为	向客户提供的服务质量不良，导致客户投诉
		在公众场合公开展示、推广公司业务，影响市政管理和公共秩序
		参加外部营销活动时未佩戴胸牌或未按照公司相关要求着装
	违规者处罚	在部门内部进行通报批评
	上追一级	当月累计三次（含）以上的，扣除被查处当月业绩 20% 的提成、绩效或奖金，并且三个月内不得晋升，不得在各类评奖、考评中获得优秀、良好评价

12.4.8　建立持续改进机制

企业建立合规管理体系的目的是让它发挥合规风险管理的效用，而不仅是输出一个体系、一本合规手册或一套合规制度。设计有效只是在理论层面有效，执行有效也只是现阶段有效，如果合规要求变了、合规义务变了、企业业务变了，那么之前的设计还有效吗？当下的执行还有效吗？

因此，即使是有了体系，有了配套的运行机制，也有了较好的执行，企业也不能抱有一劳永逸的思想，还要关注和落实持续改进，与时俱进。要做到合规管理与时俱进，需要企业把握以下"10 个及时"：

（1）及时认知内外环境；

（2）及时识别合规义务；

（3）及时评估合规风险；

（4）及时策划应对方案；

（5）及时执行应对措施；

（6）及时评价应对结果；

（7）及时改进合规制度；

（8）及时开展合规培训；

（9）及时处置合规事件；

（10）及时完善合规体系。

事物是变化的。在合规管理体系运行期间，企业内外部环境随时会发生变化，如果做不到以上"10 个及时"，那么企业的合规管理体系将很难持续发挥作用，自然也就难以保证企业持续合规。

通过持续地完善合规制度体系和合规运行管控机制，多形式不断地开展合规培训，可以帮助企业形成良好的合规文化，提升员工的合规意识。好的合规文化有利于企业形成一种自觉自愿的合规氛围，这样一来，即使在企业制度没有明确规定时，员工也可以凭借良好的职业操守和道德规范做出正确的选择，从而保障企业持续依法合规运营。

12.5 ISO 37301 合规管理体系认证

国际标准 ISO 37301 基于良好治理、相称性、透明性和可持续性的原则，为各类组织提供了有效的合规管理指南。该标准描述了有效的合规管理体系的关键组成部分及过程，对于希望建立合规管理体系或希望对其现有合规体系进行标准化的组织，该标准是个有用的工具。

合规管理以合规风险为导向，合规风险是组织最基本的风险之一，合规管理体系的实施和认证可以帮助组织保持合规管理的完整性，并以系统化、结构化及主动的方式遵守所有适用的法律法规、规则和基本道德等；还可以帮助组织发现改进的潜力，进一步提高合规管理能力。

合规管理是一组过程和程序，这些过程和程序用于确保组织及其员工按照所有适用的法律法规和行为准则进行操作。但是，由于国家法律法规和行业监管会不断变化，因此，与适用的法律法规保持最新的一致性是一项永无止境的工作。持续认证既是组织持续合规的一种表现形式，也是组织持续合规的一种保障。

☆ **risk-doctor 提示：**

ISO 37301 标准为希望实施合规管理体系（CMS）的组织或寻求根据国际最佳实践对现有合规体系进行基准测试的组织提供指南。通过认证，可以检验和证明组织的合规态度和合规管理水平。

实施 ISO 37301 认证的主要益处包括：

（1）可以引导并鼓励组织运用合规管理体系，搭建一套全面预防和应对合规风险的管理框架，帮助组织更好地预防、发现和处置合规风险；

（2）可以帮助组织建立诚信、透明、公开的合规文化；

（3）可以获得专业认证机构的帮助，不断改进组织合规管理的方法和措施，不断提升组织的合规管理水平，保持组织合规管理体系的持续性和有效性；

（4）可以向管理层、投资者、雇员、顾客和其他相关方证明组织的合规态度和合规管理水平；

（5）可以提升组织的信誉和公信力，增强监管机构、业务合作伙伴、客户等对组织的信任；

（6）在发生违规问题争议时，实施和认证 ISO 37301 标准可以作为尽职调查的证据；

（7）可以在一定程度上规范市场、整顿市场环境和不良风气。

组织在申请 ISO 37301 认证时，一般需要提供以下资料：

（1）认证申请书及合同；

（2）企业营业执照、事业单位法人证书等法律证明文件的复印件；

（3）合规管理体系覆盖的范围，以及所涉及法律法规要求的行政许可证明、资质证书等的复印件；

（4）与组织合规管理体系相关的法律法规和标准清单；

（5）多场所经营、业务分包的相关情况；

（6）组织的商业伙伴清单和关系说明；

（7）组织的利益相关方和利益冲突说明；

（8）合规义务清单和合规风险清单；

（9）合规管理体系文件，如合规手册及必要的程序文件；

（10）合规管理体系已有效运行三个月以上的证明材料；

（11）在一年内未发生与组织有关的违规案件的证明，以及往年违规案件已处理完结的证明；

（12）其他与 ISO 37301 认证审核有关的必要文件。

12.6　合规管理信息系统

合规管理体系的英文缩写是"CMS"，合规管理信息系统的英文缩写也是"CMS"，虽然它们有同样的缩写，但内容却不相同。基于前者，后者是前者的升华。在信息时代，业务逐渐信息化，内控、审计也逐步实现信息化，合规管理不可能一直靠手工来维持。闭眼想想，有多少法律法规需要企业去承担合规义务？有多少业务活动，每项业务活动有多少个岗位，每个岗位有多少个合规风险去识别？更不要说如何应对这些风险了，是靠手工去应对，还是靠信息系统自动去应对更好呢？

企业合规风险信息管理是企业合规管理信息系统的重要组成部分。企业应通过合规管理信息系统建立动态的合规风险管理信息库，实现对合规风险识别、分析评价、应对、监督、重大风险预警等的数字化和自动化管理。

在实践中，有些企业建立了单独的合规管理系统，有些企业在风控系统中设立了合规管理模块，还有些企业将合规防控措施融合于其他业务和管理信息系统之中。这部分内容不是本书的重点，本书从略。如需了解合规管理信息化方面的内容，请关注微信公众号"风险管理论坛"或"risk-doctor"。

本章小结

从设计者的角度来看，合规管理体系是由众多要素构成的；从执行者的角度来看，合规管理体系通常是由一系列的合规管控程序、制度、活动构成的，如合规培训、合规审查、合规举报与合规调查等。虽然企业在建立合规管理体系之前，就会有各种各样的管理制度，有的甚至建立了比较完备的内部控制体系和风险管理体系，但我们不能因此否定合规管理体系建设的必要性。在建立合规管理体系之前，有些制度和规定可能存在，但它们可能是零散的、局部的或不规范的，或者不是基于合规来编写的，所以需要系统化和规范化。合规管理体系建设和内部控制体系建设一样，不是推倒重来，而是梳理清理、查缺补漏、优化整合。合规管理体系建设过程的周期随企业的规模、管理成熟度，以及所在行业的不同而长短不一。

本章全面介绍了合规管理体系建设的过程与方法，并给出了配套的运行机制，为企业建设和运行合规管理体系提供了比较实用的指南；在此基础上，还简单介绍了合规管理信息化及合规管理体系认证的相关信息，企业可以通过信息系统实现高效、规范的合规管理，通过获得合规管理体系认证来证明自己的合规管理能力和合规管理水平。

合规管理体系建设没有固定的流程。在建设过程中，有的工作必须串行，比如合规义务的识别在前，合规风险评估在后；有的工作则可以并行，比如在梳理合规要求的同时，可以梳理企业的合规承诺，又比如合规培训可以同步贯穿于合规建设的全过程等。但是，不管企业选用什么样的合规标准或选用哪种方法建设合规管理体系，都少不了以下九项基础工作内容。

（1）确立合规方针。

（2）明确合规管理组织机构及其角色、职责、权限。

（3）梳理并确定合规义务。

（4）识别并评估合规风险。

（5）策划和制定合规风险应对措施。

（6）建立并监督合规运行机制。

（7）评价合规效果。

（8）管理不合规并持续改进。

（9）建立合规工作运行的资源保障机制。

同样，不管选用什么合规标准或选用哪种方法建设合规管理体系，最终都会输出以下基本成果（简称"四库一册"）。

（1）合规义务库。与合规义务库对应的有企业业务清单、产品和服务清单，以及企业应当遵循的全部重要法律法规清单。企业建立合规义务库后，应该至少可以按业务、产品、部门、岗位等维度来检索。

（2）合规风险库。合规风险库包括合规风险列表、合规风险分级表、合规风险地图（合规风险分布图）、合规风控矩阵等。

（3）合规管理制度库。合规管理制度库包括但不限于合规管理办法、合规管理准则、专项合规制度、专项合规管理指引等。

（4）合规资料库。合规资料库包括合规管理日常工作需要用到的各种范本、清单、表单、流程图、流程说明、合规报告、合规培训教程等。具体文档包括合规风险评估范本、合规报告范本、合规尽职调查范本、合规审查表等。

（5）合规管理手册。这是一个综合性的手册，类似内部控制中的《内部控制手册》，可以对员工或外部利益相关方披露。

合规管理体系的建设可以由企业自建，也可以聘请外部咨询机构来帮助建设。我们在本章介绍的合规管理体系建设侧重咨询机构提供的建设模式；如果企业选择自建，那么可以按以下步骤准备：

（1）了解企业利益相关方的要求、需求和期望，确定企业的合规义务；

（2）制定企业的合规方针和合规目标；

（3）基于企业的管理现状，确定实现合规目标所需要的活动、过程和职责；

（4）确定和提供实现合规目标所需要的资源；

（5）规定测量每个合规过程的有效性和效率的方法；

（6）应用这些测量方法评价每个过程的合规有效性和效率；

（7）查找不合规的原因，制定防止不合规（或不合格）的措施，并消除不合规现象；

（8）建立和应用持续改进合规管理体系的过程；

（9）宣贯并开展定期或不定期的合规培训。

企业建立合规管理体系后，还应根据企业内外部环境的变化情况动态地更新合规义务、评价合规风险，然后针对重大合规风险制定控制措施，并将合规要求和重大合规风险的控制措施整合入企业的业务过程和外包过程中，随后对控制措施的有效性进行监视和测量，对发现的不合格或不合规事项进行纠正或制定新的纠正措施，以此类推，不断循环，持续改进，持续合规。

risk-doctor 提示：

> 一个好的合规管理体系最重要的特点就是拥有一个动态的，能够自我发现、自我完善的持续改进机制；同时，该体系和机制也能与企业的其他管理体系相协调、相融合，共同促进企业合规的持续发展。

如果企业已经建立了比较完备的合规管理体系，那么上述过程和方法也适合其保持和改进现有的合规管理体系，从而不断增强相关方的满意度，使组织从合规走向卓越。

本章介绍的合规管理体系建设的步骤和方法，同样适合企业专项合规管理体系的建设，比如：

（1）反腐败、反舞弊、反贿赂专项合规管理体系；

（2）反不正当竞争、反垄断专项合规管理体系；

（3）劳动用工专项合规管理体系；

（4）数据保护与信息安全专项合规管理体系；

（5）知识产权保护专项合规管理体系；

（6）环境保护专项合规管理体系；

（7）安全生产专项合规管理体系。

至此，关于合规管理体系的建设和运行实务的内容就全部介绍完毕，祝您在合规管理体系建设和运行实践中得心应手、不断总结、不断完善、不断创新。

第 **13** 章 合规管理体系与其他管理体系的整合

合规离不开具体的业务活动，企业合规管理体系需要与企业其他管理体系和业务活动有机融合，企业的合规管理牵头部门也需要与其他管理部门和业务部门就合规工作进行科学分工，协调合作，否则，企业的合规工作就会失去赖以生存的土壤。

对很多企业来说，与风险管理体系、内部控制体系相比，其合规管理体系的建设来得要晚一些。这就面临一个问题，即企业是再建一个独立的合规管理体系，还是基于已有的风险管理体系、内部控制体系或质量管理体系整合合规管理的相关要求？如果整合，应该从哪儿入手？用什么方法？本章主要回答这些基本问题。

考虑到国有企业在风险管理、内部控制、合规管理方面的引领作用，以及 ISO 标准的通用性和一致性，本章将重点介绍基于国务院国资委监管指引的"三体合一"，以及基于 ISO 管理标准高级结构（HLS）的多体系整合的思路和方法，以供读者参考。

本章主要内容如下：

（1）合规管理体系的三级整合路径；

（2）基于国务院国资委监管指引的"三体合一"；

（3）ISO 管理体系的高级结构；

（4）基于 ISO 管理体系高级结构的多体系整合。

13.1　合规管理体系的三级整合路径

一、合规管理体系三级整合路径概述

合规管理体系的整合是企业在管理实践中的必然选择，就像企业不同的信息系统整合一样。

合规管理是个笼统的概念，通过本书第 11 章的介绍，大家可以看到，合规指南、合规指引和合规标准并不是唯一的。一旦决定整合，且不说如何运行，单在设计整合方案时，就会有很多问题接踵而至。比如，整合谁？与谁整合？以什么为基础进行整合？是小规模专项整合，还是中等规模的多体系整合，还是大规模的企业管理一体化整合？

为了方便大家理解，risk-doctor 把合规管理体系整合分成三个级别：一级是对各专项合规的整合，二级是 GRC（Governance，Risk and Compliance 即治理、风险与合规）整合，三级是跨越 GRC 的多体系整合，实现企业管理体系一体化。具体如图 13-1 所示。

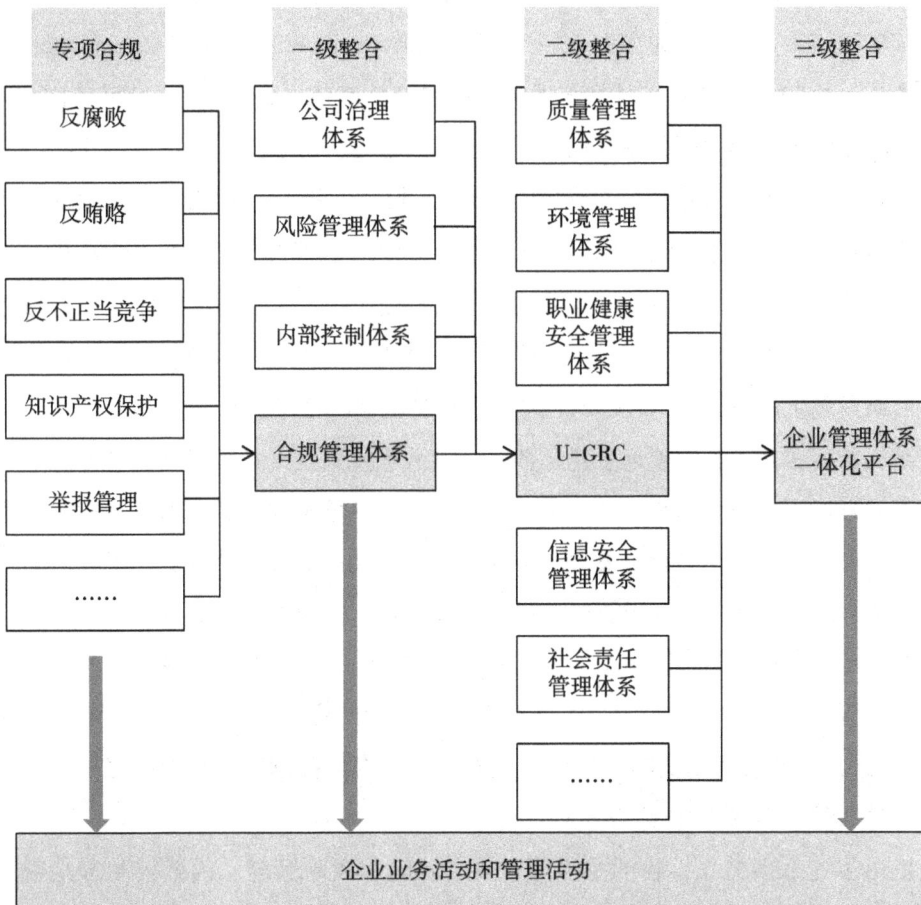

图 13-1　合规管理体系整合的路径

二、一级整合的内容和思路

合规范围很广，既包括反腐败、反商业贿赂，又包括环境保护、知识产权保护，还包括信息安全、安全生产、隐私保护，等等。在图 13-1 中，一级整合也称"专项整合"，就是对单体的合规项目进行整合。一般来讲，一级整合侧重狭义的合规，与法务或法律部门关系密切。

在进行一级整合时，可以优先考虑对 ISO 37000 标准族的成员进行整合，比如把 ISO 37001 与 ISO 37301 整合。在实践中，如果把反腐败、反商业贿赂、反不正当竞争等进行整合，可能问题不大；但如果把知识产权保护和隐私保护也整合进去，那就要求合规管理团队拥有这方面的专业人才或复合型人才，否则，理论上整合了，在实践中仍将无法操作和运行。因此，当你想对管理体系进行整合时，不管整合的范围有多大，都要先看看你的团队是否有具备多体系管理能力的人力资源。

三、二级整合的内容和思路

在图 13-1 中，二级整合侧重 GRC，主要是对治理、内控、风险管理、合规管理进行整合，其输出结果可以统称为 U-GRC（Unified- Governance，Risk and Compliance）。二级整合的本质是合规管理体系与风险管理体系和内部控制体系的整合，一般与风险管理部、合规部或企业管理部等部门关系密切。

在 ISO 37301 中，风险被定义为"不确定性对目标的影响"；合规被定义为"履行组织的全部合规义务"；合规风险被定义为"不遵守组织合规义务的后果及发生的可能性"。基于"风险"和"合规"的定义，还可以把合规风险表述为"不确定性对合规目标的影响"或"不确定性对未履行组织全部合规义务的影响"，或者"未履行组织全部合规义务的潜在后果及发生的可能性"。关于控制，ISO 37301 第 8.2 节指出：

组织应落实控制措施，管理合规义务和对应的合规风险，以实现预期目标。

组织应采取有效的控制措施确保满足合规义务，并能够预防或发现不合规事件并予以纠正。组织应充分而严格地设计各类、各层次的控制措施，以促进组织的活动和运行环境符合合规义务。在可能的情况下，这些控制措施应嵌入常规的组织过程。

组织应定期维护、评价并测试这些控制措施，以确保控制措施的持续性和有效性。

这些内容看起来是不是很像"内部控制"的工作内容？当然是。合规重在"合"，内控重在"控"，二者具有高度的一致性。正因为此，内部控制的三大目标之一才会有"合规"。内部控制为"合规"目标服务。

这里讲了这么多概念，目的是说明合规、风险、风险管理、内部控制等是密切相关的，它们既有整合的可能性和可行性，又有整合的必要性。整合的思路可以是：应用风险管理的通用方法识别和评估合规风险，然后，制定内部控制措施，对已评估的合规风险进行预防和控制。具体操作可以按照内部控制中的风险评估和风控矩阵来落地。

在实践中，二级整合可选的方案有：

（1）ISO 37301+《中央企业全面风险管理指引》+《企业内部控制基本规范》及其配套指引；

（2）《中央企业合规管理指引（试行）》+《中央企业全面风险管理指引》+《企业内部控制基本规范》及其配套指引；

（3）GB/T 35770+《中央企业全面风险管理指引》+《企业内部控制基本规范》及其配套指引。

对非金融国有企业，risk-doctor 推荐：ISO 37301+《中央企业全面风险管理指引》+《企业内部控制基本规范》及其配套指引 +COSO ERM-2017；对民营大中型企业，推荐：COSO ERM—2017+ISO 37301+《企业内部控制基本规范》及其配套指引。

关于企业社会责任、公司治理相关的内容，一般也放在 U-GRC 里进行整合。

四、U-GRC 与"老三标"的整合

企业的管理体系整合需要一个过程，不可能一蹴而就，需要整体规划，分步实施。图 13-1 中的二级整合与三级整合之间，一般会经历 U-GRC 与"老三标"的整合。有的企业直接把内部控制与"老三标"整合，并由统一的部门来牵头管理。

"老三标"是指质量管理体系标准 ISO 9001、环境管理体系标准 ISO 14001、职业健康安全管理体系标准 ISO 45001（对应 OHSMS 18001）。由于它们同属 ISO 的管理体系标准，其架构、要素、过程、文件体系等基本一致，所以整合起来比较容易，运行、维护起来也相对容易。现在，不少企业已经实现了这三个体系的整合，大大降低了 ISO 管理体系运行和维护的成本，提升了管理体系的效能。

U-GRC 与"老三标"的整合同样要基于业务活动和业务流程，在实践中，可以把风险识别、风险管控、合规、内部控制等整合入"老三标"。具体整合方法，本书从略。感兴趣的读者可以在 13.4 节中获得思路和启发。

五、三级整合，实现企业管理体系一体化

除了"老三标"整合、合规管理与风险管理和内部控制的整合之外，企业还要对安全生产、信息系统等进行管理；对国有企业和互联网企业而言，可能还要对信息安全进行等级保护管理。企业要想实现管理体系一体化的宏伟目标，就必须考虑对这些内容进行整合。这就像企业已经建立了 ERP（Enterprise Resource Planning）系统，但免不了还有一些独立的 IT 系统游离在 ERP 之外，当企业决定对所有信息系统进行统一规划整合时，这些游离在

ERP之外的系统就会逐步整合入ERP系统。这种整合，一般不会仅仅停留在系统对接、互联互通、数据共享上，而是会把之前的游离在ERP之外的小系统变成功能模块整合入ERP系统。在局域网、互联网（含移动互联网）、云计算高度发达的今天，如果还像"冒烟囱"似地建各种信息系统，那就真的"OUT"了。企业各种管理体系的整合亦然。

企业管理体系一体化建设是个庞大的系统工程，需要企业决策层和高级管理层在整合开始之前对它有非常充分的认识和准备。整合后的体系应覆盖企业所有管理体系的内容，并满足各相关标准的要求；应做到协调统一、简洁高效、优化实用；应形成可用的文件体系，在具体内容上既能反映本企业的特点和内部管理要求，又能兼顾外部相关方的要求；然后加以实际运行，并在平衡自己与相关方的利益和风险的基础上，持续改进，不断提升管理绩效，为优质高效、预防污染、防止腐败、减少风险、提高效率、提高效益提供可靠保障。

愿望是美好的。有些企业一开始可能会很认同一体化管理体系，也很积极投入，但在经历曲折的道路后，就开始质疑前途的光明，于是退却或者改弦更张。risk-doctor认为，这也算是一种选择，不一定要"高大上"，适用即可。

六、体系整合的难点及对策

（一）牵头部门

各管理体系整合之后，面临的第一个问题就是归口管理，即由哪个部门牵头？企业在发展的历程中，陆续实施了三标管理、法务管理、风险管理、内部控制、合规管理，这些工作可能交由不同的部门进行管理。在实施体系整合时，可以将合规和法务划归企业法务部门管理，也可以将内控和三标整合划归企业体系管理部门管理，或者将合规、法务、内控、风控按"四位一体"的思路整合，划归企业风控部门统一管理，等等。各有特色，没有定论。在实践中，很多企业也就是这么做的。

（二）复合型人才

一个人的能力有大小，但不管他能力有多大，都不可能什么都会、什么都懂。因此，当实施管理体系一体化时，往往需要在牵头部门内成立若干工作组，或者聘用各种复合型人才来充实牵头部门。例如，法务人员要懂业务、懂流程、懂管理；三标体系人员要懂法务、懂风控、懂合规。risk-doctor还要特别增加一点，那就是所有人员都要懂信息化和信息系统，这是时代发展的硬性要求。企业业务信息化了、管理信息化了，合规、法务、审计还不信息化吗？纸质的会计凭证、财务报表、业务表单（订单、出库单等）没有了，甚至实体的公章、合同章都逐渐被电子章替代了，你还怎么审？怎么控制？怎么合规？

在实践中，不同的管理体系面对的监管机构可能不同，对相关人员的专业要求也可能不同。如果想实现一体化管理，那么发展复合型人才就成了当务之急。这就要求合规专业人员不仅要懂法律法规，还要懂业务、懂风险管理和内部控制，甚至还要懂环境保护、知识产权保护、隐私保护等专业知识。否则，将无法担当全面合规的职责。

本书第 3.6 节介绍的新职业"企业合规师"就是这种复合型人才。律师能不能成为企业合规师，能不能完成国家职业大典中明确规定的"企业合规师"的七项主要工作任务，这是对企业法务工作者及法务部门的重大挑战！未来，"企业合规师"将在规范企业合规运营，比如在投资管理、环境保护、社会责任、反不正当竞争、反贿赂等方面，在合规监督、合规评价、合规沟通、合规文化建设等方面发挥越来越重要的积极作用。

13.2　基于国务院国资委监管指引的"三体合一"

本节主要介绍国有企业合规管理与风险管理和内部控制的整合，简称"三体整合"或"三体合一"。

13.2.1　背景介绍

在过去的十多年里，国务院国资委先后出台了三套体系指引，它们分别是 2006 年的《中央企业全面风险管理指引》、2012 年的《关于加快构建中央企业内部控制体系有关事项的通知》，以及 2018 年的《中央企业合规管理指引（试行）》。这三个里程碑式的文件奠定了我国国有企业风险管理、内部控制及合规管理的三段历史进程，对国有企业夯实管理基础、防控化解重大风险、维护合法合规经营、实现高质量发展，提供了系统的理论指导和实践保障。

在这三段历程中，第一阶段侧重风险管理，第二阶段侧重内部控制，第三阶段侧重合规管理。

第一段历程从 2006 年到 2012 年。在这一阶段，中央企业依据《中央企业全面风险管理指引》，以全面风险管理工作为主，主抓企业的战略风险、运营风险、市场风险、财务风险和法律风险。一些中央企业成立了专门的风险管理部，还有一些中央企业把风险管理职能与法务部或审计部合署。通过 6 年的建设和探索，国有企业在风险管理方面的能力得到空前提升。

第二段历程从 2012 年到 2018 年。在这一阶段，中央企业依据《关于加快构建中央企业内部控制体系有关事项的通知》，把内部控制建设作为深化企业全面风险管理的主要抓手，并且从 2013 年开始，每年向国务院国资委提交《内部控制报告》。

第三段历程从 2018 年至今。这一阶段以《中央企业合规管理指引（试行）》为牵引，合规管理开始获得全面关注。在这段短暂的历程中，国务院国资委也进行了内部机构改革，重新划分了风险管理、内部控制、内部审计、合规管理等职能。国务院国资委在推进合规管理的同时，开始关注风险管理、内部控制、合规管理的整合问题。在 2019 年 11 月印发的《关于加强中央企业内部控制体系建设与监督工作的实施意见》（国资发监督规〔2019〕101 号）中，国务院国资委明确提出，各中央企业要以"强内控、防风险、促合规"为目标，进一步整合优化内控、风险和合规管理相关制度，完善内控缺陷认定标准、风险评估标准和合规评价标准，构建相互融合、协同高效的内控监管制度体系。这为中央企业及地方国企开展风险管理、内部控制及合规管理整合既提出了要求，又指明了方向。基于此，risk-doctor 把 2020 年视为中央企业风险管理、内控控制、合规管理这三者的整合初始之年。

在实践过程中，各中央企业虽然已取得一些成果，但也呈现出一系列亟需解决的现实问题，比如"风险""内控""合规"等概念的内涵和外延不清；三套体系经历不同的历史时期，各说各话、各行其道；三套体系成果浮于表面；体系建设投入产出不成正比等。

risk-doctor 提示：

回顾整个历程，我国企业的风控与合规工作主要由监管部门来推动，因此，企业在这些方面的工作也主要以"满足监管要求"为出发点和落脚点。而在风控创造价值、保护价值、提高运营的效率和效益等方面明显不足，有的甚至是增加了管理成本，降低了运营的效率，到最后甚至损害了企业的风控文化和合规文化。

其实，风险管理也好，内部控制或合规管理也好，它们都是企业自身的责任，企业应该自发地去开展这些管理工作。一些民营企业在这些方面做得不错，它们基于自身发展的需要，主动提出加强风险管理和合规管理，深化内部控制，并且较好地把这三者融入企业的价值保护和价值创造中，为企业的可持续发展提供了保障。

13.2.2 整合的目标

一、实现"六个一"

把风险管理体系、内部控制体系、合规管理体系整合成一个体系后，形成"一个组织、一个目标、一套流程、一套工具、一份报告、一套系统"的一体化"大合规"或"大风控"管理体系。

二、实现"三合一"

（1）在机构设置上，实现"1+1+1<3"。

（2）在人员数量上，实现"1+1+1<3"。

（3）在工作效率上，实现"1+1+1>3"。

（4）在工作绩效上，实现"1+1+1>3"。

13.2.3　整合的内容

要实现风险管理体系、内部控制体系、合规管理体系的整合，可以从八个方面入手。

（1）组织架构整合。

（2）工作目标整合。

（3）工作计划整合。

（4）工作流程整合。

（5）工具方法整合。

（6）成果报告整合。

（7）保障体系整合。

（8）信息系统整合。

将三个体系整合之后，信息量会非常大，比如风险信息、合规义务信息、缺陷信息、流程信息、制度信息等，如果没有信息系统做支撑，那么工作的效率和有效性是很难保障的。因此，对于有条件的企业，可以在整合初期就设计好整合的蓝图，然后逐步实现一体化管理体系的信息化、自动化、指标化和智能化。

13.2.4　整合的方法

按照"求同存异、合并同类项"的方法，厘清各体系工作要素之间的相互关系，将之前并行开展的三个体系的工作，在一套流程上合理地嵌入合规控制和风险管理，并配以相应的工作表单。

从"形似"到"神似"。通过整合，充分发挥风险管理、内控、合规的各自优势，从而提高管理的效率和效益。

例如，发挥合规管理的优势，坚持底线思维，根据法律法规划定企业应该遵守的底线，通过提示、否决、考核、追责等方式确保底线不被逾越，主要包括建立合规审查、合规评级、违规追责三项主要机制。

又例如，发挥风险管理的优势，建立"三重一大"决策风险评估、风险预警、风险应对等机制，及时发现并应对风险，确保企业在风险可承受的区间有序运行。

再例如，发挥内部控制的优势，借助不相容岗位分离、权责匹配、监督评价等控制手段，及时发现缺陷，及时纠偏、整改，不断完善控制措施，不断提升运营效率和效益。

13.2.5　整合的成果和思路

理想的整合成果是一个可以实际运行的一体化管理系统。对国有企业而言，近阶段可以用一些图表和报告来呈现风控与合规整合的成果。

一、整合前各体系的主要成果形式

在实施整合之前，针对风险管理、内部控制、合规管理工作，中央企业一般将《风险管理手册》《内部控制手册》《内部控制评价手册》《合规管理手册》《全面风险管理报告》《内部控制评价报告》作为工作成果，其中，各手册的内容又以风险清单/风险数据库、内部控制矩阵/风控矩阵、内部控制流程框架和流程图、流程描述、决策事项授权审批表、不相容岗位分离表、合规义务清单等为依托，如表13-1所示。

表13-1　合规、内控、风险管理三项工作的主要成果一览

成果形态	风险管理	内部控制	合规管理
手册	《风险管理手册》	《内部控制手册》 《内部控制评价手册》	《合规管理手册》
报告	《全面风险管理报告》	《内部控制评价报告》	《合规管理报告》
图	风险分布图	内部控制流程框架 内部控制流程图	
表单	风险清单或风险数据库 风险准则 风险排序表	内部控制矩阵 不相容岗位控制表 决策事项授权审批表 缺陷清单	合规义务清单 合规风险清单

二、整合的思路

"三体合一"的整合思路：充分继承已有的管理成果，把合规管理的要求嵌入已有的风控体系。具体体现在以下几个方面。

1.在风险清单方面

企业在对合规管理体系、风险管理体系、内部控制体系实施整合时，为统一企业内部风险语言，对风险清单而言，可以在原风险清单的基础上，补充完善合规风险，然后以流程为载体，把风险区分成完全可控、部分可控和不可控风险，再把可控风险对应到流程的具体活动环节，并设置控制点，制定控制措施，明确风险责任主体，实现风险与风险责任

主体和管理制度之间的关联。

2. 在流程方面

在流程方面，实施"三体合一"整合时，主要考虑三个方面：流程框架、流程图、流程描述。企业可以在原有流程框架的基础上，明确流程需要遵循的法律法规名称，建立流程与外部规定的关联，全方位地展现外部合规要求在企业内部流程上的分布；同时，可以在原流程图的基础上，使用不同的颜色标记，区分控制序号及级别，对关键控制点和合规控制点给予提示和关注，这样就可以把风险控制变成指导员工实际操作的工作步骤和管理标准。如果觉得不够清晰，还可以在原有流程说明的基础上增加相应的说明，比如增加说明控制对应的外法和内规。对于对应外部法律法规的控制，需要明确相应岗位应完成的合规管理动作，如合规审查、合规承诺、合规报告等信息。

3. 在风控矩阵方面

风控矩阵作为开展风险分析和风险控制的工具，它以风险为导向，以控制措施为手段，把风险管理与内部控制较好地结合在一起。合规重在"合"，需要遵循和管控。企业在实施"三体合一"整合时，可以参照合规义务要求，兼顾管理效率，通过把合规风险和合规控制措施整合入原有的内控（风控）矩阵，然后增加相应的合规风险和合规义务信息来实现。

4. 在审批权限方面

实施"三体合一"整合时，决策事项授权审批表可以保持原表格不变，继续用一张表全局展现决策事项审批权限和过程，使事项提交、审核、审批、备案的权限一目了然。

5. 在监督评价方面

在评价方面，风险管理有管理评审，内部控制有内控评价，合规管理也需要监督和绩效评价。对于整合后的综合评价，可以基于业务流程的检查点，对其中的底线检查点或管理提升检查点给予重点检查和评价，从而形成全面的"三体合一"闭环管理。

6. 在重大经营风险事件（含合规事件）方面

关于重大经营风险事件的报告，国有企业需按照国务院国资委的要求制定本企业重大经营风险事件报告标准，建立健全报告工作机制，加强工作配合和信息共享，做到重大风险早发现、早报告、早处置。当发生重大经营风险事件或内控缺陷时，应及时报告国资委；当报送国资委的相关风险事件出现重大变化或处置工作取得重要进展时，也应及时做好续报工作。这方面可以按照国务院国资委下发的《关于加强重大经营风险事件报告工作有关事项的通知》和《关于做好中央企业违规经营投资责任追究工作体系建设有关事项的通知》的要求来执行。

7. 在年度风控工作报告方面

从 2020 年开始，各中央企业就不用再向国务院国资委单独提交《企业全面风险管理报告》了，风险管理工作的相关情况被整合在内控体系建设工作中，企业每年只需提交一份《年度内部控制体系工作报告》即可。

关于年度内控体系工作报告，国有企业可以按照国务院国资委下发文件的报告模板来进行编制，比如参照 2019 年国务院国资委综合监督局发布的 101 号文件和 44 号文件，编制和报送风险、内控、合规的一体化工作报告，汇报企业内控体系（含风险管理和合规管理）的建设与监督工作情况，以及下年度的工作安排。

✩ risk-doctor 提示：

（1）"大合规"还是"大风控"？

在实际的企业场景中，除了有"大合规""大风控"之争，还有"大内控""大监督"之说。我们将合规管理体系与其他体系整合，整合后叫什么名字？这确实是个问题，但 risk-doctor 认为，这不是什么大问题。叫"大合规"的，可能是企业的合规职能有优势或强势；叫"大风控"的，可能是企业的风控基础较好；叫"大监督"的，可能是企业第三道防线的话语权比较重。名字可以随便取，但具体工作内容一样也不会少。另外，不同的名字也反映了大家对合规及其他管理体系的认识角度和认知程度的差异。

（2）"三位一体"还是"四位一体"？

"三位一体"一般对应"风险管理、内部控制、合规管理"三者的整合；"四位一体"一般对应"风险管理、内部控制、合规管理、法务"四者的整合。"三位一体"和"四位一体"不是什么术语或专有名词，通常基于企业的管理历史和现状而来。有的企业只把合规管理与法务整合，成立法律合规部；有的企业则把法务、风控和合规并入审计，形成"五位一体"。

（3）risk-doctor 倡导和支持"一体化管理"。"一体化管理"是企业生存发展的必然要求。实现"大合规""大风控"与质量管理、环境管理、信息安全管理等相融合的"一体化管理"，可以精简企业的管理体系数量，降低管理成本，从而提高企业的管理效率，促进企业业务高效稳健发展。

13.3　ISO 管理体系的高级结构

从 20 世纪 80 年代开始，国际标准化组织（ISO）针对环境、质量、信息安全、职业健康安全管理等多个领域发布了多项管理体系标准。这些管理体系拥有许多共同要素，但其结构各不相同，导致相关标准制定后在实施阶段出现了一些混乱和困难。为了加强 ISO 相关技术委员会针对管理体系标准制定的规范性，为了加强管理体系标准之间的协调性和兼容性，为了使管理体系标准得到更加广泛而有效的理解和实施，ISO 于 2012 年发布了 ISO 工作指导文件，在 ISO/IEC 导则第一部分的附录中，规定了适用于所有 ISO 管理体系标准的通用框架，并称之为"高级结构"（High Level Structure，HLS）。该"高级结构"的基本指导思想是：从 2012 年开始，由 ISO 制定或修订的管理体系标准都要采用该通用框架、通用核心文本内容及相关通用术语和定义。也就是说，这一"高级结构"既适用于新的 ISO 管理体系标准的制定，也适用于现有 ISO 管理体系标准的修订。这为需要满足两个或两个以上此类标准要求的组织提供了巨大的实施便利。

ISO/IEC Directives Part 1（ISO/IEC 导则第一部分）附录 2 的高级结构中介绍了 ISO 管理体系的通用术语和通用条款。其中，通用术语 21 个，如表 13-2 所示；通用条款 10 个，如表 13-3 所示。

表 13-2　ISO 管理体系标准"高级结构"采用的通用术语集

序号	术语（英文）	术语（中文）
1	organization	组织
2	interested party	利益相关方
3	requirement	要求
4	management system	管理体系
5	top management	最高管理者
6	effectiveness	有效性
7	policy	方针
8	objective	目标
9	risk	风险
10	competence	能力
11	documented information	文件化信息
12	process	过程
13	performance	绩效
14	outsource	外包

（续表）

序号	术语（英文）	术语（中文）
15	monitoring	监视
16	measurement	测量
17	audit	审核
18	conformity	合格
19	nonconformity	不合格
20	corrective action	纠正措施
21	continual improvement	持续改进

"高级结构"所规定的上述通用术语是针对所有 ISO 的管理体系标准（MSS）而言的，各标准不可以更改这些定义。但每一个特定领域的管理体系标准（如 ISO 9001、ISO 14001、ISO 27001 等）可以根据其特定领域相关需求增加特定的术语，比如 ISO 37301 增加了"合规""合规义务""合规风险""合规文化"等术语。

ISO 管理体系高级结构中一共介绍了 10 个通用条款，如表 13-3 所示。ISO 的高级结构不仅在结构目录上给予明确规定，而且对各条款的一致性文本内容也做了规定和基本说明。限于篇幅，本书不再赘述。

表 13-3　ISO 管理体系标准高级结构的通用条款

原文	中文
foreword	前言
Introduction	引言
1.Scope	1. 范围
2.Normative references	2. 规范性引用文件
3.Terms and definitions	3. 术语和定义
4.Context of the organization	4. 组织环境
4.1 Understanding the organization and its context	4.1 理解组织及其环境
4.2 Understanding the needs and expectations of interested parties	4.2 理解相关方的需求和期望
4.3 Determining the scope of the XXX management system	4.3 确定质量管理体系的范围
4.4 XXX management system	4.4 质量管理体系及其过程
5.Leadership	5. 领导作用
5.1 Leadership and commitment	5.1 领导作用和承诺
5.2 Policy	5.2 方针
5.3 Roles, responsibilities and authorities	5.3 组织的岗位、职责和权限
6.Planning	6. 策划

（续表）

原文	中文
6.1 Actions to address risks and opportunities	6.1 应对风险和机遇的措施
6.2 XXX objectives and planning to achieve them	6.2 质量目标及其实现的策划
7.Support	7. 支持
7.1 Resources	7.1 资源
7.2 Competence	7.2 能力
7.3 Awareness	7.3 意识
7.4 Communication	7.4 沟通
7.5 Documented information	7.5 形成文件的信息
7.5.1 General	7.5.1 总则
7.5.2 Creating and updating	7.5.2 创建和更新
7.5.3 Control of documented information	7.5.3 形成文件的信息的控制
8.Operation	8. 运行
8.1 Operational planning and control	8.1 运行策划和控制
9.Performance evaluation	9. 绩效评价
9.1 Monitoring, measurement, analysis and evaluation	9.1 监视、测量、分析和评价
9.2 Internal audit	9.2 内部审核
9.3 Management review	9.3 管理评审
10.Improvement	10. 持续改进
10.1 Nonconformity and corrective action	10.1 不合格和纠正措施
10.2 Continual improvement	10.2 持续改进

表 13-3 是 ISO 管理体系标准高级结构的通用条款，如今，ISO 发布的管理体系标准皆按此结构编制。该结构的每一章都是固定的，不同的标准（如信息安全、食品安全、社会责任、环境管理、质量管理等标准）在遵循此结构的基础上，可以根据各自的专业特点进行扩展和补充，比如 ISO 37301 增加了 8.2、8.3、8.4 条款。

13.4　基于 ISO 管理体系高级结构的多体系整合

如今，不少中央企业已经建立了自己的合规体系，有的正在建设中或准备建设中。无论它们依据《中央企业合规管理指引（试行）》来建设，还是参照 ISO 19600（被 ISO 37301 替代的合规管理标准）来建设，合规的理念和义务都需要在"老三标"体系（ISO 9001、ISO 14001、ISO 45001）里有所体现，都应与企业的决策、经营、管理行为密切相关，否则，合规就失去了赖以生存的土壤，合规管理体系就会变成"两层皮"。

ISO 37301（或 ISO 19600）合规管理体系标准除了为独立的合规管理体系提供通用指南外，也为其他管理体系有关合规要求的具体实施提供了指南，这对组织完善对全部合规义务的整体管理很有帮助。在实践中，ISO 37301 合规管理体系通常与 ISO 9001、ISO 14001、ISO 26000、ISO 45001、ISO 31000、ISO 31022 等标准整合使用。

ISO 37301（或 ISO 19600）采用了 ISO 管理体系标准通用的高级结构，新版的 ISO 9001、ISO 14001、ISO 45001 等也都采用了该结构，因此，通过 HLS，ISO 37301 可以很容易地与其他管理体系进行整合。本书详细解读 ISO 37301 标准，目的不仅仅是告诉读者如何去设计和建设一套独立的合规管理体系，而是希望基于 HLS 来实现 ISO 37301 与其他管理体系的整合，以减少企业管理体系的数量，降低企业建设和维护管理体系的成本。

企业是一个统一的整体，不应该建立各种独立的管理体系，各种管理体系的具体要求都应嵌入业务活动和管理活动。因此，企业必须考虑各管理体系的整合，从而实现"一个企业、一个发展战略、一个统一的管理体系"。

通过 13.3 节的描述，基于 ISO 管理体系的高级结构，可以把 ISO 37301 合规管理体系整合入企业已有的管理体系中，这不仅具有理论上的可行性，还有实际的必要性和可操作性。下面通过对合规管理体系与质量管理体系、环境管理体系的条款比较，来看看这种整合的可行性和可操作性，具体如表 13-4 所示。

表 13-4　ISO 37301 与其他管理标准的主要条款对比

整合序号	合规管理	质量管理	环境管理
	ISO 37301:2021 条款	ISO 9001:2015 条款	ISO 14001:2015 条款
引言	引言	引言	引言
1	1. 范围	1. 范围	1. 范围
2	2. 引用标准	2. 规范性引用文件	2. 规范性引用文件
3	3. 术语和定义	3. 术语和定义	3. 术语和定义
4	4. 组织环境	4. 组织所处的环境	4. 组织所处的环境
4.1	4.1 理解组织及其环境	4.1 理解组织及其环境	4.1 理解组织及其所处的环境
4.2	4.2 理解相关方的需求和期望	4.2 理解相关方的需求和期望	4.2 理解相关方的需求和期望
4.3	4.3 确定合规管理体系的范围	4.3 确定质量管理体系的范围	4.3 确定环境管理体系的范围
4.4	4.4 合规管理体系	4.4 质量管理体系及其过程	4.4 环境管理体系
4.5	4.5 合规义务	—	—
4.6	4.6 合规风险评估	—	—
5	5. 领导作用	5. 领导作用	5. 领导作用

（续表）

整合序号	合规管理 ISO 37301:2021 条款	质量管理 ISO 9001:2015 条款	环境管理 ISO 14001:2015 条款
5.1	5.1 领导作用和承诺	5.1 领导作用和承诺	5.1 领导作用与承诺
5.2	5.2 合规方针	5.2 方针	5.2 环境方针
5.3	5.3 角色、职责和权限	5.3 组织的岗位、职责和权限	5.3 组织的角色、职责和权限
6	6. 策划	6. 策划	6. 策划
6.1	6.1 应对风险和机遇的措施	6.1 应对风险和机遇的措施	6.1 应对风险和机遇的措施
6.2	6.2 合规目标和实现目标的计划	6.2 质量目标及其实现的策划	6.2 环境目标及其实现的策划
6.3	6.3 变更的策划	6.3 变更的策划	—
7	7. 支持	7. 支持	7. 支持
7.1	7.1 资源	7.1 资源	7.1 资源
7.2	7.2 能力	7.2 能力	7.2 能力
7.3	7.3 意识	7.3 意识	7.3 意识
7.4	7.4 沟通	7.4 沟通	7.4 信息交流
7.5	7.5 文件化信息	7.5 成文信息	7.5 文件化信息
8	8. 运行	8. 运行	8. 运行
8.1	8.1 运行的策划和控制	8.1 运行的策划和控制	8.1 运行策划和控制
8.2	8.2 建立控制和程序	8.2 产品和服务的要求	8.2 应急准备和响应
8.3	8.3 提出关切	8.3 产品和服务的设计和开发	—
8.4	8.4 调查过程	8.4 外部提供的过程、产品和服务的控制	—
8.5	—	8.5 生产和服务提供	—
8.6	—	8.6 产品和服务的放行	—
8.7	—	8.7 不合格输出的控制	—
9	9. 绩效评价	9. 绩效评价	9. 绩效评价
9.1	9.1 监视、测量、分析和评价	9.1 监视、测量、分析和评价	9.1 监视、测量、分析和评价
9.2	9.2 内部审核	9.2 内部审核	9.2 内部审核
9.3	9.3 管理评审	9.3 管理评审	9.3 管理评审
10	10. 改进	10. 持续改进	10. 持续改进
10.1	10.1 持续改进	10.1 总则	10.1 总则
10.2	10.2 不合格和纠正措施	10.2 不合格和纠正措施	10.2 不符合和纠正措施
10.3	—	10.3 持续改进	10.3 持续改进

　　由表 13-4 我们可以看出，整合不同专业的 ISO 管理体系标准的思路和路径，至少在体系文件的框架、目录、条款等方面是完全可行的。其实，ISO 对"老三标"早已公布了

具体的整合方案，想进一步了解的朋友可以通过互联网查阅相关资料。

⭐ **risk-doctor 提示:**

    ISO 管理体系标准的高级结构是长期实践的结晶，之所以能把质量管理、环境管理、合规管理这些标准概括成 HLS 来描述，主要是因为它们都以风险为导向，都遵循 PDCA 循环。

值得注意的是，体系的整合并不仅仅是标准文件体系的整合，还包括具体的管理方针、管理计划、管理组织机构、配套资源等方面的整合。比如"老三标"的整合，就包括方针、目标的整合，管理职能设置的整合，过程控制协调的整合，绩效监控同步的整合，以及综合持续改进的整合等。那么，问题来了，整合后的"三合一"体系的方针是什么？该怎么描述？是把质量管理的方针、环境管理的方针、职业健康安全管理的方针分别罗列，还是进行综合描述？整合后的管理职能设置是把之前的三个管理团队整体搬进整合后的团队，还是进行优化整合？还有，体系文件是分别写三份，还是统一写一份，在一份中分别描述质量管理、环境管理的具体要求？这些都是体系整合中的实际问题，需要提前策划和设计。

表 13-4 虽然是 ISO 37301 与 ISO 9001、ISO 14001 的条款比较，其实也是三个体系整合的思路。类似地对 ISO 45001、ISO 27001、ISO 37001 的整合也是如此。因此，基于 ISO 管理体系高级结构的多体系整合是不同管理体系进行整合的一种较好的选择。

本章小结

本章介绍了合规管理体系与企业其他管理体系整合的必要性、可行性，以及整合的思路，特别讲述了国有企业合规管理、风险管理、内部控制"三位一体"的整合方法和路径，还有基于 ISO 高级结构的多体系整合路径，供读者朋友在实践中参考和完善。

合规管理现在之所以很重要，应该是社会发展的结果，这就像前些年企业关注风险管理和内部控制一样。社会在不断进步，对企业和个人的要求会越来越高，企业管理的复杂度也会与日俱增。只有不断完善企业在治理、决策、运营、操作等方面的全方位管理，企业管理才会逐步走向成熟，企业防范和应对各种风险的能力才会逐渐增强。

企业要想取得成功，其前提条件就是要遵守社会的法定要求和其他要求。这些要求包括法律法规、规则、守则，以及其他因素引起的义务，尤其是对反腐败、反贿赂、反不正当竞争等方面的要求，以及对知识产权、隐私、环境、健康、安全等方面的保护。如此多的要求，如果零散地去管，其整体的工作量将会很大，工作效率显然也不会太高，工作效果可能也不会太好。这类似早些年企业的信息化建设，一路按需建设了不同的信息系统，各自为政，最后形成一个个信息孤岛，局部效率可能提高了一些，但整体效率可能还下降了。因此，在合规管理方面，不管是否考虑与其他管理体系整合，都要先围绕合规主题建立一个统一的合规管理体系，这样，即便是日后与其他管理体系整合，也会轻松很多。

虽然本章在 13.1 节对合规管理整合进行了分级，也给出了"管理体系一体化"的概念，但在实践中，企业应根据自己的实际情况，分阶段去整合，不要妄想一蹴而就。在初级阶段，可以先进行专项合规整合，把反商业贿赂、反不正当竞争和知识产权保护等专项合规整合为一个统一的合规管理体系；然后在统一的合规管理体系基础上，实施跨体系整合，把合规管理体系与其他类别的管理体系进行整合。

不同的专项合规有不同的合规义务和合规目标，建立统一的合规管理体系的思路是把各专项合规的要素抽取出来，然后针对各专项合规管理的策划、实施、运行、维护和改进活动，在合规管理的组织结构、职责、程序、过程和资源等方面进行统一规划、统一设计。在实践中，可以综合考虑以下五个方面。

（1）聚焦具体业务，明确企业合规管理的总体承诺及方针、政策。

（2）制定可行的、统一的合规管理计划以实现企业的合规目标和合规方针。

（3）为了实施统一的、有效的合规管理，企业应开发和保障实现其合规方针和合规目标所必需的能力及支持机制。

（4）测量、监视和评价企业整体的合规绩效。

（5）评审并不断改进统一的合规管理体系，以提升企业总体的合规绩效。

创建一个企业，其目的是创造价值，实现赢利。在企业发展的道路上，研发、采购、生产、销售、售后服务等是企业创造价值的主流程，也是企业赖以生存的根本。如果一个企业把大量的时间和资源用在各种管理体系的建设和运行维护方面，那就本末倒置了。企业不是为了合规和风控而去开展业务，而是通过合规和风控，保障企业更稳健地做好业务、创造价值。祝你搭建一个好的合规管理体系，为企业的合规经营保驾护航。

第**14**章 合规管理制度及文书示例

本章列举了一些常用的合规管理文书，以方便读者对前面各章节内容的理解，也方便读者在之后的合规工作中参考借鉴。

（1）常见的合规法案、指引及标准。

（2）中国 SP 集团公司合规管理办法。

（3）SPRING 公司《合规管理制度》。

（4）SPRING 公司《合规倡议书》。

（5）SPRING 公司《员工反腐倡廉承诺书》。

（6）SPRING 公司《员工保密协议》。

（7）SPRING 公司《环保责任承诺书》。

（8）SPRING 公司《阳光采购协议》。

（9）SPRING 公司收阅《行为准则》确认书。

某中央企业于 2019 年组织员工签署《员工合规承诺书》，并在 2020 年 4 月组织其董事会成员、党组成员和经理层成员签署了《管理层合规承诺书》，要求管理层发挥示范带头作用。

另一中央企业在 2020 年疫情期间还坚持发布了《公司合规管理体系建设 2020 行动方案》，并组织全体员工认真阅读《合规手册》，在线签署《合规承诺函》，承诺：遵守各项法律法规及公司规章制度，诚信守法、恪尽职守、廉洁从业，自觉抵制和纠正违规行为，坚决捍卫公司的合法权益和声誉。

14.1 常见的合规法案、指引及标准

合规管理具有专业性，有行业和专项之分，本书列举了一些典型的有影响力的合规管理参考资料，供大家在合规管理实践中选择应用。

这里所说的行业是指银行业、建筑行业、化工行业等，所说的专项是指反舞弊、反洗钱、反垄断、反商业贿赂、安全生产、信息安全、环境保护、知识产权保护、隐私保护等。

一、国际通用标准

国际标准的最大特点是"通用性"和"中立性"，可以适用于各个国家的各种类型的组织。通用标准皆来自最佳实践，这些实践经验在获得大多数主流国家的认可后，才能形成通用标准。在合规、内控、风险管理领域，ISO、COSO 这两个组织具有很广泛的影响力，它们根据市场需要，制定了不少标准和规范，得到了全球范围内的认可。以下列举一些已经正式发布的相关标准。

1.ISO 19600《合规管理体系 指南》

2.ISO 37301《合规管理体系 要求及使用指南》

3.ISO 37001《反贿赂管理体系 要求及使用指南》

4.ISO 31000《风险管理 指南》

5.ISO 31022《风险管理 法律风险管理指南》

6.ISO 31010《风险管理 风险评估技术》

7.ISO 9001《质量管理体系 要求》

8.ISO 14001《环境管理体系 要求及使用指南》

9.ISO 26000《社会责任 指南》

10.ISO 22000《食品安全管理体系 食品链中各类组织的要求》

11.ISO 45001《职业健康安全管理体系 要求及使用指南》

12.ISO 27001《信息技术 安全技术 信息安全管理体系要求》

13.ISO 27004《信息技术 安全技术 信息安全管理 监测、测量、分析和评价》

14.ISO 27005《信息技术 安全技术 信息安全技术风险管理》

15.COSO《内部控制——整合框架》，2013 版

16.COSO《企业风险管理——与战略和绩效的整合》，2017 版

二、具有国际影响力的法规

对于"走出去"或者有进出口业务的中国企业来说，除了了解国内的法规，还需要关

注并遵循东道国或交易国的相关法规，比如美国的《反海外腐败法》，其管辖权不仅仅局限在美国境内，而是延伸到美国公司在境外的活动以及在美国上市的外国企业的境外活动。像阿里巴巴、中国移动这些在美国上市的中国企业，它们在中国、美国或世界其他国家开展业务时，都要受美国《反海外腐败法》的管辖。表 14-1 按发布时间顺序列举一些常见的国际合规要求。

表 14-1　常见的国际合规要求

	法规名称	初版时间	发布单位
1	《反海外腐败法》	1977 年	美国国会
2	《针对机构实体联邦量刑指南》	1991 年	美国联邦量刑委员会
3	《关于打击国际商业交易中行贿外国公职人员行为的公约》	1997 年	经济合作与发展组织（OECD）
4	《全球契约》	1999 年	联合国
5	《上市公司会计改革与投资者保护法案》，简称《萨班斯法案》	2002 年	美国国会
6	《合规与银行内部合规部门》高级文件	2005 年	巴塞尔银行监管委员会
7	《诚信合规指南》	2010 年	世界银行集团
8	《内控、道德与合规最佳实践指南》	2010 年	经济合作与发展组织（OECD）
9	《2010 年反贿赂法》	2010 年	英国议会
10	《北京反腐败宣言》	2014 年	亚太经合组织（APEC）
11	《亚太经合组织有效和自愿的公司合规项目基本要素》	2014 年	亚太经合组织（APEC）
12	ISO 19600《合规管理体系 指南》	2014 年	国际标准化组织（ISO）
13	ISO 37001《反贿赂管理体系 要求和使用指南》	2016 年	国际标准化组织（ISO）

三、我国国内有影响力的规范与指引

（一）中共中央发布的规范与指引

1. 中共中央政治局《关于改进工作作风、密切联系群众的八项规定》

2. 中共中央政治局《贯彻落实中央八项规定的实施细则》

3. 中共中央办公厅、国务院办公厅《关于进一步推进国有企业贯彻落实"三重一大"决策制度的意见》

4. 国务院办公厅《关于建立国有企业违规经营投资责任追究制度的意见》

（二）国务院国资委发布的规范与指引

1.《中央企业全面风险管理指引》

2.《中央企业合规管理指引（试行）》

3.《关于加强中央企业国际化经营中法律风险防范的指导意见》

4.《中央企业违规经营投资责任追究实施办法（试行）》

5.《关于加强中央企业廉洁风险防控工作的指导意见》

6.《中央企业境外投资监督管理办法》

7.《企业境外经营合规管理指引》（七部委联合发布）

8.《关于加强中央企业内部控制体系建设与监督工作的实施意见》

（三）财政部发布的规范与指引

1.《企业内部控制基本规范》（五部委联合发布）

2.《企业内部控制配套指引》

3.《企业内部控制评价指引》

4.《企业内部控制审计指引》

5.《行政事业单位内部控制规范（试行）》

6.《小企业内部控制规范（试行）》

7.《石油石化行业内部控制操作指南》

8.《电力行业内部控制操作指南》

（四）其他部委发布的规范与指引

1.《银行业金融机构全面风险管理指引》

2.《商业银行内部控制指引》

3.《商业银行操作风险管理指引》

4.《商业银行合规风险管理指引》

5.《融资性担保公司内部控制指引》

6.《保险公司合规管理指引》

7.《保险公司内部控制基本准则》

8.《人身保险公司全面风险管理实施指引》

9.《证券公司内部控制指引》

14.2 中国 SP 集团公司合规管理办法

第一章 总则

第一条 为进一步加强和提升中国 SP 集团公司（以下简称"公司"）及其所属子公司依法规范管理、依法合规经营的能力和水平，建立健全合规管理体系，实现公司合规管理的制度化、规范化，有效防范重大合规风险，保障公司高质量发展，根据《中华人民共和国公司法》《中华人民共和国企业国有资产法》《关于全面推进法治央企建设的意见》《中央企业合规管理指引（试行）》《企业境外经营合规管理指引》等有关法律法规，结合公司实际，特制定本办法。

第二条 本办法适用于公司及其全资、控股或有实质控制权的各级子公司（以下简称"子公司"）。

第三条 本办法所称合规，是指公司、各子公司及其员工的经营管理行为符合所适用的法律法规、监管规定、行业准则和企业章程、规章制度以及国际条约、规则等要求。

第四条 本办法所称合规风险，是指公司、各子公司及其员工因不合规行为，引发法律责任、受到相关处罚、造成经济或声誉损失以及其他负面影响的可能性。

第五条 本办法所称合规管理，是指以有效防控合规风险为目的，以公司、各子公司及其员工的经营管理行为为对象，开展制度制定、风险识别、合规审查、风险应对、责任追究、考核评价、合规培训等有组织、有计划的管理活动。

第六条 合规管理应遵循以下原则。

（一）全面覆盖原则。公司合规管理应覆盖所有业务领域、各部门、各子公司和分支机构、全体员工，贯穿决策、执行、监督等全流程。

（二）强化责任原则。合规管理应作为公司主要负责人履行推进法治建设第一责任人职责的重要工作内容。建立全员合规责任制，明确管理人员和各岗位员工的合规责任并督促有效落实。

（三）协同联动原则。公司合规管理与法律风险防范、纪检、审计、内控、风险管理等工作相统筹、衔接，确保合规管理体系有效运行。

（四）客观独立原则。严格依照法律法规等的规定对公司和员工行为进行客观的评价和处理。合规工作机构独立履行职责，不受其他部门和人员的干涉。

第七条 公司应当树立牢固的合规经营理念，大力营造合规文化氛围，为全员树立正确的价值观，积极引导员工合规从业，做到合规经营、人人有责，切实有效地防范合规风险。

第八条 公司应建立与公司经营范围、组织结构、业务规模、行业特征相适应的合规管理体系。

合规管理体系应包括以下方面：

1.合规管理组织体系包括合规管理决策机构、领导机构、合规负责人、合规工作机构、合规工作人员等及其合规管理职责的设置；

2.合规管理制度体系包括公司合规管理所依据的各项经营管理规章制度和流程、合规管理基本制度和流程、专项合规管理制度和流程等；

3.合规管理运行机制包括合规重点领域、环节、人员和行为的确定，合规风险识别及管控，合规事项调查及奖惩机制等；

4.合规管理保障机制包括合规理念的宣导、合规文化的培育、合规培训与教育制度的制定等。

第二章 合规管理组织机构及职责

第九条 公司董事会的合规管理职责主要包括：

（一）批准公司合规管理战略规划；

（二）推动完善公司合规管理体系；

（三）研究决定公司合规管理相关重大事项。

第十条 公司监事会的合规管理职责主要包括：

（一）监督公司董事会的决策与流程是否合规；

（二）监督公司董事和高级管理人员的合规管理职责履行情况；

（三）对引发重大合规风险负有主要责任的公司董事、高级管理人员提出罢免建议；

（四）向董事会提出撤换公司合规负责人的建议。

第十一条 公司设立合规管理委员会，合规管理委员会的合规管理职责主要包括：

（一）根据公司董事会的决定，搭建合规管理组织架构；

（二）审议公司合规管理战略规划、基本制度、年度工作报告和工作方案；

（三）审议、批准公司合规管理具体制度规定、合规管理计划和合规管理流程，采取措施确保合规制度得到有效执行和合规要求融入公司业务领域；

（四）审议、批准向公司报告的重大合规风险事项；

（五）决定公司重大合规风险或合规事项的解决方案；

（六）监督各单位的合规管理规章制度建设与执行情况，促进建立企业依法合规管理的长效机制；

（七）保障合规负责人、合规工作机构及合规工作人员独立履行合规管理职责，并为其提供相应的履职条件；

（八）倡导和培育公司的合规文化；

（九）及时制止并纠正不合规的经营行为，并按照公司违规问责相关规定对有关违规人员进行责任追究或提出处理建议；

（十）指导、监督和评价公司的合规管理工作；

（十一）经公司董事会授权的或其他规章制度规定的其他职责。公司合规管理委员会下设办公室，设在法律事务部，作为合规工作的牵头部门，负责委员会的日常工作。

第十二条 公司合规管理的"第一道防线"为公司业务部门。

公司业务部门是本业务领域合规管理责任部门，按照"业务工作谁主管，合规责任谁承担"的原则，负责本业务领域的日常合规管理工作。业务部门在合规管理工作中的主要职责包括：

（一）按要求完善业务管理制度和流程，并确保有效执行；

（二）主动开展合规风险识别和隐患排查，发布合规预警；

（三）组织合规审查，及时向公司法律事务部报告合规风险事项，妥善应对合规风险事件；

（四）进行合规宣贯和培训及商业伙伴合规调查等工作，并配合对违规问题的调查及组织开展整改等工作。

第十三条 公司合规管理的"第二道防线"为法律事务部。

法律事务部整体负责组织、协调和监督合规管理工作，研究起草合规管理方案和计划、基本制度和专项制度，组织开展风险识别与预警，参与重大事项合规审查和风险应对，为其他部门提供合规支持。

第十四条 公司合规管理的"第三道防线"为公司纪检、审计等相关部门，这些部门应在职权范围内履行各自的合规管理监督职责。

审计部门负责组织合规审计，当发现违规问题时，督促违规整改。纪检部门负责在其职责范围内履行合规管理监督职责，并加强工作协同和衔接，确保合规管理体系有效运行。

第三章 合规管理重点

第十五条 公司应当根据外部环境，结合自身实际，在全面推进合规管理的基础上，突出重点领域、重点环节和重点人员，切实加强对合规风险的防范。

第十六条 公司及各子公司应加强对以下重点领域的合规管理。

（一）公司管控。

1.贯彻执行党和国家的方针政策、决策部署，国家法律法规，公司规章制度，按照"三重一大"，以及规章制度规定的程序和权限履行决策。

2.执行国资委、集团国有资产监管的相关规定，定期开展风险评估，对经营投资重大风险及时进行分析、识别、评估、预警、应对，对发现的重大风险隐患、风险事件及时报告、处理。

3.定期开展内控测试和评价，对发现的内控缺陷等问题进行及时处理、报告。

4.及时落实上级监管机构就重大问题提出的整改工作要求。

5.审核规章制度、经济合同和重要决策。

（二）市场交易。

1.完善交易管理制度，建立健全自律诚信体系。

2.严格遵守反商业贿赂、反垄断、反不正当竞争相关法律法规，严禁各种方式的商业贿赂、垄断、不正当竞争行为。

3.正确履行合同，不得无正当理由放弃应得的合同权益。

4.严禁开展融资性贸易或"空转""走单"等虚假贸易业务。

5.按照规定开展招投标、赊销信用、资质审核、担保或预付款项等业务。

6.按照规定对应收账款进行及时追索或采取有效的保全措施。

7.对重要商业伙伴和存在潜在合规风险的商业伙伴开展合规调查，通过签订合规协议、要求做出合规承诺等方式促进商业伙伴的行为合规。

（三）安全环保。

严格执行国家安全生产、环境保护法律法规，完善企业生产规范和安全环保制度，加强监督检查，开展安全、环境保护、职业健康相关合规风险的识别与排查，及时发现并整改违规问题。

（四）产品质量。完善质量管控体系，加强过程管理，严把各环节质量关，提供优质的产品和服务。

（五）劳动人事。严格遵守劳动法律法规，完善劳动合同管理制度，规范劳动合同的签订、履行、变更和解除，切实维护劳动者的合法权益。

（六）财务税收。完善财务内部控制体系，严格执行财务事项操作和审批流程，严守财经纪律，强化依法纳税意识，严格遵守税收法律政策。

（七）转让产权、股权、资产。按照审批程序和权限履行决策程序，按照规定要求开展审计和资产评估，按照规定要求和公开公平交易的原则定价，按照规定执行回避制度，按照规定进场交易。

（八）投资并购。

1.按照规定履行决策和审批程序，决策时充分考虑重大风险因素并制定风险防范预案。

2.按照规定开展可行性研究、尽职调查并进行风险分析，确保尽职调查不存在重大疏漏。

3.按照规定进行财务审计、资产评估和估值。

4.确保相关报告内容真实有效，不得出具虚假报告。

5.按照规定对项目概算进行审查，确保不出现严重偏离实际的情况。

6.外部环境和项目本身情况发生重大变化时，按照规定及时调整投资方案并采取止损措施。

7.严格执行投资项目负面清单的有关规定。

（九）知识产权。及时申请注册知识产权成果，规范实施许可和转让，加强对商业秘密和商标的保护，依法规范使用他人知识产权，防止侵权行为。

（十）赞助捐赠。建立健全赞助捐赠管理制度，严格履行审批决策程序，正确履行企业的社会责任；

（十一）境外经营。围绕市场热点、监管重点和公司核心业务，关注和研究相关合规风险，及时发布相关风险提示，建立健全境外业务管理制度，建立风险排查、预警及应对机制，遵循当地关于外商投资的各项监管规定，切实防控境外合规风险。

（十二）进出口贸易。遵守全球业务的贸易管制和制裁规范。在实施禁运的国家或地区，任何个人或公司都不得参与或协助对被禁运国及其国民或居民的商品或服务，做到进出口合规。

（十三）其他需要重点关注的领域。

第十七条 公司及各子公司应加强对以下重点环节的合规管理。

（一）制度制定环节。强化对规章制度、重组改制方案等重要文件的合规审查，确保符合法律法规、监管规定等要求；

（二）经营决策环节。严格落实"三重一大"决策制度，细化各层级决策事项和权限，加强对决策事项的合规论证把关，保障决策依法合规。

（三）生产运营环节。严格执行合规制度，加强对重点流程的监督检查，确保生产经营过程中照章办事、按章操作。

（四）其他需要重点关注的环节。

第十八条 公司及各子公司应加强对以下重点人员的合规管理:

1. 管理人员。促进管理人员切实提高合规意识,带头依法依规开展经营管理活动,认真履行合规管理职责,强化考核与监督问责。

2. 重要风险岗位人员。根据合规风险评估情况明确界定重要风险岗位,有针对性地加大培训力度,使重要风险岗位人员熟悉并严格遵守业务涉及的各项规定,加强监督检查和违规行为追责。

3. 海外人员。将合规培训作为海外人员任职、上岗的必备条件,确保其遵守我国和所在国法律法规等相关规定。

4. 其他需要重点关注的人员。

第十九条 公司及各子公司应加强对海外投资经营行为的合规管理。

(一)深入研究投资所在国的法律法规及相关国际规则,全面掌握禁止性规定,明确海外投资经营行为的红线、底线。

(二)健全海外合规经营的制度、体系、流程,重视开展项目的合规论证和尽职调查,依法加强对境外机构的管控,规范经营管理行为。

(三)定期排查、梳理海外投资经营业务的风险状况,重点关注重大决策、重大合同、大额资金管控和境外子公司治理等方面存在的合规风险,妥善处理、及时报告,防止风险或影响的扩大蔓延。

第四章 合规管理运行

第二十条 公司及各子公司应建立健全合规管理制度,制定全员普遍遵守的合规行为规范,针对重点领域制定专项合规管理制度,并根据法律、规则和准则的变化和监管动态,及时将外部有关合规要求转化为内部规章制度。

第二十一条 公司及各子公司应建立合规风险识别预警机制,全面系统地梳理经营活动中存在的合规风险,对风险发生的可能性、影响程度、潜在后果等进行系统分析,对于具有典型性、普遍性和可能产生较严重后果的风险及时发布预警。

第二十二条 公司及各子公司应加强合规风险应对,针对发现的合规风险制定预案,采取有效的应对措施。公司及各子公司在经营管理过程中因违反法律法规、上级监管规定或内部规章并发生(或将发生)以下重大合规风险事件的,由公司合规管理委员会统筹协调处理,及时明确或指定具体负责人,以有关业务主管部门为主,相关部门协同配合,最大限度地化解风险,降低损失。

(一)被省部级及以上监管机关立案调查的(如反垄断、反不正当竞争调查)。

(二)被责令停产停业、吊销营业证照或许可证的。

（三）受到严重市场准入限制或被采取严重信用惩戒措施的。

（四）被国家机关处罚金额超过 50 万元的。

（五）造成的资产损失在 5 000 万元以上的。

（六）被媒体大范围负面报道的。

（七）其他可能对公司产生重大影响的事件。

第二十三条 公司及各子公司应建立健全合规审查机制，将合规审查作为规章制度制定、重大事项决策、重要合同签订、重大项目运营等经营管理行为的必经程序，及时对不合规的内容提出修改建议，未经合规审查不得实施。

第二十四条 公司及各子公司应强化违规问责，完善违规行为处罚机制，明晰违规责任范围，细化惩处标准。保持举报渠道的畅通，针对反应的问题和线索，及时开展调查。经调查证实存在违规行为的，应按照相应规章制度和流程进行处理，严肃追究违规单位或违规人员的责任。

（一）对于发现的违规行为，公司审计部应向有关单位发出书面整改通知，有关单位应及时整改并反馈整改结果。

（二）违规行为对公司造成损失或其他严重不良后果的，按照公司有关规定处理。对触犯国家刑事法律者，将移送司法机关处理。

（三）违规行为未对公司造成损失或其他严重不良后果的，给予责任单位和责任人员相应的惩戒。相关负责人已经按照规定履行合规政策的传达、劝阻和制止职责的，可予以从轻处理。

（四）发现违规事件或行为，应报未报，或者迟报、谎报、瞒报、漏报的，或者经核实确认有其他失职、违规行为的，根据情节和不良影响的程度等，按照国家或公司有关规定追究责任，对触犯国家刑事法律者，将其移送司法机关处理。

（五）违规问责情况抄送法律事务部备案。

第二十五条 公司及各子公司应开展合规管理评估，定期对合规管理体系的有效性进行分析，对重大或反复出现的合规风险和违规问题，深入查找根源，完善相关制度，填补管理漏洞，强化过程管理，持续改进提升。

第二十六条 公司发生第二十二条所述重大合规风险事件的，应在事件发生后立即向公司业务分管领导口头报告，同步报告公司法律事务部，在事件发生后 三 日内形成专题报告并上报。

专题报告应包括但不限于以下内容：

（一）合规风险事件基本描述，包括发生时间、地点、岗位、相关责任人和具体经过；

（二）合规风险事件的认定依据；

（三）可能或已经形成的不良影响或损失程度的估计；

（四）已经采取的措施和后续措施；

（五）报告单位认为需要说明的其他事项。

各业务部门在经营管理过程中，经风险识别和预判，认为可能发生重大合规风险事件的，也应及时报告公司业务主管领导，同步报告公司法律事务部。公司各子公司发生第二十二条所述重大合规风险事件的，应在事件发生后立即向公司业务主管部门口头报告，同步报告公司法律事务部，在事件发生后三日内形成专题报告并上报。公司各子公司在经营管理过程中，经风险识别和预判，认为可能发生重大合规风险事件的，也应及时报告公司业务主管部门，同步报告公司法律事务部。

第五章 合规管理保障

第二十七条 公司及各子公司应加强合规考核评价，把合规管理情况纳入各部门和所属企业负责人的年度综合考核，细化评价指标。对各业务部门和员工的合规职责履行情况进行评价，并将结果作为员工考核、干部任用、评先选优等工作的重要依据。

第二十八条 公司及各子公司应加强合规管理信息化建设，通过信息化手段优化管理流程，记录和保存相关信息，加强对企业经营管理行为的依法合规情况的实时监控和风险分析，实现信息集成与共享。

第二十九条 公司及各子公司应建立专业化、高素质的合规管理队伍。在合规管理机构设置专职合规岗位，在各业务部门设置合规专员岗位。公司及各子公司应根据业务规模、合规风险水平等因素配备专职合规管理人员，持续加强业务培训，提升队伍能力水平。对于规模较小的子公司，可以不设立专门的合规管理机构，由相关部门履行合规管理职责，同时明确相关负责人和联系人员。海外经营重要地区、重点项目应明确合规管理机构或配备专职合规工作人员，切实防范合规风险。

第三十条 公司及各子公司合规工作机构应制订年度合规培训计划，并与本单位人事部门或其他相关部门建立协作机制，逐步将合规培训列入员工年度培训计划；公司及各子公司应每年组织至少一次全员合规培训。

第三十一条 公司及各子公司应积极培育合规文化，通过组织合规培训、签订合规承诺书、制作传播合规宣传媒介等方式，增强全体员工的合规意识，树立依法合规、守法诚信的价值观，筑牢合规经营的思想基础。

第三十二条 公司及各子公司建立合规管理表彰奖励政策，对合规管理先进单位和个人，给予表彰奖励。

第三十三条 公司各子公司每年 12 月中旬应向公司提交本单位的年度合规管理工作报告。公司法律事务部应在每年 12 月底前完成公司年度合规管理工作报告。

年度合规管理工作报告主要包括以下基本内容：

（一）本年度的合规管理工作开展情况，包括合规管理组织体系建设及职责履行情况、合规管理制度体系的建设情况、合规风险管控机制的建设及运行情况、违规行为的调查及处理情况、合规管理保障机制的建设及运行情况等；

（二）下一年度合规管理工作方案；

（三）年度合规管理工作报告数据表（年度合规管理工作报告数据表见附录一）、公司年度合规工作报告，经公司合规负责人审定后报公司董事会。

第六章 附则

第三十四条 公司各子公司根据本办法，结合实际情况制定本单位的合规管理制度。

第三十五条 本办法未尽事宜，依照国家有关法律法规执行。

第三十六条 本办法经公司董事会批准之日起施行。

14.3 SPRING 公司《合规管理制度》

SPRING 公司《合规管理制度》

第一章 总则

第一条 为加强公司合规管理工作，增强自我约束能力，促进公司业务规范、持续、稳健发展，有效防范合规风险，根据相关法律法规和其他有关规定，特制定本制度。

第二条 本制度所称合规，是指公司的经营管理活动和员工的执业行为应符合国家的法律法规、规章及其他规范性文件、行业规范和自律规则、公司内部规章制度，以及行业公认并普遍遵守的职业道德和行为准则（以下统称"法律法规和准则"）。

第三条 本制度所称合规风险，是指公司或员工的经营管理或执业行为违反法律法规或准则而使公司受到法律制裁、被采取监管措施、遭受财产损失或声誉损失的风险。

第四条 本制度所称合规管理人员，是指合规总监、合规管理部门工作人员及各部门、各分支机构的专职或兼职合规风控专员。

合规管理人员应恪尽职守，全面、审慎地履行岗位职责，并承担履职尽职责任。

第五条 合规管理原则。

（一）全员全面合规原则：公司在制度建设和业务流程设计方面，通过完善相关合规管理制度与机制，使合规管理体系覆盖公司所有业务、各个部门和分支机构、公司董事、监事、高级管理人员和公司所有员工，贯穿决策、执行、监督、反馈等各个环节。

（二）实用有效原则：公司合规管理的实施应从公司的业务规模、组织结构、发展状况、公司文化等实际出发，兼顾成本与效率，强化相关合规管理制度、流程设计的可操作性，提高合规管理的有效性。

（三）独立性原则：公司合规管理体系与经营管理体系相互独立；合规总监、合规管理部门按照法律、法规与准则独立履行合规管理职责，任何部门、机构和个人不得妨碍、阻挠合规管理人员履行职责。

（四）科学创新原则：在公司已形成的管理方法和合规文化的基础上，积极借鉴国内外同行的先进经验，科学地通过制度性与灵活性的结合，对公司合规管理的定位、组织、机制、方法、手段等进行创新，以更好地为公司健康发展提供支持。

第六条 公司合规管理工作的目标是：

（一）通过合规管理体系的建设，使合规管理适应公司发展战略需求，并持续有效符合外部监管要求；

（二）形成公司内部约束长效机制，在全公司范围内营造全员"主动合规、人人合规、违规必罚"的合规氛围和机制；

（三）培育"合规从高层做起、全员全面合规、合规创造价值"的合规文化。

第二章 合规管理架构体系及合规职责

第七条 公司建立公司领导（风险控制委员会）—合规总监—合规管理部门—各部门分支机构专职及兼职合规风控专员四个层次的合规管理组织架构，负责对公司经营管理活动的合规风险进行识别、评估和管理。

公司领导、公司经营管理层依照法律法规和公司章程的规定，履行与合规管理有关的职责，对公司合规管理的有效性承担最终责任。

公司高级管理人员依照法律、法规和公司章程的规定，履行与合规管理有关的职责，对公司合规管理的有效性承担领导责任。

公司各部门和分支机构负责人应当加强对本部门和分支机构员工职业行为合规性的监督管理，对本部门和分支机构合规管理的有效性承担第一责任。

公司的全体员工都应当熟知与其执业行为有关的法律法规和准则，主动识别、控制其执业行为的合规风险，并对其执业行为的合规性承担直接责任。

公司设立合规总监和合规管理部门，对公司及员工的经营管理和执业行为的合规性进行审查、监督和检查，履行合规监督检查、审查、咨询、教育培训等合规支持和合规控制职能。

第一节 公司领导及公司经营管理层

第八条 公司领导及公司经营管理层是公司合规管理的最高决策机构，具体履行以下合规职责：

（一）审议批准公司的合规管理基本政策，并监督其实施；

（二）领导并监督经营管理层合法合规经营管理；

（三）保证所负责的经营管理活动符合有关法律、法规和准则的要求；

（四）审议批准公司对外披露的公司半年度、年度合规报告；

（五）与相关监管机构就公司合规管理和监管的相关问题进行动态、持续和双向的信息交流及行动协调；

（六）决定合规总监的聘任、解聘及报酬事项；

（七）保障合规总监及合规管理部门拥有充分的知情权和独立调查权；

（八）决定公司合规管理部门的设置及其职能；

（九）法律、法规或公司章程规定的其他合规职责。

第二节 合规总监的合规职责

第九条 合规总监是公司高级管理人员，向公司领导负责，对公司及工作人员的经营管理和执业行为的合规性进行审查、监督和检查。公司解聘合规总监应当有正当理由。

合规总监不能履行职责或者缺位时，公司经营管理层应当指定一名高级管理人员代行合规总监职责。代行合规总监职责的人员不得分管与合规管理职责相冲突的部门，代行职责的时间不得超过六个月。公司应当在六个月内聘请符合任职条件的人员担任合规总监。

第十条 合规总监不得兼任与合规管理职责相冲突的职务，不得分管与合规管理职责相冲突的部门，不对具体经营管理活动进行决策。

第十一条 合规总监履行以下工作职责：

（一）组织拟订公司合规管理的基本制度，制定相关工作规则；

（二）督导公司各部门、分支机构根据法律法规的变化，评估、制定、修改、完善内部管理制度和业务流程；

（三）对公司重大决策、新产品和新业务等进行合规审查；

（四）为公司经营管理层、各部门及分支机构提供合规建议及咨询，对其经营管理行为和业务活动的合法合规性进行监督；

（五）拟订年度合规工作计划，制订年度合规费用预算和人员编制计划；

（六）领导合规管理部门工作，组织、指导、督促合规管理部门履行合规职责，对合规管理部门的工作进行考核，统筹管理合规管理人员的任免、薪酬及奖惩；

（七）对员工行为的合规性和遵守职业操守进行监督；

（八）对公司和员工的违法违规行为进行质询、调查，提出处理意见，督促整改并按规定报告；

（九）处理涉及公司和员工违法违规行为的投诉、举报；

（十）向公司领导和高管层提交定期合规报告和临时合规报告；

（十一）制定《合规手册》，组织合规培训；

（十二）及时处理行业监管机构和自律组织要求调查的事项，配合监管机构和自律组织对公司的检查和调查，跟踪和评估监管意见和监管要求的落实情况；

（十三）与监管部门进行日常联系沟通，对监管部门要求出具意见的材料及信息等进行合规审查并出具意见，履行向监管部门的报告义务；

（十四）法律法规、规范性文件及公司领导授予的其他职责。

第三节 合规管理部门的合规职责

第十二条 合规管理部门是合规工作的日常管理部门，向合规总监负责，在合规总监的领导下协助经营管理层有效识别和管理公司合规风险并对公司经营管理活动的合规性进行监督。

第十三条 合规管理部门履行以下职责：

（一）协助合规总监制订、修订公司的合规制度和年度合规工作计划，并推动其贯彻执行；

（二）为业务和管理部门提供法律、合规咨询，当相关法律法规发生变化时，及时对有关制度、经营管理活动进行合规性研究，提出合规建议及法律支持；

（三）对公司制度、操作流程和业务规则进行合规审查，协助建立完善的制度体系；

（四）对公司重大决策及新产品、新业务进行合规审查，并提出相关合规建议；

（五）防范利益冲突，组织或督促"信息隔离墙"制度的有效实施，在必要的时候对特殊交易进行审查；

（六）针对不同业务、不同部门进行合规检测、检查，对不合规事项进行调查、处理；

（七）对公司的合规风险进行识别、评估，并持续跟踪公司合规风险的变化情况，定期向公司经营管理层进行合规风险信息通报；

（八）组织建设合规管理信息技术平台；

（九）组织合规培训及法律宣传教育，制定《合规手册》；

（十）及时处理违规事项的举报；

（十一）组织协调公司开展反洗钱、反舞弊工作；

（十二）审核合同及制定标准示范文本；

（十三）代表公司处理涉及诉讼、仲裁、行政处罚等法律事务及其他重大突发风险事件；

（十四）其他职责。

第十四条 合规管理部门在履行合规管理职责时，经合规总监同意，可以公司名义聘请外部专业机构或人员协助工作。

第四节 各部门、分支机构及合规风控专员的合规职责

第十五条 各部门、分支机构在合规管理工作方面接受合规总监、合规管理部门的监督与指导，并履行以下合规职责：

（一）执行法律、法规和准则，监督管理本部门及员工执业行为的合规性，对本部门合规管理的有效性承担责任；

（二）自行或根据合规管理部的督导，评估、制定、修改和完善本部门内部管理制度和业务流程；

（三）定期对本部门合规管理制度及流程的有效性及合规管理的执行情况等进行自查和评价，并按规定向合规管理部门报告；

（四）发现本部门违法违规行为或合规风险隐患时，主动、及时地向合规总监或合规管理部门报告，并积极妥善处理，落实责任追究，整改完善相关制度和流程；

（五）组织本部门员工进行合规培训；

（六）公司规定的其他合规职责。

第十六条 公司在各部门及分支机构设立专职或兼职的合规风控专员，具体组织落实本部门的合规管理事宜。其主要职责如下。

（一）内控建设：监督本部门学习并执行外部立法与公司内部规范；协助并指导本部门的制度流程建设，组织落实合规风险的控制措施，并及时修订完善合规管理流程建设，组织落实合规风险的控制措施，并及时修订完善合规管理信息系统有关本部门的合规矩阵内容。

（二）合规检查：按照要求，做好本部门的日常合规检查和专项合规调查，并就可能存在的违规事项和潜在风险与相关责任人进行沟通并向合规部门汇报；协助合规部门或审计部门完成对本部门的检查工作，并对整改事项进行跟踪督导，督促本部门将整改结果及时反馈给合规及审计部门。

（三）监管沟通：协助本部门负责人做好与监管部门的沟通工作；配合监管部门的检查和调查等工作；及时了解监管动态，配合执行并向合规管理部门汇报。

（四）咨询审核：负责本部门日常合规咨询、审核，包括对外报告、合同审核、法律纠纷处理，协助办理司法冻结，以及对本部门上报合规部门的咨询或审查事项应先行审查并签署意见。

（五）反洗钱：充当本部门反洗钱工作专员的角色，督导或组织本部门开展反洗钱工作。

（六）合规文化建设：协助本部门负责人开展合规文化宣导与培训工作，推动合规文化的建设工作。

（七）风险报告：就本部门的合规风险管理情况及时向合规管理部门及本部门负责人报告；对于发现的合规风险事件或隐患，有权独立向合规总监和合规管理部门报告。

（八）完成合规管理部门安排的其他合规管理工作。

公司合规总监可以根据法律法规、监管环境的变化，以及公司的实际情况，适时调整风控专员的职责。

第五节 公司全体员工的合规职责

（一）熟知并严格遵守与其执业行为有关的法律法规和准则。

（二）主动识别、控制其执业行为的合规风险。

（三）拒绝执行违规的经营管理及执业行为，并对发现的违法违规行为或合规风险隐患，主动、及时地向合规总监或合规管理部门报告。

（四）对业务操作过程中遇到的难以判断的合规问题或风险，应主动寻求合规咨询、合规审查等合规支持。

（五）公司规定的其他合规职责。

第三章 合规管理常规事务

第十七条 公司合规管理常规事务包括合规风险的主动识别与评估、合规咨询与审查、合规培训、合规监督检查与监控、合规提醒、警示与合规谈话、报告与反馈等一系列活动。

第一节 合规风险的识别与评估

第十八条 公司应当全面识别、评估公司所有业务活动的合规风险，主要包括但不限于以下事项。

（一）业务行为：包括投资顾问、研究咨询、客户服务、投诉与举报、广告宣传、新业务的开展、新业务方式的拓展等。

（二）重大决策事项：包括对外担保、融资、投资、重大资产的购置和处置、机构设立、变更、合并、撤销以及战略合作等行为。

（三）员工执业行为：如是否取得适当的从业资格、是否夸大销售、是否误导客户、是否承诺收益、是否损害客户利益和公司利益、是否存在利益冲突、是否涉嫌商业贿赂等行为。

第十九条 在合规风险识别的基础上，应用一定的方法评估其对公司运营产生影响的程度，对合规风险做出评级和相应的控制措施。

第二十条 公司的经营管理活动涉及第十八条所列事项的，直接从事业务经营活动的部门或分支机构应主动进行尽职调查和合规风险的识别，并提出相应的控制措施，对需要咨询的事项应该及时咨询合规管理部。

合规总监认为法律法规和准则的规定不明确，难以对公司及员工的经营管理和执业行为的合规性做出判断的，应及时向监管机构或自律组织咨询。

第二节 合规咨询与合规审查

第二十一条 对经营管理及执业过程中涉及的合规事项，公司各部门及员工应及时、主动寻求合规咨询或合规审查等合规支持。

各部门及员工应就下列事项在第一时间及时向合规管理部门或合规管理人员提出咨询或审查需求，合规管理部或合规管理人员应在合理的时间内做出回复或组织专项小组提前参与。

（一）开展新业务、推出新产品、拓展新的业务方式等重大业务决策时。

（二）拟谈判和签署金额巨大的合同前。

（三）所开展的业务是现有法律法规、准则和公司内部规章制度中没有明确规定或遇到其他难以判断的合规风险时。

（四）内部重要管理制度和业务流程的合规性审查。

（五）公司对外签署的合同等各种法律文件的合法合规性审查。

（六）监管机构明确要求出具合规意见的各类事项的审查。

（七）公司制度、流程中规定必须经合规审查的其他事项等。

第二十二条 公司重大业务做出决策前，应经过合规审查。对合规管理部门或合规管理人员认为存在明显合规风险的事项，业务部门应及时进行整改；如合规管理部门或合规管理人员与业务部门存在重大分歧，无法达成一致意见时，业务部门应立即暂停业务实施，并同时向上级管理部门报告，直至上级管理部门出具明确的意见。

第二十三条 各级合规管理人员应持续关注法律法规和准则的最新变动，组织和督促相关部门对相关内部规章制度或业务流程进行必要的改进，确保其合规性和有效性。

第三节 合规培训

第二十四条 公司合规管理部门应当与人力资源部建立协作机制，制订合规培训计划，开发有效的合规培训和教育项目，定期组织合规培训工作。

合规培训应通过考试检测培训效果，对测试不合格的，要继续参加培训并记入当年绩效考核。员工新入职、中层干部新聘，应当接受合规培训，未经培训或培训不合格的不得上岗。

第四节 合规监督检查与监控

第二十五条 合规监督检查工作的内容主要包括各部门遵循法律法规及准则的情况、公司合规管理机制实际运行的有效性、违规事件的整改情况等。

第二十六条 公司各部门负责人负责对本部门合规管理的有效性进行日常和定期的自我检查和评价，向合规管理部门提供风险信息和提交定期合规报告。

第二十七条 对在检查过程中发现的合规风险，合规管理部门应向有关部门发出书面整改通知，有关部门应及时整改并回复；对检查过程中发现的重大风险或合规管理体系、制度中的重大缺陷等还应及时向合规总监和公司总裁做出书面汇报。

第二十八条 合规监控的重点是监控公司的某些行为以发现潜在的违反法律法规或准则的情况，主要包括反洗钱、反商业贿赂、利益冲突、信息隔离、市场监督、客户投诉、内部举报等。

第二十九条 根据公司规定，合规管理部门及合规管理人员有权对公司内部的违法违规行为或合规风险隐患进行调查，并就调查情况和调查结论做出报告，报送公司领导及公司经营层。

第三十条 公司通过建立合规督办机制，对涉嫌违规事项或风险隐患进行跟踪、监控和督办，以及时化解合规风险。

第五节 合规公告、合规警示和合规谈话提醒

第三十一条 各级合规管理人员应持续关注法律法规、准则和外部监管规定的变化，根据公司各项业务的开展情况，及时提醒各部门及员工注意避免有可能产生的合规风险，提醒以公告的形式在公司范围内通知。

第三十二条 合规管理部门或合规管理人员通过合规检查、受理投诉举报、内控平台及其他系统监控等多种方式，对发现的违规事项或合规风险隐患向相关部门进行合规警示提醒。

第三十三条 各级合规管理人员发现公司部门或员工存在以下情形，或认为确有必要时，可以提出合规谈话建议，由相关部门负责人或合规总监约请相关人员进行谈话。

（一）部门或员工涉嫌违反国家法律法规、监管机构或公司相关规定的。

（二）部门或员工的行为可能损害公司声誉的。

（三）部门或员工的行为损害其他员工利益的。

（四）公司规定的其他情形。

部门负责人约请相关责任人进行合规谈话时，合规管理人员必须在场。

第三十四条 合规警示和合规谈话纳入公司对各部门的合规管理绩效考核范围。

第六节 信息隔离墙

第三十五条 信息隔离墙是指通过对公司主要业务部门之间，在人员、业务、物理空间、信息系统、资金、账户等方面的独立运作、分开管理，控制或者隔离内幕信息和保密信息在公司内部的流动，防止内幕交易行为，保障公司合法合规运营的内部控制措施。

第三十六条 合规总监、合规管理部门负责组织实施公司信息隔离墙制度。

公司各部门及分支机构为保障公司信息隔离墙制度的实施，应当根据部门职责和实际业务需要制定并有效实施有关内幕信息和保密信息的监控和管理细则。

第三十七条 公司应当切实防范公司与客户、客户与客户之间的利益冲突。在公司与客户之间发生利益冲突时，应当遵循"客户优先"的原则审慎处理；在不同客户之间发生利益冲突时，公司应当遵循"公平对待"的原则处理。对于难以避免的利益冲突，公司应当及时向客户披露有关信息和风险。

第三十八条 所有部门利用风险监控系统、合规管理信息系统等工具，根据以下信息隔离内容进行管理及检测。

（一）限制清单、观察清单的建立和维护。

（二）对跨墙行为进行审批，采取跨墙后的限制措施，检测员工静默期规定遵守的情况。

（三）员工行为检测。

（四）内幕信息知情人名单管理。

（五）其他信息隔离墙检测。

第七节 合规报告与反馈

第三十九条 合规报告包括定期合规报告和不定期合规报告。

定期合规报告包括各部门定期向合规管理部门提交的合规报告和公司向中国证监会提交的公司中期合规报告和年度合规报告。

公司领导、公司经营管理层应当对公司的中期合规报告与年度合规报告签署确认意见，保证报告的内容真实、准确、完整；对报告内容持有异议的，应当注明自己的意见和理由。

不定期合规报告包括一般合规风险和重大合规风险报告。

第四十条 定期合规报告的报告人是公司各部门和负责履行合规管理职责的归口部门或岗位。不定期合规风险报告的报告人可以是公司所有部门和员工。

第四十一条 就特定合规事项，各级合规管理人员原则上应首先向本部门或本层级负责人报告，同时报告上级合规管理部门。

根据公司相关规定，也可在同时报告的基础上，向更高层级管理人员或外部监管机构进行跨级报告，跨级报告只能向上逐级跨越。

第四十二条 出现下列情形之一的，合规总监可向监管机构跨级报告：

（一）公司出现重大违法违规行为或合规风险隐患；

（二）已报告的合规风险没有得到公司领导、公司经营管理层的有效处理；

（三）监管机构认为有必要上报时。

第四十三条 出现下列情形之一的，各级合规管理人员可在分级报告的同时跨级上报：

（一）发现突发紧急事件，已超出部门处置能力，不同时跨级上报可能会造成更严重后果的；

（二）对本部门违规操作，同级管理人员在规定期限内未及时纠正；

（三）发生重大有争议事件，部门内部意见存在分歧，需要上级管理部门进行决策的；

（四）上一级管理层指定要求上报的；

（五）国家法律法规、公司规章制度认为需跨级报告的事项。

第四十四条 定期合规报告或不定期合规报告应按照公司合规报告制度的规定进行报送。

第八节 合规管理的档案与留痕

第四十五条 公司建立合规档案的全方位留痕和档案管理制度。合规总监与合规管理部门应将出具的合规审查意见、提供的合规咨询意见、合规监督文档、合规总监签署的公司文件、合规检查工作底稿、投诉举报记录等与履行职责有关的文件、资料存档备查，并对履行职责的情况进行记录。

第四章 合规管理人员管理规范与履职保障

第四十六条 合规总监应当具备良好的道德情操和职业操守，勤勉尽责，严守商业秘密和工作纪律。合规总监应当符合法律法规和监管部门规定的任职条件，依法履行任职手续。

第四十七条 合规总监不能履行职责或者缺位时，公司领导及公司经营管理层可以召开临时会议指定一名高级管理人员代为履行职务，代行合规总监的人员不得分管与合规管理职责相冲突的部门，代为履行职务的时间不得超过 6 个月。

第四十八条 合规管理人员应当符合以下要求。

（一）合规管理人员应当具备履行职责所必需的专业素质，能够正确理解法律法规和行业准则。

（二）合规管理人员应当通过持续、系统的教育和培训，提高执业素质。

（三）合规管理人员应当具备正直、敬业的精神，不得屈服于任何机构和个人的压力或不当影响，对于侵犯客户及公司利益的指令或者授意应当予以拒绝，对公司经营管理的合规情况做出独立、客观的判断。

（四）合规管理人员应当具有必要的业务经验，了解公司业务运作，并具有分析、沟通和处理问题的能力与技巧。

（五）合规管理人员在履行职责的过程中，对与本人利益冲突的事项应当主动回避。

（六）合规管理人员应当保留工作底稿和工作记录，出具的报告应当事实清楚、依据从分、建议合理。

（七）合规管理人员应当严格遵守保密制度，对履行职责中掌握的非公开信息负有保密义务，不得违反规定向其他机构、人员泄露非公开信息。

第四十九条 公司根据合规管理需要，应配备充足数量的合规管理人员，建立合规管理人员定期交流换岗和培训制度，确保各级合规管理人员具备与履行合规管理职责相适应的专业知识和工作职级。合规管理人员的薪酬待遇应不低于公司同级别管理人员的平均水平。

公司应当为合规总监和合规部门开展工作提供足够的费用支持，保障合规工作的正常进行。

第五十条 公司主要业务部门或公司指定部门的合规风控专员可专员或兼职，但不得担任与合规管理职责相冲突的职责，实行派出制并接受合规管理部门和合规总监的垂直管理和考核。

第五十一条 合规总监及合规管理部门在对合规风控专员进行合规考核或合规评价时，有合理理由认为合规风控专员的合规工作不称职的，可以要求合规风控专员限期自查并纠正，或者直接撤换合规风控专员。

第五十二条 各部门或分支机构更换合规风控专员的，应在做出决定的两个工作日内将解聘理由以及拟聘合规风控专员的简历与履职情况书面报合规部门备案，合规总监或合规管理部门如对各部门或分支机构解聘合规风控专员或拟聘合规风控专员的资质条件有异议的，应在五个工作日内提出反馈意见，各部门或分支机构应据此做出合理解释或重新做出决定。

第五十三条 合规管理人员在履职中享有以下权利：

（一）知情权。有权参加或列席与履行职责相关的会议，调阅相关文件资料，获取必要的信息，公司相关部门和员工应当给予密切配合。

（二）检查与调查权。根据履行职责的需要，有权开展常规合规检查，有权对违规事项及合规风险隐患进行调查，经营管理层，各部门及员工应予以配合。

（三）报告权。合规总监有权按照法律法规的规定直接向公司领导、公司经营管理层、监管部门等报告；合规风控专员有权直接向合规总监或合规管理部门报告。

（四）合规考核权。通过对各部门或人员的合规情况的综合评价，有权对其进行合规考核，并纳入公司绩效考核体系中。

（五）处理建议权。根据公司合规问责等有关规定，对于合规风险事件及相关责任部门、人员有权提出处理意见和整改建议，并跟踪监督、检查整改措施的制定和落实情况。

第五章 合规问责、举报与绩效考核

第五十四条 本制度所称"合规问责"是指公司对不履行或不正确履行应负的合规职责而导致公司受到或可能受到法律制裁、监管处罚、重大财务损失、声誉损失等严重后果及其他合规风险的行为进行责任追究。

第五十五条 公司遵循"谁主管，谁负责；谁运营，谁负责"的原则，建立明确的合规问责机制，规定和落实公司各级各岗位人员的合规职责，明确调查处理和责任认定的程序，确保发现、处理违规行为时责任明确、措施及时有效。

合规问责的对象包括公司各级合规管理人员、各级管理人员及公司员工。

第五十六条 公司对违法违规行为进行严格的责任追究。违法违规行为的责任追究工作，由公司合规管理部门等相关部门单独或联合组成调查组进行调查核实并进行定性分析，经公司认定后由公司人力资源部会同合规管理部门等相关部门提出合规问责处理意见，报公司审批后执行。

第五十七条 各部门、分支机构对合规管理部门等相关部门进行的合规问责调查等事项应予以积极配合，并按要求提供相关的信息资料。

第五十八条 对于隐瞒合规风险事件的，以及被合规问责后仍再犯或未按规定整改的，公司予以从严处理；对于主动报告合规风险并主动纠正整改以及部门内部严肃处罚的，公司视情况给予主动报告部门或人员从轻、减轻或免除处罚。

第五十九条 公司建立违规举报制度，保障每一位员工都能够正常行使举报违法违规行为的权利。

第六十条 公司将合规管理的有效性和执业行为的合规性，纳入高级管理人员、各部门和分支机构及其工作人员的绩效考核范围。

合规管理部门协助合规总监，对公司各部门和分支机构日常的合规管理能力和合规状况进行跟踪评价并计入考核。

第六章 合规评价

第六十一条 公司每年应委托外部专业机构对公司合规管理的有效性进行全面评价。必要时，也可由公司聘请熟悉本行业合规管理工作的外部专业机构或专家协助开展评估工作。

第六十二条 合规有效性评估应充分考虑合规管理环境、合规风险识别与评估、合规管理控制措施、合规管理信息沟通与反馈、合规管理监督等要素，不能因偶然出现违规事件或被采取监管措施，而全盘否定公司合规管理的有效性；也不能因公司一段时间内未发生违规事件或未被采取监管措施而简单认定其合规管理是有效的。

第六十三条 评价工作结束后，应向公司领导和经营管理层提交评估报告。公司可适时对外披露合规有效性评价报告。

第六十四条 对于评价中发现的问题，公司相关部门应及时制定整改方案、明确整改责任人和整改时间表，认真抓好整改。合规总监应督促相关部门适时推进整改落实工作，以不断完善公司合规管理体系，提高合规管理的有效性。

第七章 附则

第六十五条 本制度未尽事宜，依照国家有关法律法规和准则，以及公司章程的规定执行。

第六十六条 本制度自公司领导和经营管理层审议批准后实施，由公司合规管理部门负责本制度的解释工作。

14.4 《合规倡议书》

1.SPRING 公司《合规倡议书》

SPRING 公司《合规倡议书》

为坚决贯彻落实"依法治国"的理念、思想和战略，全面推进企业法治建设和合规管理，着力提升企业依法合规经营管理水平，弘扬"合规守护价值、创造价值"的企业文化，培育"合规从我做起、合规人人有责"的合规文化，加快实现企业治理体系和治理能力现代化，保障企业高质量快速发展，在此，企业管理层向广大员工发出以下倡议。

一、爱岗敬业。热爱本职工作，树立企业主人翁意识，严格履行自身岗位职责，认真对待自己的工作，兢兢业业，真抓实干，做有担当的企业员工。

二、遵规守纪。牢固树立"遵规守纪、担当作为"的合规理念，秉持"规则在先，有章必依"的文化理念，内化于心，外化于行，自觉遵守法律法规和企业的各项规章制度，严于律己、远离诱惑。

三、诚实守信。合规守信，从我做起。坚守行为高压线，恪守基本行为准则，不欺瞒、不越权、不误导，尊重客户，友爱同事，争做依法合规的积极践行者、模范引领者和坚定捍卫者。

推进法治建设和合规管理使命光荣、任重道远。全体员工要充分发挥法治合规"固根本、稳预期、利长远"的护航作用，凝心聚力、担当有为，筑牢依法合规底线，尊规、学规、守规、执规，不断推动企业合规工作取得新突破、再上新台阶，为促进企业高质量快发展做出更大的贡献。

SPRING 公司

××××年××月××日

2.某中央企业的《合规倡议书》

合规倡议书

认真贯彻中央全面依法治国战略和关于深化国有企业改革的部署，落实国资委法治央企建设要求，全面推进"法治移动"建设、深入实施"合规护航计划"，提升依法治企能力和合规管理能力，有效保障企业依法治理、合规经营、规范管理。

积极弘扬法治文化，锻造法治思维，强化合规意识，凝聚担当精神和创业激情，以成为全球领先企业为己任，助力企业迈入可持续健康发展新阶段；牢固树立"合规人人有责"的价值理念，内化于心，外化于行，做到严守法纪，尊崇规则，践行承诺尚德修身。

严格遵守宪法法律、国家政策，遵循商业规范、行业准则，恪守规章制度、契约承诺，推崇社会公德、商业道德，做依法合规的自觉尊崇者、模范践行者和坚定捍卫者！

××集团公司

××××年××月××日

14.5　SPRING 公司《员工反腐倡廉承诺书》

公司可制定统一的《员工反腐倡廉承诺书》，为了提高反腐倡廉的针对性，还可以基于岗位制定不同的《员工反腐倡廉承诺书》。网上有不少通用的《反腐倡廉承诺书》样本，这里以 SPRING 公司商务专员岗位为例，向读者展示《员工反腐倡廉承诺书》的格式和内容。

员工反腐倡廉承诺书

公司名称：SPRING 公司

岗位：商务专员

本人姓名：李××

为增强本人的廉洁自律意识，培养良好的职业道德，在工作中时刻保持清醒的头脑，规范自己的行为，本人特做出如下承诺。

一、严格遵守国家法律法规，严格遵守公司各项管理规章制度及操作规程。

二、不以公司名义对新闻媒介发表意见、消息；不以公司名义对分包商做出书面或口头承诺。

三、与分包商或对外交往时，始终将公司利益放在首位，不做损害公司利益和形象的事情。

四、时刻保守公司业务机密，不以任何形式泄露公司一切未公开披露的业务信息、财务资料、人事信息、招投标资料、合同文件、分包商资料、调研和统计信息、技术文件（含设计方案等）、企划营销方案、管理文件、会议内容等。凡与个人职责无关的内容，不介入。

五、在材料采购过程中，严格按照公司有关规定程序办理，本着"货比三家"的原则，在达到设计要求的前提下，做到质优价廉、比价采购，不以任何形式从中谋取个人利益。

六、在选择施工分包商时，按照公司既定的供应商选择管理办法，严格进行筛选；经考察摸底，并通过招标程序取得合格资质后，择优选用。一经发现资质偏差大、队伍整体素质差、无力完成工程项目、工期贻误、质量达不到标准的，及时报告上级对其进行清退。不以权谋私，不以任何方式刁难、设置障碍或巧立名目攫取私利。

七、严格执行合同文本，如经济业务超越原合同条款规定，必须签订补充合同。不搞任何形式的口头协议和私下交易。不以增加成本等方式套取现金或索要各种名目的回扣等。

八、坚决维护公司的利益和信誉，不就工程承包、工程费用、材料设备供应、工程量变动、工程验收、工程质量问题处理等与相关单位进行私下商谈或者达成默契，以谋取任何个人的经济利益。

九、不接受分包商单位或个人支付的任何形式的回扣、酬金及馈赠，包括但不限于现金、有价证券、贵重礼品等。在确实无法推脱的情况下，事后要及时登记上报。

十、在工作过程中想方设法地为分包商提供令其满意的服务，凡做出的承诺都要兑现，一时无法兑现的要向分包商诚恳说明原因，但拒绝以任何形式向分包商索取利益。

十一、不利用岗位便利为自己和亲朋好友谋取利益，自己及亲朋好友不与分包商发生任何经济上的往来。

十二、未经批准，不将公司资产赠予、转让、出租、出借、抵押给其他单位或者个人。对办公设备、交通工具、通信及网络系统或其他资产，不违反使用规定，不做任何不适当的用途。

十三、不影响本部门的业务开展，不扰乱部门及公司的正常业务秩序，尊重领导和上级单位的调查、询问和工作指导，并积极配合提供有关业务数据，不以任何理由设置障碍回避检查和监督。

若违反本承诺书任一条款，本人愿意接受公司处罚，如批评教育、警告、解除劳动合同等。给公司造成经济损失的，将依法进行经济赔偿；涉嫌触犯法律的，愿意承担相关法律责任。

承诺人：李××

××××年××月××日

14.6　SPRING 公司《员工保密协议》

员工保密协议是企业与员工就保密事项的相关约定所签订的协议。企业可以与全体员工签订统一的员工保密协议，也可以仅与关键岗位的员工签订保密协议。

员工保密协议

甲方名称：　　　　　　　　　法人机构代码：

乙方姓名：　　　　　　　　　身份证号：

鉴于乙方在甲方任职时，获得甲方支付的相应报酬，双方当事人就乙方在离职以后保守甲方技术秘密和其他商业秘密的有关事项达成以下共识。

一、需要保密的信息

1.本保密协议中所涉及的甲方信息资料包括但不限于：

（1）甲方所有非公开的规章制度、管理流程，以及所有下发的文件；

（2）甲方签订的所有非公开的合同、法律文件，以及其中所有非公开的数据和内容；

（3）甲方的重要报告、重要外部来函、各类会议纪要，以及其他存档材料；

（4）甲方重要客户资料、客户统计台账等客户资料和信息；

（5）甲方各类统计数据和报表；

（6）甲方所有的技术资料及现有科研成果、技术秘密；

（7）乙方在甲方任职期间接触、知悉的属于甲方，或者虽属于第三方但甲方有保密义务的技术秘密和其他商业秘密信息。

2.保密信息的载体包括但不限于书面、视频、音频、计算机软件及记录甲方秘密的任何载体等。

二、保密责任

1.乙方必须对所有来自甲方的保密信息严格保密，包括执行有效的安全措施和操作规程。

2.乙方承诺，未经甲方同意，不得以泄露、告知、公布、发布、出版、传授、转让或者其他任何方式使任何第三方（包括按照保密制度的规定不得知悉该项秘密的甲方其他职员）知悉，属于甲方或者虽属于他人但甲方承诺有保密义务的技术秘密或其他商业秘密信息，也不得在履行职务之外使用这些秘密信息。

3.乙方不能透露涉及商业使用权、专利权、复制权、商标、技术机密、商业机密或其他归甲方专有的权利给第三方。

三、保密期限

经双方同意，乙方离职之后五年内仍对其在甲方任职期间接触、知悉的属于甲方或者虽属于第三方但甲方有保密义务的技术秘密和其他商业秘密信息，承担如同任职期间一样的保密义务和不擅自使用有关秘密信息的义务，而无论乙方因何种原因离职。

四、违约责任

乙方泄露甲方的秘密的，根据泄密造成的损失的大小，需赔偿甲方5万～20万元，严重者甲方可按《中华人民共和国刑法》追究乙方的刑事责任。

五、特别约定

1. 乙方认可甲方在支付乙方的工资报酬时已考虑了乙方离职后需要承担的保密义务，故而无须在乙方离职时另外支付保密费。

2. 经双方同意，本协议作为劳动合同的附件，在劳动合同终止或解除后仍独立有效至保密期满。

3. 本协议一式两份，甲乙双方各执一份，具有同等法律效力。

4. 本协议经双方签字或者盖章之日起生效。

5. 本协议受中华人民共和国法律管辖，并依此做出解释。

甲方：（盖章）　　　　　　乙方：

法定代表人　　　　　　　　签字

日期：　　　　　　　　　　日期：

14.7 SPRING 公司《环保责任承诺书》

环保责任承诺书

SPRING 公司属于化工企业，主要从事 ×× 的生产与销售。为促进企业和生态环境的可持续发展，树立环境友好企业形象，现向社会郑重承诺如下。

一、积极树立绿色发展理念，主动承担环境保护的社会责任，严格遵守环境保护法律法规和相关规章制度，做到诚实守法。

二、制订年度环境保护计划和主要污染物减排计划，积极采取有效措施，削减污染物排放总量，做到污染物达标排放。

三、严格落实企业排放污染物达标、责任区内的环境质量达标、责任区内的环境安全达标的"三包"责任制，做到诚信合法排污；

四、严格落实持证排污、按证排污，做到排污口规范化管理，污染物不直排、不偷排、不漏排。

五、新建、改建、扩建设项目严格执行"环评"和"三同时"制度，不擅自增设污染工序和扩大生产规模。

六、加大环保投入，建设高标准、高质量的污染防治设施；认真执行企业环保监督员制度，加强日常管理，规范操作并定期检修保养污染防治设施，确保设施正常运行，实现污染物全面达标排放。

七、建立环境风险防范和污染事件突发性应急体系，制定完善的环境突发事件应急处置预案，并定期组织应急演练，全力维护环境安全，确保不发生重特大污染事故。

八、开展环保宣传活动，提高员工环保意识，建立企业发展和社会发展共存共荣的和谐关系。

九、建立完整的企业环境保护档案资料，实现环保档案规范化管理；建立良好和谐的社会关系，积极响应环境污染投诉，严防环境污染事件。

如违背上述承诺，我公司将自愿承担由此引起的经济责任、社会责任和法律责任。

特此承诺。

SPRING 公司（盖章）

环保责任者：李 ××

×××× 年 ×× 月 ×× 日

14.8 SPRING 公司《阳光采购协议》

阳光采购协议是企业在采购货物和服务时与供应商或服务商签订的反贿赂、反欺诈协议，其目的是保证采购过程阳光透明，保证采购活动公平、公正。

阳光采购协议

甲方：

乙方：

为了杜绝商业贿赂，防止商业贿赂损害和阻碍甲、乙双方发展正常的商业合作关系，共同约束双方员工，做到廉洁自律，甲、乙双方本着真诚合作的态度，经双方平等协商，在合作过程中，共同遵守如下条款。

一、双方在签订业务合同的同时，共同签订约束双方员工的反商业贿赂阳光协议。本协议所指商业贿赂是指为争取己方利益，而给对方员工个人的"回扣""退佣""招待""娱乐""置业""就业""国内或国外旅游""馈赠""购物折扣"及其他一切物质或精神上有直接受益的开支。

二、为避免上述行为的发生，甲、乙双方应共同遵守以下承诺。

（一）乙方不以金钱方式贿赂甲方的业务人员、管理人员等与合同履行相关的人员（包括但不限于采购、质检、研发、生产、物流、销售、设备维修等类人员，以下简称"合同履行相关人员"）。以金钱方式贿赂是指包括但不限于支付现金、赠予银行卡、赠予有价证券等，如购物卡、提货单、娱乐场所会员卡、打折卡、代币券、有价证券等。

（二）乙方不以实物方式贿赂甲方的合同履行相关人员。实物方式贿赂是指包括但不限于赠送或出借录像摄像设备、家电设备、健身器材、汽车、住房等实物。

（三）乙方不以消费方式贿赂甲方的合同履行相关人员。以消费方式贿赂是指包括但不限于宴请、娱乐消费、旅游、国内或国外考察等方式。

（四）乙方不以其他任何方式贿赂甲方的合同履行相关人员，包括但不限于以朋友名义提供各种好处、活动抽奖、赌博中故意输钱、性贿赂等方式。

（五）禁止采购合同履行相关人员包括但不限于物资采购、服务采购（如广告等媒介采购）、质检、研发、生产、物流、设备维修等类人员在非甲方公司安排场合会见乙方相关人员，在甲方公司安排场合会见的，原则上至少应有本公司两人（含）以上在场。甲方人员如有违反，将一律予以解雇处分；乙方人员如有违反，则甲方有权终止与乙方的一切合作。

三、乙方送出的礼物，无论价值高低，甲方合同履行相关人员均不得接受。

四、在合同履行过程中，如任一方发现对方合同履行相关人员有出现第二条行为时，无论行为人是基于合法或非法目的，均应在第一时间通报对方。

甲方举报信息受理电话：

举报信息受理电子信箱：

举报信息邮寄地址：

乙方举报信息受理电话：

举报信箱受理电子邮箱：

五、在合同履行过程中，如任何一方发现对方业务员、管理人员等与合同履行相关人员向己方索要第二条任一好处的，应予以拒绝，并在第一时间向对方通报。对方承诺根据具体情况给予 0.5 万～5 万元的奖励。

六、在合同履行过程中，如甲方发现乙方业务人员、管理人员对甲方人员进行商业贿赂，则由乙方承担合同金额 20% 的违约责任，未发生合同金额的服务类合同，则由乙方支付甲方 1 万～50 万元的赔偿。

七、如发现乙方违反本协议相关约定，甲方将立即停止与其所有商业合作关系。

八、本协议的生效日期：从签订之日起生效。

九、本协议为采购主合同书的补充内容，与主合同具有同样的法律效力。

十、本协议一式六份，甲乙双方各执三份。

甲方：（盖章）　　　　　　　乙方：（盖章）

代表人：　　　　　　　　　　代表人：

日期：　　　　　　　　　　　日期：

14.9　SPRING 公司收阅《行为准则》确认书

如今，正规的企业一般都编制有《员工行为准则》或《员工守则》，企业会以培训或通知等形式告知员工，要求员工及时查阅并遵守该《行为准则》。为了保证员工已了解《行为准则》，企业一般会让员工签署一份"收阅《行为准则》确认书"，具体格式和内容如下所示。

收阅《行为准则》确认书

特此确认，本人已收到并阅读了 SPRING 公司的《行为准则》。本人同意遵守该准则中的规定标准及所有相关的政策和程序，并以此作为本人继续受雇于本组织或与本组织合作的前提义务之一。本人承认该准则仅为关于个人和商业行为的原则声明，并不构成雇用合同。如获知任何违规或潜在违规行为，本人将及时向主管或合规官报告。本人理解，任何违反该《行为准则》或公司合规政策、程序的行为均将受到惩罚处分，甚至被解雇。

姓名：××（正楷）

身份证号码：

签字：

日期：

安达风控研究中心为您提供

合规管理咨询与培训服务

一、合规管理体系建设方面的服务

1. 企业合规管理现状诊断

2. 制定合规管理体系建设方案

3. 设计合规管理组织架构

4. 合规义务识别与确认

5. 合规风险评估

6. 编制合规管理手册

7. 编制专项合规指南

8. 宣贯合规手册

注：针对上述全部或部分内容，视企业规模、业务复杂度等情况，合规管理体系建设咨询服务周期为 2~10 个月。

二、合规管理体系运行方面的服务

1. 建立合规培训机制

2. 建立商业合作伙伴合规管理机制

3. 建立合规报告机制

4. 建立合规审查机制

5. 建立合规举报机制

6. 建立合规调查机制

7. 建立合规考核评价机制

8. 建立合规奖惩机制

三、专项合规管理咨询服务

1. 反商业贿赂专项合规咨询

2. 反不正当竞争专项合规咨询

3. 反舞弊专项合规咨询

4. 反垄断专项合规咨询

5. 劳动用工专项合规咨询

6. 数据保护专项合规咨询

7. 信息安全等级保护专项合规咨询

8.合规管理体系的有效性评价

关注微信公众号 risk-doctor，获取合规手册、合规行为规范、合规义务清单、合规案例、重点业务操作指引、重点岗位合规手册、合规尽职调查报告、合规管理年度报告等范本。

联系方式：微信 RM-IC-audit，邮箱 cro2008@126.com